"十四五"职业教育国家规划教材

职业教育物流类专业"互联网+"创新型教材

物流单证作业实务

第2版

浙江省教育厅职成教教研室　组　编

主　编　王　岩　于丽娟

副主编　陈　颖　李　楠　刘文娟　张洪峰

参　编　贺维英　林　娜　孙　丽　管珊珊

陈　芳　朱正义　邵　婧　张　艳

陆佳宜　贺春薇　姜　峰

机械工业出版社

本书根据职业院校学生的特点和培养目标进行编写，介绍了物流单证业务中所涉及的仓储、运输、货代各类主要单证，各单证的含义、内容、缮制要求，单证流转的程序、步骤，以及相关的职业素养和能力要求。本书主要内容包括仓储作业单证缮制、国内货物运输单证缮制、国际货运代理单证缮制等。

本书贯彻“以职业为导向，以能力为本位”的教学理念，以职业岗位需求驱动学生探索和实践。在内容的选择上，本书力求岗位认知与职业体验相结合，着重介绍如何制单，在何种情况下制单，单证如何流转。在结构、形式上力求新颖，贯彻工作过程系统化的教学思想，采用项目、任务形式组织教学内容，活页制单方式巩固训练习题，并采用量化分值进行任务评价。

本书可作为职业院校物流及相关专业的教材，也可作为物流企业从业人员学习、培训用书。

图书在版编目（CIP）数据

物流单证作业实务/浙江省教育厅职成教教研室组编；王岩，于丽娟主编．—2版．—北京：机械工业出版社，2024.1（2026.2重印）

“十四五”职业教育国家规划教材：修订版．职业教育物流类专业“互联网+”创新型教材

ISBN 978-7-111-75006-2

Ⅰ．①物…　Ⅱ．①浙…　②王…　③于…　Ⅲ．①物流—原始凭证—中等专业学校—教材　Ⅳ．①F252

中国国家版本馆CIP数据核字（2024）第033827号

机械工业出版社（北京市百万庄大街22号　邮政编码100037）

策划编辑：宋　华　　　责任编辑：宋　华　邢小兵

责任校对：贾海霞　陈立辉　　封面设计：鞠　杨

责任印制：刘　媛

三河市宏达印刷有限公司印刷

2026年2月第2版第4次印刷

210mm×285mm・20.25印张・382千字

标准书号：ISBN 978-7-111-75006-2

定价：59.80元（含活页）

电话服务　　　　　　　网络服务

客服电话：010-88361066　　机　工　官　网：www.cmpbook.com

010-88379833　　机　工　官　博：weibo.com/cmp1952

010-68326294　　金　书　网：www.golden-book.com

封底无防伪标均为盗版　　机工教育服务网：www.cmpedu.com

关于“十四五”职业教育国家规划教材的出版说明

为贯彻落实《中共中央关于认真学习宣传贯彻党的二十大精神的决定》《习近平新时代中国特色社会主义思想进课程教材指南》《职业院校教材管理办法》等文件精神，机械工业出版社与教材编写团队一道，认真执行思政内容进教材、进课堂、进头脑要求，尊重教育规律，遵循学科特点，对教材内容进行了更新，着力落实以下要求：

1. 提升教材铸魂育人功能，培育、践行社会主义核心价值观，教育引导学生树立共产主义远大理想和中国特色社会主义共同理想，坚定“四个自信”，厚植爱国主义情怀，把爱国情、强国志、报国行自觉融入建设社会主义现代化强国、实现中华民族伟大复兴的奋斗之中。同时，弘扬中华优秀传统文化，深入开展宪法法治教育。

2. 注重科学思维方法训练和科学伦理教育，培养学生探索未知、追求真理、勇攀科学高峰的责任感和使命感；强化学生工程伦理教育，培养学生精益求精的大国工匠精神，激发学生科技报国的家国情怀和使命担当。加快构建中国特色哲学社会科学学科体系、学术体系、话语体系。帮助学生了解相关专业和行业领域的国家战略、法律法规和相关政策，引导学生深入社会实践、关注现实问题，培育学生经世济民、诚信服务、德法兼修的职业素养。

3. 教育引导学生深刻理解并自觉实践各行业的职业精神、职业规范，增强职业责任感，培养遵纪守法、爱岗敬业、无私奉献、诚实守信、公道办事、开拓创新的职业品格和行为习惯。

在此基础上，及时更新教材知识内容，体现产业发展的新技术、新工艺、新规范、新标准。加强教材数字化建设，丰富配套资源，形成可听、可视、可练、可互动的融媒体教材。

教材建设需要各方的共同努力，也欢迎相关教材使用院校的师生及时反馈意见和建议，我们将认真组织力量进行研究，在后续重印及再版时吸纳改进，不断推动高质量教材出版。

机械工业出版社

前言

“物流单证”是中等职业学校物流服务与管理专业的核心课程。本书贯彻“以职业为导向，以能力为本位”的教学理念，在认真探索、找寻企业工作任务与院校教学任务之间的契合点的基础上，参编教师们力求以职业岗位需求驱动学生探索和实践，通过情境教学引入单证缮制的背景，强化体验和认知，提高学生的学习兴趣。

“加快发展方式绿色转型。推动经济社会发展绿色化、低碳化是实现高质量发展的关键环节。加快推动产业结构、能源结构、交通运输结构等调整优化。实施全面节约战略，推进各类资源节约集约利用，加快构建废弃物循环利用体系。”“积极稳妥推进碳达峰碳中和。”党的二十大报告对于推动绿色发展有了新的表述，这就要求新时代物流专业教育应该更加重视绿色环保意识的培养，助力碳达峰碳中和早日实现。本书注重学生的特点和行业要求，融入“双碳”理念，着重培养学生绿色物流意识。一方面渗透国家双碳战略的目标与任务，引导学生在生活中践行绿色环保理念；另一方面探索“专业+双碳”，在教学中积极融入绿色环保理念、可持续发展观等案例，让专业学习与素质培养自然结合；在物流单证的缮制操作中融入单证知识体系介绍，整合专业理论与职业技能，达到“教中学、教中做”的岗位实践效果。

本书在内容选择上，力求将岗位认知与职业体验相结合，着重介绍如何制单、在何种情况下制单及单证如何流转。以项目教学为载体，以企业情境为依托，体系完备，让学生了解制单的背景，掌握单证的流转步骤以及单证的缮制方法。本书通过实训操作内容，力求提升学生的职业能力，使学生具有一定的单证缮制能力和职业意识，能基本胜任物流企业或者企业物流部门的单证岗位，为成为具有一定物流单证理论知识和操作技能的单证人员打下扎实的基础。

本书编写“从学生需求出发”，围绕浙江省“选择性”构建起来的中职课程体系中的物流专业教学，以学生的发展为目标，尊重学生的主观意愿、兴趣特长和成长意愿，赋予学生更多的选择课程、专业和学习方式的权利。本书注重课程的实用性，从学校实际出发，从教学实际出发，从学生实际出发，努力做到实用、实际、实战，贴近企业操作要求，又符合学生认知规律。

本书在结构、形式上力求新颖，贯彻工作过程系统化的教学思想，采用项目、任务形式组织教学内容，活页制单方式巩固训练习题，并采用量化分值进行任务评价。每个任务安排了任务描述（企业情境）、任务要求、任务目标、知识准备、任务实施（单证流转操作步骤+单证缮制）、巩固训练（制单习题）和任务评价（量化评价）等内容，让教师更加容易教学，学生更加方便学习。

本书以物流单证的缮制为主线，主要内容包括仓储作业单证缮制、国内货物运输单证缮制和国际货运代理单证缮制3个模块。本书建议课时为72个课时，具体课时分配如下：

模块	项目	建议课时
模块一　仓储作业单证缮制	项目一　入库作业单证	6
	项目二　在库作业单证	6
	项目三　出库作业单证	4
模块二　国内货物运输单证缮制	项目一　公路货运单证	18
	项目二　铁路货运单证	6
模块三　国际货运代理单证缮制	项目一　海运出口单证	24
	项目二　海运进口单证	5
	项目三　航空货运单证	3

本书由王岩、于丽娟担任主编，负责全书统稿、定稿；陈颖、李楠、刘文娟、张洪峰担任副主编，贺维英、林娜、孙丽、管珊珊、陈芳、朱正义、邵婧、张艳、陆佳宜、贺春薇、姜峰参与编写。具体分工如下：王岩、于丽娟、李楠、陈芳、邵婧、张艳、贺春薇编写模块一，王岩、张洪峰、刘文娟、孙丽、陆佳宜编写模块二，王岩、于丽娟、陈颖、贺维英、林娜、管珊珊、朱正义编写模块三；姜峰为本书的编写提供了企业真实业务模型，支持调研活动，提供课程对应的企业实践平台。

在本书的编写过程中，得到了宁波市北仑职业高级中学、杭州财经职业学校、嘉兴交通学校、宁波经贸学校、衢州工程学校、宁波普皓国际物流有限公司的支持与帮助。

本书配有丰富教学资源，选用本书的教师可登录机械工业出版社教育服务网（www.cmpedu.com）实名注册后免费下载相关配套电子资源，还配有“物流单证活页”供学生练习使用。

由于编者时间和精力有限，书中难免有不足之处，恳请读者提出宝贵的意见和建议，以求不断改进和完善。

编　者

二维码索引

微课视频索引

（续）

二维动画索引

交互动画索引

目录

模块一

仓储作业单证缮制

仓储作业是指以保管活动为中心，从商品入库到商品发送出库的整个仓储作业全过程，由入库、在库、出库三个阶段组成。仓储作业是商品流通的重要环节，也是企业物流活动的重要支柱，是企业实现现代化物流管理的切入点之一，对提高生产销售效率起着重要的辅助作用。

仓储作业单证是指在仓储作业过程中所使用的所有单据、票据、凭证的总称，各阶段都有与作业相对应的单证，如入库阶段有入库单、储位分配单等，在库阶段有盘点单、移库单等，出库阶段有出库单等，这些单证的存在对仓储作业的开展有着指导和保障作用，保证了各阶段作业有据可依，也使得所有作业结果及责任都具有可追溯性，能大大提高仓储作业的质量及效率。因此，仓储作业单证缮制的质量是衡量企业仓储服务水平的重要指标之一，而仓储作业单证的缮制也是仓储管理人员应该掌握的基本技能之一。

学习目标

- 理解仓储作业的业务内容。
- 掌握仓储作业各阶段、各类型作业的流程。
- 熟悉仓储作业各阶段的主要单证，识记主要单证的缮制方法。
- 缮制在不同任务情境下的主要仓储作业单证。
- 体验职业角色，培养职业自信，培养严谨周密的思维方式以及良好的工作态度；学习科学的作业方法，形成现代流通管理理念；提升团队协作、及时发现问题并解决问题的意识及能力。

项目一 入库作业单证

项目概述

入库作业是仓储作业的开始，它是指根据商品入库凭证，在接受入库商品时所进行的卸货、查点、验收、办理入库手续等各项业务活动的计划和组织，是做好商品储存的基础。入库作业主要由物流公司仓库理货岗位工作人员完成，能否安全、合理地完成入库工作，直接关系着客户及企业的利益。其中，正确识别入库作业过程中的单据信息并填制、传递相关单据是入库作业的核心任务之一。

本项目梳理了商品入库作业过程中涉及的主要单证，包括入库单、储位分配单及退货单的缮制。

为了全面贯彻党的教育方针，落实立德树人的任务，本项目在各任务实施及评价过程中将学生的发展作为教材内容设置的出发点和归宿，传授基础知识与培养学生专业能力并重，并采用情境化这种学生乐于接受的方式进行内容布局，以期让学生能得到符合其自身特点的最优化发展。

项目目标

- 准确描述商品入库的基本流程。
- 掌握入库作业中涉及的入库单、储位分配单及退货单的缮制方法。
- 根据任务情境正确完成入库单、储位分配单及退货单的缮制。
- 体验职业角色，培养严谨周密的思维方式及作业态度。

知识储备

一、入库作业的具体内容和基本流程

入库达人秀

1. 入库作业的具体内容

熟悉入库货物，掌握入库货物的品种、规格、特性、包装状态、到库时间、存货时间及保管要求。

2. 入库作业基本流程

熟悉一般货物的入库作业流程，如图 1–1 所示。

（1）仓库主管收到“到货通知”，按照货物的到货时间、数量、品种、规格、性质等要求制订“入库计划”，准备人员、货物摆放场所、搬运设备等。

（2）货物到达后，入库主管安排仓库理货员按规定进行接货，与送货单位办理相关交接手续。

（3）入库主管负责审核货物单据是否齐全，若发现单据不全，应将货物存放暂存库，并及时通知相关人员。

（4）单据齐全无误后，对现场货物进行数量核对，并记录货物数量。

（5）入库主管确认货物验收无问题后，在“进仓单”上签字确认。

（6）仓库理货员根据货物分类安排货物储存并进行摆放。

（7）入库主管填写“入库单”，建立入库台账，并将相关信息转至财务部以更新财务库存账。

（8）“入库单”及相关单据上报总经理审批后，更新库存台账。

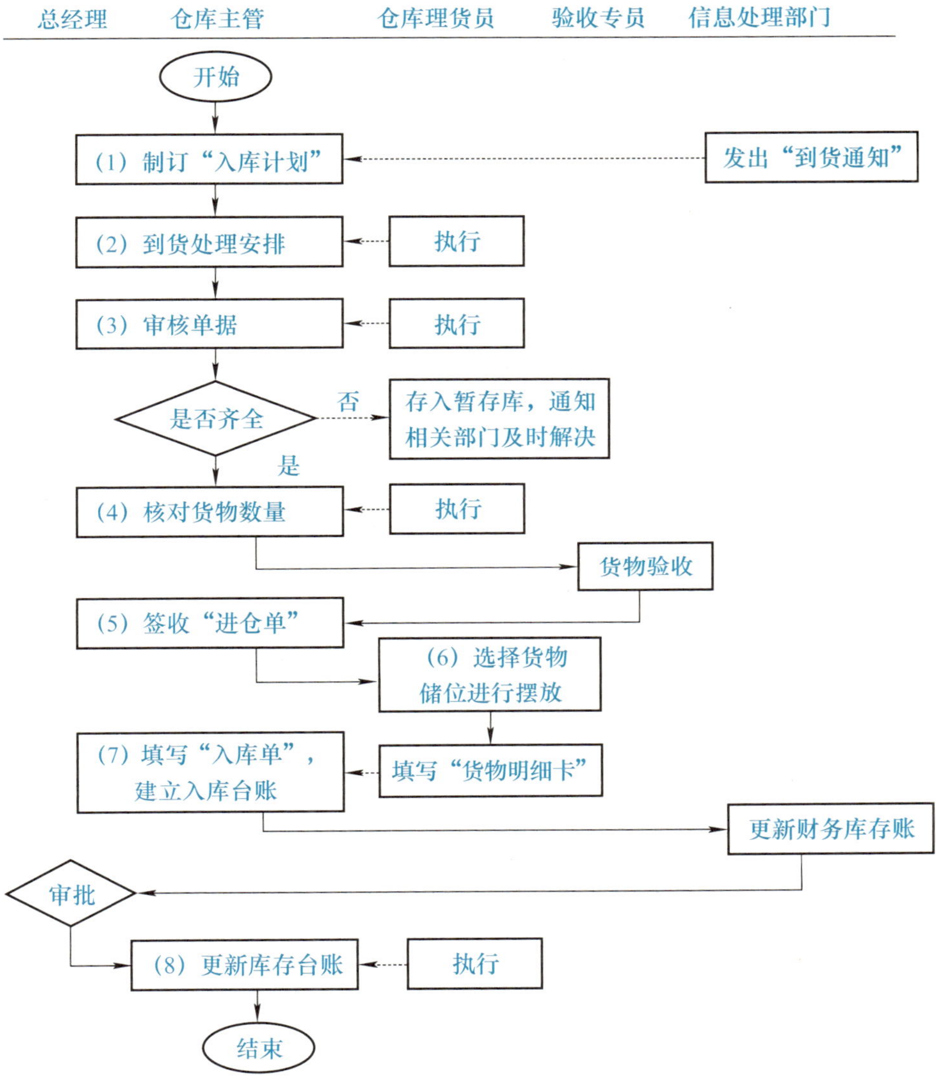

图 1-1　入库作业流程

二、货物的接运与验收

1. 货物的接运

仓储货物基本都是由专门的送货单位通过公路运输直接运到仓库交货集中，再经过铁路、航运、空运等运输方式转运，这就需要仓库接运。接运的主要任务是及时而准确地接收货物，同时认真检查货物，在接运时分清破损责任。

随堂记

2. 货物的验收

货物验收包括核对凭证、确定验收比例、实物检验、填写相关单据及处理验收中发现的问题等流程。

（1）核对凭证。入库商品需具备下列凭证：

1）货主提供的入库通知单和订货合同副本，这是仓库接收商品的凭证。

2）供货单位提供的验收凭证，包括材质证明书、装箱单、磅码单、发货明细表、说明书、保修卡及合格证等。

3）承运单位提供的运输单证，包括提货通知单和登记货物残损情况的货运记录、普通记录以及公路运输交接单等，作为与责任方进行交涉的依据。

核对凭证，就是将上述凭证加以整理后全面核对。将入库通知单、订货合同与供货单位提供的所有凭证逐一核对，确认相符后，才可以进入下一步的实物检验。如果发现有证件不齐或不符等情况，要与存货、供货单位及承运单位和有关业务部门及时联系解决。

（2）确定验收比例。根据货物的性质、数量信息，确定验收比例，可选择全部验收或者按一定比例验收。

在进行数量和外观验收时一般要求全验。在质量验收时，当批量小、规格复杂、包装不整齐或要求严格验收时可以采用全验。全验需要大量的人力、物力和时间，但是可以保证验收的质量。

当批量大、规格和包装整齐、存货单位的信誉较高或验收条件有限的情况下，通常采用抽验的方式。商品质量和储运管理水平的提高及数理统计方法的发展，为抽验方式提供了物质条件和理论依据。

商品验收方式和有关程序应该由存货方和保管方共同协商，并通过协议在合同中加以明确规定。

（3）实物检验及填写相关单据。实物检验是仓储业务中的一个重要环节，即复核货物数量是否与入库凭证相符，货物质量是否符合规定的要求，货物包装能否保证在储存和运输过程中的安全，主要包括对货物规格、数量、质量和包装方面的验收。

对货物规格的验收主要是对货物品名、代号、花色和色样方面的验收；对货物数量的验收主要是对散装货物进行称量，对整件货物进行数目清点，对贵重货物进行仔细查收等；对货物质量的验收主要是检验货物是否符合仓库质量管理的要求，产品的质量是否达到规定的标准等；对货物包装方面的验收主要是核对货物的包装是否完好无损，包装标志是否达到规定的要求等。

三、货物验收的基本要求

（1）及时。到库货物必须在规定的期限内完成验收入库工作。这是因为货物虽然到库，但未经过验收的商品没有入账，不算入库，不能供应给用料单位。只有及时验收，尽快提出检验报告，才能保证货物尽快入库入账，满足用料单位的需求，加快货物和资金的周转。同时，货物的托收承付和索赔都有一定的期限，如果验收时发现货物不合规定要求，要提出退货、换货或赔偿等请求，均应在规定的期限内提出。否则，供方或责任方不再承担责任，银行也将办理拒付手续。

（2）准确。验收应以货物入库凭证为依据，准确地查验入库货物的实际数量和质量状况，并通过书面材料准确地反映出来。做到货、账、卡相符，提高账货相符率，降低收货差错率，提高企业的经济效益。

（3）经济。货物在验收时，多数情况下，不但需要检验设备和验收人员，而且需要装卸搬运机具和设备以及相应工种工人的配合。这就要求各工种密切协作，合理组织调配人员与设备，以节省作业费用。此外，在验收工作中应尽可能保护原包装，避免或减少破坏性试验，这也是提高作业经济性的有效手段。

（4）严格。仓库的各方都要严肃、认真地对待货物验收工作。验收工作的好坏直接关系到国家和企业的利益，也关系到以后各项仓储业务的顺利开展。因此，仓库管理者应高度重视验收工作，直接参与验收的相关人员要以高度负责的精神来对待这项工作，明确每批货物验收的要求和方法，并严格按照仓库验收入库的业务操作程序办事。

随堂记

任务一 入库单的缮制

任务描述

2023年3月1日，浃江物流有限公司的订单处理中心收到三星（中国）投资有限公司发来的“三星电子出库单”，通知有一批来自天津盛大有限公司的三星电视机已出库，将于3月2日送至浃江物流有限公司，要求浃江物流有限公司做好该批电视机的接收入库作业。

任务要求

要求浃江物流有限公司仓管员王伟完成入库作业并为上述任务缮制入库单。

任务目标

1. 知识目标：

（1）掌握入库单的含义；

（2）根据国家标准《物流单证基本要求》（GB/T 33449—2016）中的相关规定，掌握入库单的主要内容及缮制要求。

2. 能力目标：

能根据所给任务情境正确完成入库单的缮制。

3. 素养目标：

（1）通过入库单缮制完成企业任务，培养职业自信；

（2）体验职业角色，培养严谨细致的职业素养。

知识准备

一、入库单的含义

入库单是由仓库管理人员开具的用于记录实物商品入库信息的确认单据，是企业内部管理和控制的重要凭证。凭借入库单，可以实现对仓库采购人员、供应商以及仓库管理人员的有效监控，规避采购人员与供应商串通舞弊，虚报采购量，导致实物短少的风险，提高仓库管理人员的工作责任心及作业效率。

二、入库单的内容及缮制要求

入库单一般应包含入库日期、入库部门、入库单号、配送中心、供应商编号、入库订单号、库存地点、供应商名称、具体商品信息、采购员、仓管员、交货人等信息，见表1-1。但在实际工作中各企业的入库单缮制并不完全一样，应视企业的具体要求有所调整。

表1-1 入库单样表

入库单

（1）入库日期： （2）入库部门： （3）入库单号：

（4）配送中心： （5）供应商编号： （6）入库订单号：

（7）库存地点： （8）供应商名称：

（9）商品编码	（10）商品名称	（11）采购订单数	（12）实收数量	（13）单位	（14）含税单价	（15）含税金额
（16）合 计						

（17）采购员： （18）仓管员： （19）交货人：

（20）打印人： （21）打印时间：

此单一式三联 白色联（供应商联） 红色联（仓库联） 黄色联（记账联）

入库单的填写应根据公司收到的来自供应商的入库通知单或出库发货单等单据信息以及实际入库商品的核验结果进行，填写过程中应做好商品验收工作。

入库单的主要内容及缮制要求如下：

（1）入库日期：货物入库的实际日期。

（2）入库部门：要求将货物安排入库的采购组织。

（3）入库单号：由仓库管理部门自行编制一组数字，也可用字母加数字形式进行描述。

（4）配送中心：各地区实施商品配送的分支点。

（5）供应商编号：公司对各个商品供应商编制的代码，一般用一组数字表示。

（6）入库订单号：根据上一级商品出库单中分配的手工订单号直接生成该票商品的入库订单号。

（7）库存地点：商品配送至最终客户前所存放的仓库。

（8）供应商名称：由公司指定的货物供应商全称。

（9）商品编码：由商品所有人编制的由数字组成的一串号码。

（10）商品名称：包含用于商品流通中区别其他商品的中文名称以及由商品所有人编制的由字母和数字组成的一串号码，用于商品辨识查询。

（11）采购订单数：本订单中采购的各款商品数量。

（12）实收数量：除去各种异常商品的实际收货数量，异常商品可拒收或退换处理。

（13）单位：单件商品计数单位，一般用个、只、台等表示。

（14）含税单价：单件商品包含税收的实际价格。

（15）含税金额：每票商品价格总和。

（16）合计：多票商品各个项目求和，包括采购订单数、实收数及金额总和。

（17）采购员：本批商品的实际采购人员姓名。

（18）仓管员：本次作业涉及的仓库作业人员姓名。

（19）交货人：将货物交至配送中心仓库的供应商工作人员姓名。

（20）打印人：单据打印人员姓名。

（21）打印时间：单据实际打印日期，一般与入库日期相同。

商品出现以下情况的一般视为异常商品：破损、变形、油污、单件商品重量较其他商品轻、潮湿、液体、易碎品、入库通知单据与实际货品不符等，在作业中要求对异常商品的实际情况进行拍照留底，及时备注在供应商提供的入库通知单或出库送货单等单据上，明确责任的划分。

入库单一般为一式三联：第一联为白色联，是供应商联，入库交接结束后交于供应商处理；第二联为红色联，是仓库联，用于仓库登记；第三联为黄色联，是记账联，入库结束交于财务记账用。

任务实施

入库单的缮制

2023年3月1日，三星（中国）投资有限公司委托供应商（供应商编号：10017305）天津盛大有限公司将30台型号为QA55Q60RAJXXZ、20台型号为QA65Q60RAJXXZ的三星电视机发货至浃江物流有限公司，并在第一时间将出库单（见表1-2）发送至浃江物流有限公司。

表1-2 出库单

<table>
<tr><th colspan="9">三星电子出库单</th></tr>
<tr><td colspan="2">发货方名称</td><td colspan="3">0004371857</td><td>出库单号</td><td colspan="3">8464510754</td></tr>
<tr><td colspan="5" rowspan="4">天津盛大有限公司
天津市武清区霞西物流园区 50 号</td><td>打印日期</td><td colspan="2">2023-03-01 15:30</td><td>刘芳</td></tr>
<tr><td>手工订单</td><td colspan="3">浃江物流 -4117729093</td></tr>
<tr><td>销售订单</td><td colspan="3">1417908735</td></tr>
<tr><td>预约达到</td><td colspan="3">2023-03-02</td></tr>
<tr><td colspan="2">客户仓库</td><td colspan="3">0004372462</td><td>运输公司</td><td colspan="3">宝山物流集团有限公司</td></tr>
<tr><td colspan="9">浃江物流有限公司
江宁市镇骆区大洋街道中官路 90 号
TEL：130****2463</td></tr>
<tr><td>项目</td><td>产品种类</td><td>型号</td><td>等级</td><td>出库仓库</td><td>数量（台）</td><td>金额（元）</td><td colspan="2">备注 / 签收栏</td></tr>
<tr><td>01</td><td>A1</td><td>QA55Q60RAJXXZ</td><td>A</td><td>WC3A</td><td>30</td><td>197,970</td><td colspan="2">实收（ ）台</td></tr>
<tr><td>02</td><td>A1</td><td>QA65Q60RAJXXZ</td><td>A</td><td>WC3A</td><td>20</td><td>199,980</td><td colspan="2">拒收（ ）台</td></tr>
<tr><td></td><td></td><td></td><td></td><td></td><td></td><td></td><td colspan="2">拒收型号：</td></tr>
<tr><td colspan="5">TOTAL</td><td>50</td><td>397,950</td><td>1,378kg</td><td>11.2m^3</td></tr>
<tr><td colspan="5">仓库</td><td colspan="4">运输公司</td></tr>
<tr><td colspan="2">负责人：苏强</td><td colspan="3">日期：2023-03-01</td><td colspan="2">负责人：李彬彬</td><td colspan="2">日期：2023-03-01</td></tr>
<tr><td colspan="2">发货人：张丽</td><td colspan="3">日期：2023-03-01</td><td colspan="2">司机：郑伟</td><td colspan="2">日期：2023-03-01</td></tr>
<tr><td colspan="9">注意事项：
1. 当您收货时，请确认接收的型号、数量和单据上的是否有差异。
2. 在备注 / 签收栏详细说明实收、拒收及拒收型号，若客户未说明而产生争议，我公司不承担任何责任。

三星（中国）投资有限公司</td></tr>
</table>

浃江物流有限公司仓管员王伟根据三星电子出库单备好入库单（入库单号：5047809453），并做好商品入库接收准备。3月2日，货物准时送至仓库，王伟按照实际验收情况填写入库单并将实收商品入库，其中三星电视机QA55Q60RAJXXZ有一箱外包装破损，QA65Q60RAJXXZ有两箱包装上有油污，经与供应商沟通后将情况如实填写至三星电子出库单，并进行拒收退货处理。入库单完成后见表1-3，将三联单按照规范交于供应商、仓库留底及财务留底。

表 1-3 入库单缮制

浃江物流有限公司商品入库单

（1）入库日期：2023-03-02　　（2）入库部门：天津盛大物流采购组织

（3）入库单号：5047809453　　（4）配送中心：浃江物流有限公司

（5）供应商编号：10017305　　（6）入库订单号：4117729093

（7）库存地点：浃江物流有限公司仓库　　（8）供应商名称：三星（中国）投资有限公司

（9）商品编码	（10）商品名称	（11）采购订单数	（12）实收数量	（13）单位	（14）含税单价（元）	（15）含税金额（元）
100518420	三星电视机 QA55Q60RAJXXZ	30	29	台	6,599.00	191,371.00
100517734	三星电视机 QA65Q60RAJXXZ	20	18	台	9,999.00	179,982.00
（16）合　计		50	47			371,353.00

（17）采购员：李赫　（18）仓管员：王伟　（19）交货人：郑伟　（20）打印人：王晓燕　（21）打印时间：2023-03-02

此单一式三联　白色联（供应商联）　红色联（仓库联）　黄色联（记账联）

巩固训练

2023 年 4 月 5 日，三星（中国）投资有限公司委托供应商天津盛大有限公司将 10 台型号为 QA65Q7ATAJXXZ 的三星电视机发货至浃江物流有限公司杭州分公司，并在第一时间将出库单（见表 1-4）发送至浃江物流有限公司杭州分公司。

表 1-4 出库单

三星电子出库单

<table>
<tr><td colspan="2">发货方名称</td><td colspan="2">0004371857</td><td colspan="2">出库单号</td><td colspan="3">8464520347</td></tr>
<tr><td colspan="4" rowspan="4">天津盛大有限公司
天津市武清区霞西物流园区 50 号</td><td colspan="2">打印日期</td><td colspan="2">2023-04-05 10:00</td><td>刘芳</td></tr>
<tr><td colspan="2">手工订单</td><td colspan="3">浃江物流 -4117732403</td></tr>
<tr><td colspan="2">销售订单</td><td colspan="3">2089763845</td></tr>
<tr><td colspan="2">预约达到</td><td colspan="3">2023-04-06</td></tr>
<tr><td colspan="2">客户仓库</td><td colspan="2">0004373786</td><td colspan="2">运输公司</td><td colspan="3">宝山物流集团有限公司</td></tr>
<tr><td colspan="9">浃江物流有限公司杭州分公司
杭州市江干区学正街 1 号
TEL：135****2977</td></tr>
<tr><td>项目</td><td>产品种类</td><td>型号</td><td>等级</td><td>出库仓库</td><td>数量（台）</td><td>金额（元）</td><td colspan="2">备注 / 签收栏</td></tr>
<tr><td rowspan="3">01</td><td rowspan="3">A1</td><td rowspan="3">QA65Q7ATAJXXZ</td><td rowspan="3">A</td><td rowspan="3">WC3A</td><td rowspan="3">10</td><td rowspan="3">101,990.00</td><td colspan="2">实收（　　）台</td></tr>
<tr><td colspan="2">拒收（　　）台</td></tr>
<tr><td colspan="2">拒收型号：</td></tr>
<tr><td colspan="5">TOTAL</td><td>10</td><td>101,990.00</td><td>245kg</td><td>3.4m³</td></tr>
<tr><td colspan="5">仓库</td><td colspan="4">运输公司</td></tr>
<tr><td colspan="3">负责人：苏强</td><td colspan="2">日期：2023-04-05</td><td colspan="2">负责人：李彬彬</td><td colspan="2">日期：2023-04-05</td></tr>
<tr><td colspan="3">发货人：张丽</td><td colspan="2">日期：2023-04-05</td><td colspan="2">司机：郑伟</td><td colspan="2">日期：2023-04-05</td></tr>
<tr><td colspan="9">注意事项：
1. 当您收货时，请确认接收的型号、数量和单据上的是否有差异。
2. 在备注 / 签收栏详细说明实收、拒收及拒收型号，若客户未说明而产生争议，我公司不承担任何责任。
三星（中国）投资有限公司</td></tr>
</table>

浃江物流有限公司杭州分公司仓管员张萍在验收货物时发现有一台电视机外包装破损，与供应商沟通后进行拒收退货处理。请以仓管员张萍的身份完成上述商品的入库作业并缮制入库单（见物流单证活页附表1-1）。

任务评价

序号	评价任务	要素说明	分值	扣分小计	得分小计
1	准确表述入库单的含义（10分）	表述入库单的含义	10		
2	准确表述入库单的缮制内容及要求（30分）	介绍一般入库单应包含的内容	10		
		介绍商品验收工作的工作内容	20		
3	根据所给任务情境规范掌握商品入库单的缮制（40分）	按课堂任务体验入库单的缮制	20		
		按课后任务完成入库单的缮制	20		
4	素养（20分）	职业自信的提升	10		
		严谨细致的职业素养的养成	10		
自我评价			总得分		

任务二 储位分配单的缮制

任务描述

2023年3月18日10:00，浃江物流有限公司的订单处理中心已经完成了入库单号为5047809454货物的入库验收作业。现根据入库单和目前配送中心仓库内的货物储位分布情况，完成入库货品的储位分配，并缮制储位分配单。

任务要求

要求浃江物流有限公司仓管员王伟根据入库单和仓库内的储存情况缮制入库货物储位分配单，并交由操作员夏磊完成上架作业。

任务目标

1. 知识目标：

（1）掌握储位管理的概念、目标与原则、存储策略、编号方法以及储位安排原则；

（2）根据国家标准《物流单证基本要求》（GB/T 33449—2016）中的相关规定，掌握储位分配单的主要内容及缮制要求。

2. 能力目标：

能根据所给任务情境正确完成储位分配单的缮制。

3. 素养目标：

通过不同储位管理策略的学习，培养严谨周密的思维方式以及现代流通管理理念。

知识准备

一、储位管理的概念

储位管理是一种动态性的管理，是指对仓库中的存储货位进行合理规划与分配，对货物的储位进行编码，对储位所存储的数量进行核对，对质量进行监控等一系列管理工作的综合。一般储位管理的内容包括存储空间的规划与分配、储位指派、储位编码与货物定位、储位存储数量控制和储位盘点等。

二、储位管理的目标与原则

（一）储位管理目标

（1）充分有效地利用仓库空间。

（2）把控货物质量与数量。

（3）便于货物的存取，减少人力资源与设备的无效浪费。

（二）储位管理原则

（1）储位标识清晰。对仓库内的存储区域进行合理的划分，每个区域有明确的编号和定位，不出现边界模糊的区域或者指示不明确的区域等。

（2）货物定位有效。依据恰当的储存原则，将货物定位到合适的储位上。

（3）变更及时准确。当储位上的货物发生数量或质量上的变动时，及时更新记录，使实际储位上的数据与记录数据相符。

三、储位管理的存储策略

好的存储可以减少人员的重复劳动，并提高存储空间的利用率。存储策略一般有定位存储、随机存储、分类存储、分类随机存储和共同存储等。

1. 定位存储

每一项货物有自己固定的储位，其他货物不得共用储位，使用此策略时该货物的入库量、在库量不得大于规划的存储容量。此策略适用于厂房空间大，多种、少量货物的仓库环境。

2. 随机存储

每一种货物的存储位置由系统或者储存人员按习惯随机指派，经常发生货位变动。此策略通常在厂房空间有限、货物种类少或体积大的条件下应用，或者在信息化仓库中使用，储存人员可以按照系统准确地找到货物储位。

随堂记

3. 分类存储

储存货物按照一定的特性分类，同一类货物存储在固定的位置上，同属于一类的不同货物又需要按照一定的规则来存储。分类通常可以按照产品的相关性、流动性、尺寸和重量、特性来进行分类。此策略适用于货物相关性较大、经常同时出入库，货物周转率差别大或者货物尺寸相差大的情况。

4. 分类随机存储

每一类货物具有固定的存储位置，但是每个存储区内的储位指派是随机的。此策略适用于货物品种较多、仓库面积相对不足的情况。

5. 共同存储

在能够确定货物进出仓库的明确时间的条件下，不同货物共用相同储位。此策略适用于货物品种较少、快速流转的情况。

四、储位编号方法

储位编号是将货物按照一定的位置排列，采用统一的编码规则，并标示明显的标志。常见的货位编码方法有地址编号法、区段编号法、品类群编号法和坐标式编号法等。

1. 地址编号法

地址编号法利用了现成的仓库位置与布局，如货物在第几栋仓库、哪个区段、哪一排、哪一行、哪一层、哪一格，以此顺序来编号，以采用“四号定位法”居多。“四号定位法”采用一串四个数字号码对应库房编号、货架编号、层次编号、货位编号。例如，“6-7-3-12”是指 6 号库房、7 号货架、第 3 层、12 号货位。

2. 区段编号法

区段编号法将存储区划分为几个区段，再对每个区段进行编号。此方法每个区段代表的储区较大，适用于单位化货物、大量货物或保管期短的货物。货物流量大小决定区段的大小，存放顺序以货物进出库频率为依据。

3. 品类编号法

品类编号法将货物按某些相关性进行归类，划分为几个品项群，再对每个品项群进行编号。此方法较适用于商品特性较为明显或者品牌差异较大的货物，如五金群、食品群等。

4. 坐标式编号法

利用空间概念来编排储位，此种方法定位较为精细，适用于流通少、长时间存储的货物。

五、储位安排原则

1. 确保物品安全

（1）特殊性质的货物存放在合适的储位。例如，易潮、易霉变的货物要放在干燥的储位，怕光货物要放在避光的储位，对温度有要求的货物要放在一定温度控制下的储位，易燃易爆的货物要放在危险品仓库的储位内等。

（2）性能相互抵触、容易串味的货物，不能存放于同一个区域。

（3）消防灭火方式不同的货物，要分开储存。

（4）同一货区储存的货物中，要考虑有无虫害感染的可能。

（5）同一货区储存的货物中，存放外包装含水量过高的货物要考虑到对邻垛货物安全的影响。

2. 便于流转

货物流转的快慢、收发货的方式都会影响货物的储位。对于快进快出的货物，应选择装卸、搬运设备操作方便的储位；滞销的货物，应存放在仓库内侧；选择送货的货物，由于需要分唛理货、按车排货等应当安排在靠近理货、装车场地的储位；选择提货的货物，储存货位应靠近仓库出口，便于外来车辆的进出。

3. 节约仓库容积

尽可能使最小的仓容储存最大限量的货物。在货位的负荷量和高度基本固定的前提下，对储存货物的重量、体积进行换算后，尽量少地使用货位数量。

4. 先进先出、缓不围急、大不围小、小票集中、重近轻远

"先进先出"即安排货位时后进的货物不要阻碍先进货物；"缓不围急"即避免储存时间长的货物货位阻碍储存时间短的货物；"大不围小""小票集中"即多种小批量货物可以合用一个货位或集中在某个货区，避免大货物围堵住小货物，造成查找不易；"重近远轻"即重货要离装卸作业区最近，以减少搬运距离，便于装卸搬运。

5. 机械作业便利性和作业量分布均匀性

根据仓库货物的流转量和机械设备的使用需求，将流转快和流转慢、操作困难和操作便利的货物单均匀地配储在各个货区，以减少货区忙闲相差太多的情况。

六、储位分配单的内容及缮制要求

储位分配单基本包含作业单号、入库单号、仓库编号、仓管员、日

随堂记

期、具体商品信息、制单人、作业人等信息，见表1-5。

表 1-5 储位分配单样表

<table>
<tr><td colspan="10" align="center">储位分配单</td></tr>
<tr><td colspan="10">（1）作业单号：</td></tr>
<tr><td>（2）
入库单号</td><td colspan="5"></td><td>（3）
仓库编号</td><td colspan="3"></td></tr>
<tr><td>（4）
仓管员</td><td colspan="5"></td><td>（5）
日期</td><td colspan="3"></td></tr>
<tr><td>（6）
序号</td><td>（7）
库区</td><td>（8）
储位</td><td>（9）
商品名称</td><td>（10）
商品编码</td><td>（11）
规格型号</td><td>（12）
单位</td><td>（13）
应收数量</td><td>（14）
实收数量</td><td>（17）
备注</td></tr>
<tr><td></td><td></td><td></td><td></td><td></td><td></td><td></td><td></td><td></td><td></td></tr>
<tr><td></td><td></td><td></td><td></td><td></td><td></td><td></td><td></td><td></td><td></td></tr>
<tr><td></td><td></td><td></td><td></td><td></td><td></td><td></td><td></td><td></td><td></td></tr>
<tr><td></td><td></td><td></td><td></td><td></td><td></td><td></td><td></td><td></td><td></td></tr>
<tr><td colspan="4">（15）制单人：</td><td></td><td colspan="5">（16）作业人：</td></tr>
</table>

储位分配单的主要内容及缮制要求如下：

（1）作业单号：作业单位自行编制的由字母和数字组成的一串号码。

（2）入库单号：与需要分配储位相对应的入库单的单号。

（3）仓库编号：货物分配的目标储位所在的仓库的编号。

（4）仓管员：本次作业涉及的仓管员姓名。

（5）日期：填制此单的日期。

（6）序号：填写阿拉伯数字，如1，2，3…

（7）库区：货物分配的目标储位所在的库区的编号。

（8）储位：货物分配的目标储位编号。

（9）商品名称：对商品的描述。商品名称要填写规范、准确、详尽，以保证归类准确、统计清晰。

（10）商品编码：商品所有人编制的由字母和数字组成的一串号码。

（11）规格型号：反映商品性质、性能、品质等信息的一系列指标，一般由一组字母和数字以一定的规律编号组成，如品牌、等级、成分、含量、纯度、大小（尺寸或重量）等。规格型号要填写规范、准确、详尽，以保证归类准确、统计清晰。

（12）单位：商品规定的标准量，如千克、箱等。

（13）应收数量：入库单中本应到货的数量。

（14）实收数量：仓库实际收货的数量。

（15）制单人：制作本单据的人员姓名。

（16）作业人：如没有完成具体储位入库作业，则不填；如实际已经完成具体入库作业，则需填写。

（17）备注：对于备注等信息，没有涉及的，可不填。

任务实施

储位分配单的缮制

步骤一：接收入库单（见表 1-6），验收入库货物。

表 1-6　入库单

泱江物流有限公司商品入库单

入库日期：2023-03-18　　入库部门：天津盛大物流采购组织　　入库单号：5047809454

配送中心：泱江物流有限公司　　供应商编号：10017305　　入库订单号：4117729094

库存地点：泱江物流有限公司仓库　　供应商名称：小熊电器有限公司

商品编码	商品名称	采购订单数	实收数量	单位	含税单价（元）	含税金额（元）
0001 100518423	小熊榨汁机	30	29	台	120.00	3,480.00
0002 100517746	小熊电蒸锅	20	18	台	158.00	2,844.00
合　计		50	47			6,324.00

采购员：李赫　　仓管员：王伟　　交货人：张丰　　打印人：王晓燕　　打印时间：2023-03-18

此单一式三联　　白色联（供应商联）　　红色联（仓库联）　　黄色联（记账联）

步骤二：计算新入库货物所需的储位数。

根据节约仓库容积的原则，结合货架规格、托盘规格、作业净空要求以及商品包装规格和数量（见表1-7和表1-8），计算所需的储位数。

（1）小熊榨汁机，规格580mm×300mm×220mm，放置在1,200mm×1,000mm×130mm的木制托盘上，每层可以存放5箱，存放层数=（1,150−130−20）mm/220mm≈4，则余9箱需要存放到第二个托盘上。因此，小熊榨汁机需要2个托盘存放，需要2个储位。

（2）小熊电蒸锅，规格480mm×390mm×290mm，放置在1,200mm×1,000mm×130mm的木制托盘上，每层可以存放6箱，存放层数=（1,150−130−20）mm/290mm≈3。因此，小熊电蒸锅需要1个托盘存放，需要1个储位。

表 1-7　托盘和货架尺寸信息

名称	规格 / 要求	数量
托盘货架	横梁式 第 1 层：2,300mm×800mm×1,150mm 第 2 层：2,300mm×800mm×1,150mm 第 3 层：2,300mm×800mm×1,150mm 第 4 层：2,300mm×800mm×1,150mm	若干组
托盘	标准 1,200mm×1,000mm×130mm 木制托盘	一批
作业净空要求	20mm	

表 1-8　商品包装规格及数量

货物	规格	数量（箱）
小熊榨汁机	580mm×300mm×220mm	29
小熊电蒸锅	480mm×390mm×290mm	18

步骤三：根据仓储货物的储存原则，对新入库的货物预分配储位。

浹江物流有限公司的储位分配原则是：

（1）被占用的货位不能分配。

（2）同种货物相邻摆放。

（3）货位号从小到大依次安排。

（4）货物优先在低层存放。

浹江物流有限公司 F01 号库为货架型仓库，仓库内现有托盘货架，其中家电 1 区共有托盘货架 2 排（A 排、B 排），4 列，3 层。仓库布局如图 1-2 所示。

海尔冰箱（10）箱	海尔洗衣机（20）箱		索尼电视机（26）箱
A00200	A00201	A00202	A00203
	三星电视机（10）箱		
A00100	A00101	A00102	A00103
			夏普 4K 超高清机（26）箱
A00000	A00001	A00002	A00003
（左）——	作 业	通 道	——（右）
B00000	B00001	B00002	B00003
松下 SR-ANG 电饭煲（17）箱	小熊榨汁机（17）箱		
B00100	B00101	B00102	B00103
		小熊电蒸锅（17）箱	飞科电熨斗（29）箱
B00200	B00201	B00202	B00203
		飞科电熨斗（3）箱	美的吸尘器（5）箱

图1-2 仓库布局图

由仓库布局图可以看出，A 排主要存放大家电，B 排主要存放小家电。已有的 17 箱小熊榨汁机存放在 B00001 储位，为了作业便利，将相同商品放在邻近的储位，因此，新入库的小熊榨汁机存放在 B00002 储位 20 箱，B00003 储位 9 箱。同理，新入库的小熊电蒸锅存放在 B00101 储位 18 箱。

步骤四：仓管员缮制储位分配单。

（1）仓管员王伟按照入库单上相关信息，结合仓库实际情况，填写作业单号、入库单号、仓库编号、仓管员、制单时间等基础信息。本次储位分配单的作业单号为JD20230318。

（2）仓管员王伟按照货物存放要求与仓库可用储位情况，按照储位设置原则进行储位分配，并在制单人处签字，见表1-9。

表 1-9　储位分配单缮制

浃江物流有限公司商品储位分配单

（1）作业单号：JD20230318

（2）入库单号	5047809454					（3）仓库编号	F01		
（4）仓管员	王伟					（5）日期	2023-03-18		
（6）序号	（7）库区	（8）储位	（9）商品名称	（10）商品编码	（11）规格型号	（12）单位	（13）应收数量	（14）实收数量	（17）备注
1	家电 1 区	B00002	小熊榨汁机	0001 100518423	1 台 / 箱	箱	20		
2	家电 1 区	B00003	小熊榨汁机	0001 100518423	1 台 / 箱	箱	9		
3	家电 1 区	B00101	小熊电蒸锅	0002 100517746	1 台 / 箱	箱	18		
（15）制单人：王伟					（16）作业人：				

步骤五：操作员完成上架作业并填写储位分配单。

王伟将储位分配单 JD20230318 交给操作员夏磊，夏磊按照储位分配单上的指令进行货物的上架作业。夏磊上架完毕，无异常情况发生。随后夏磊在储位分配单“实收数量”一栏中填写实际收货数量，并在“作业人”栏签字，见表 1-10。

表 1-10　储位分配单补填

浃江物流有限公司商品储位分配单

（1）作业单号：JD20230318

（2）入库编号	5047809454					（3）仓库编号	F01		
（4）仓管员	王伟					（5）日期	2023-03-18		
（6）序号	（7）库区	（8）储位	（9）商品名称	（10）商品编码	（11）规格型号	（12）单位	（13）应收数量	（14）实收数量	（17）备注
1	家电 1 区	B00002	小熊榨汁机	0001 100518423	1 台 / 箱	箱	20	20	
2	家电 1 区	B00003	小熊榨汁机	0001 100518423	1 台 / 箱	箱	9	9	
3	家电 1 区	B00101	小熊电蒸锅	0002 100517746	1 台 / 箱	箱	18	18	
（15）制单人：王伟					（16）作业人：夏磊				

巩固训练

仓库布局、作业人员等都如上不变，现新接到入库单（见表 1-11）一张，请根据此入库单，结合商品包装规格及数量（见表 1-12），完成作业单号为 JD20230319 的储位分配单（见物流单证活页附表 1-2）的填制。

表 1-11 入库单

泱江物流有限公司商品入库单

入库日期：2023-03-19　　入库部门：天津盛大物流采购组织　　入库单号：5047809455

配送中心：泱江物流有限公司　　供应商编号：10017305　　入库订单号：4117729095

库存地点：泱江物流有限公司仓库　　供应商名称：昌荣电子有限公司

商品编码	商品名称	采购订单数	实收数量	单位	含税单价（元）	含税金额（元）
0001 100518423	飞科电熨斗	15	15	台	120.00	1,800.00
0002 100517746	松下 SR-ANG 电饭煲	20	20	台	258.00	5,160.00
合　计		35	35			6,960.00

表 1-12 商品包装规格及数量

货物	规格	数量（箱）
飞科电熨斗	370mm×190mm×270 mm	15
松下 SR-ANG 电饭煲	580mm×300mm×220mm	20

任务评价

序号	评价任务	要素说明	分值	扣分小计	得分小计
1	能说出储位分配的步骤（30 分）	储位分配的流程	10		
		储位分配的原则	10		
		储位分配的方法	10		
2	会对入库货物进行储位分配（20 分）	分配储位数量的计算	10		
		储位的分配	10		
3	能正确填制储位分配单（40 分）	按课堂任务体验储位分配单的缮制	20		
		按课后任务完成储位分配单的缮制	20		
4	素养（10 分）	严谨周密的思维方式的养成以及现代流通管理能力的提升	10		
自我评价			总得分		

任务三 退货单的缮制

任务描述

宁波国美电器公司卖场（宁波东门口店）收到客户瑞丽造型的退货来电，说是三天前从门店买了一台商品编号为000000000100398248的海尔热水器，型号ES80H-S7（E）（U1），发票中显示订单号为O18082910015315，类型为入库订单。现客户要求退货，该客户的联系人信息：董涛，电话157****1503，地址为浙江省宁波市江北区洪塘街道洪塘中路328号。其提货日期为2023-05-17。

门店随即建档开立退货单，要求宁波国美电器公司合作的浃江物流有限公司受理退货事宜，受理仓库D001；配送中心建立取派单，单号QPD1904041；浃江物流有限公司调度员秦小慧安排司机方平上门取货，车牌号为浙BF8C97；随后秦小慧打印了该退货单，并交于司机前往取货。

任务要求

浃江物流有限公司接到宁波国美电器公司来电，要求仓库管理人员根据瑞丽造型的退货信息制作退货单。

任务目标

1. 知识目标：

（1）掌握退货作业基本流程；

（2）根据国家标准《物流单证基本要求》（GB/T 33449—2016）中的相关规定，掌握退货单的主要内容及缮制方法。

2. 能力目标：

能根据所给任务情境正确完成退货单的缮制。

3. 素养目标：

养成真诚服务客户的岗位责任意识、认真严谨的制单态度。

知识准备

一、商品退换货作业流程

商品退换货的作业流程如图1-3所示。

随堂记

（1）接到退换货通知。客户收到货后，致电或线上向门店售后提出退换货请求，门店售后在软件平台上录入退换货信息。物流公司在软件平台上接收到退换货信息。

（2）确认退货商品。物流公司指派司机上门取货，司机当场核对退货商品品名、规格、数量。

（3）接收退货商品。司机将退换货商品带回物流公司仓库，放置在返品仓库。

（4）检验退货商品。仓管员定期检查返品仓库的退货商品，检查商品是否影响二次销售。

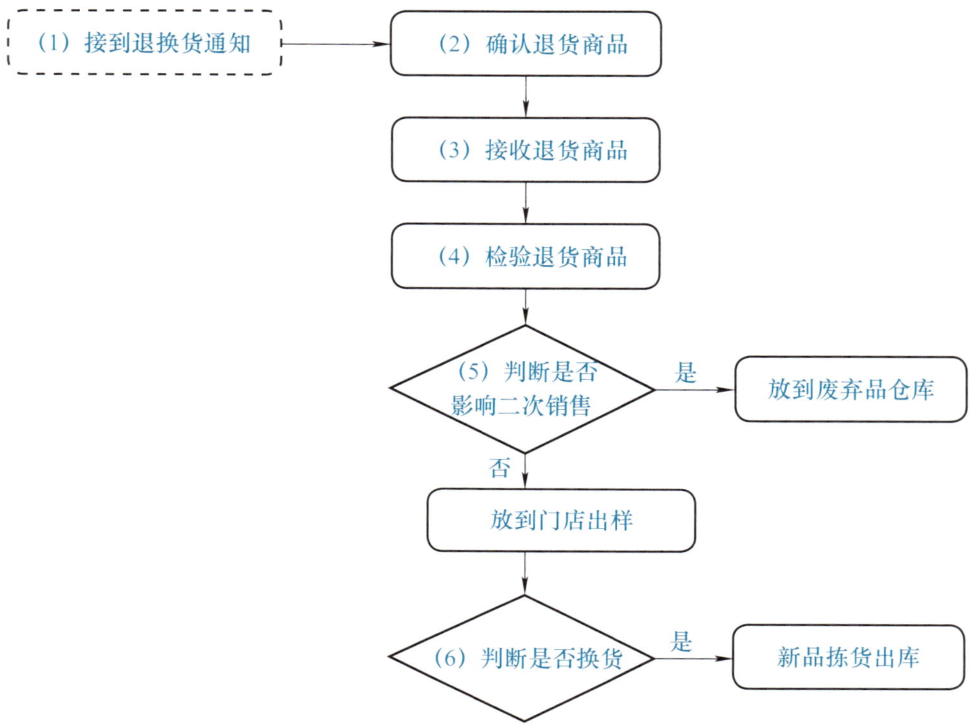

图 1-3　商品退换货作业流程

（5）判断是否影响二次销售。影响二次销售的情况有：①商品本身质量问题；②商品原厂标签、吊牌损毁；③密封商品原包装打开；④商品经穿着、洗涤，或遭污损；⑤化妆品、内衣等涉及个人卫生的商品，以及指定的特殊商品，已经开封使用。

影响二次销售的商品放入废弃品仓库，不影响二次销售的商品送到门店当作样品。

（6）判断是否换货。如果客户要求为换货，则从仓库拣选新的商品发货。

二、退货单的内容及缮制要求

退货单样表如表 1-13 所示。

表 1-13 退货单样表

退货单

（1）受理 DC：		（2）订单号：	
（3）受理仓库：		（4）渠道：	
（5）取派单号：	（6）订单类型：	（7）取货事项：	（8）送货事项：
（9）客户名称：		（10）姓名：	（10）电话：
（11）客户地址：		（12）提货日期：	
（13）销售门店：		网点名称：	
备注：			
（14）商品编号：	（15）商品名称：		（16）商品数量：
（17）承运商：	（17）车牌号：	（18）派车人：	（18）打印人：
（19）司机：	司机签字：	客户意见和签字：	

随堂记

退货单的主要内容及缮制要求如下：

（1）受理DC：受理这份退货单的配送中心（Distribution Centre，DC）名称。

（2）订单号：退货单订单号，可在发票中查找。

（3）受理仓库：配送中心中的返品仓编号。

（4）渠道：退货信息来源，一般为门店。

（5）取派单号：取派单号码。

（6）订单类型：订单的类型。

（7）取货事项：根据实际取货方式填写，一般为上门取货。

（8）送货事项：退货单送货事项为无须送货。

（9）客户名称：与姓名有所区别，一般为公司名称。

（10）姓名、电话：具体联系人姓名、电话。

（11）客户地址：客户的详细地址。

（12）提货日期：提货的具体日期。

（13）销售门店：销售商品的门店。

（14）商品编号：退货商品的编号。

（15）商品名称：退货商品的品名，要加上具体型号。

（16）商品数量：退货商品的数量。

（17）承运商、车牌号：承运公司、具体车牌号。

（18）派车人、打印人：一般均为调度员。

（19）司机：司机姓名。

任务实施

退货单的缮制

步骤一：判断该商品是否符合退换要求。

门店接收到客户退换货请求后，要根据商品实际情况判断是否在可退换货范围内。门店允许退换货的情况主要有以下三种：

（1）生产厂家过错。由于生产厂家过错，商品存在国家法律所规定的功能性故障或商品质量问题。此类问题须由生产厂家指定或特约售后服务中心检测确认并出具检测报告，或经门店客服确认属于商品质量问题。

（2）卖方过错。由于卖方过错，商品到货时存在破损、缺件或描述与网站不符等问题。商品在发货时有原装配件漏发，或在运输过程中造成的损坏、漏液、破碎、性能故障，客户需提供快递人员证明或实物照片，经门店售后人员核查情况属实。

（3）七天无理由退货。除以上两种原因之外，如个人原因导致的退货。在商品完好的前提下，客户在收到货七天内可进行退货。

步骤二：询问消费者基本信息，建档开立退货单。

门店询问了解客户名称，具体联系人的姓名、电话，以及退货商品名称、编号、数量等信息，联系合作的物流公司，并建档开立退货单，见表1-14。

表 1-14 退货单缮制

<table>
<tr><td colspan="2">（1）受理 DC：浃江物流有限公司</td><td colspan="2">（2）订单号：O18082910015315</td></tr>
<tr><td colspan="2">（3）受理仓库：D001</td><td colspan="2">（4）渠道：门店</td></tr>
<tr><td>（5）取派单号：</td><td>（6）订单类型：入库订单</td><td>（7）取货事项：上门取货</td><td>（8）送货事项：无须送货</td></tr>
<tr><td colspan="2">（9）客户名称：瑞丽造型</td><td>（10）姓名：董涛</td><td>（10）电话：157****1503</td></tr>
<tr><td colspan="2">（11）客户地址：
浙江省宁波市江北区洪塘街道洪塘中路 328 号</td><td colspan="2">（12）提货日期：2023-05-17</td></tr>
<tr><td colspan="2">（13）销售门店：宁波国美电器公司卖场（宁波东门口店）</td><td colspan="2">网点名称：</td></tr>
<tr><td colspan="4">备注：</td></tr>
<tr><td>（14）商品编号：000000000100398248</td><td colspan="2">（15）商品名称：海尔热水器 ES80H-S7（E）（U1）</td><td>（16）商品数量：1</td></tr>
<tr><td>承运商：</td><td>车牌号：</td><td>派车人：</td><td>打印人：</td></tr>
<tr><td>司机：</td><td>司机签字：</td><td colspan="2">客户意见和签字：</td></tr>
</table>

步骤三：配送中心安排调度。

物流公司调度员制作取派单，安排司机上门取货，并将相关取派信息填入退货单，见表 1-15。

表 1-15 退货单补填

<table>
<tr><td colspan="2">（1）受理 DC：浃江物流有限公司</td><td colspan="2">（2）订单号：O18082910015315</td></tr>
<tr><td colspan="2">（3）受理仓库：D001</td><td colspan="2">（4）渠道：门店</td></tr>
<tr><td>（5）取派单号：QPD1904041</td><td>（6）订单类型：入库订单</td><td>（7）取货事项：上门取货</td><td>（8）送货事项：无须送货</td></tr>
<tr><td colspan="2">（9）客户名称：瑞丽造型</td><td>（10）姓名：董涛</td><td>（10）电话：157****1503</td></tr>
<tr><td colspan="2">（11）客户地址：浙江省宁波市江北区洪塘街道洪塘中路 328 号</td><td colspan="2">（12）提货日期：2023-05-17</td></tr>
<tr><td colspan="2">（13）销售门店：宁波国美电器公司卖场（宁波东门口店）</td><td colspan="2">网点名称：</td></tr>
<tr><td colspan="4">备注：</td></tr>
<tr><td>（14）商品编号：000000000100398248</td><td colspan="2">（15）商品名称：海尔热水器 ES80H-S7（E）（U1）</td><td>（16）商品数量：1</td></tr>
<tr><td>（17）承运商：浃江物流有限公司</td><td>（17）车牌号：浙 BF8C97</td><td>（18）派车人：秦小慧</td><td>（18）打印人：秦小慧</td></tr>
<tr><td>（19）司机：方平</td><td>司机签字：</td><td colspan="2">客户意见和签字：</td></tr>
</table>

步骤四：司机上门取货，客户确认签字。

司机上门取走退货商品，交接时司机和客户在退货单上签字确认。

巩固训练

宁波龙星物流有限公司于2023年5月27日在迪卡侬（宁波北仑店）购买了30双男鞋，品名为PW 500 FRESH男士健走鞋–黑色。但由于鞋子不符合仓库操作需求，龙星公司在5月29日提出退货申请，鞋子全新未拆包装，发票中显示订单号为O1905271003354，类型为入库订单。龙星公司采购负责人为李欣，电话135****3333，地址为浙江省宁波市北仑区进港北路8号。

迪卡侬门店售后于5月29日当天建档开立退货单，指定浃江物流有限公司受理退货事宜，受理仓库为FPC003。物流中心建档开立取派单，单号QPD1905290005，调度员张开安排取件员沈舰上门取货，车牌号为浙A87C99。请根据上述信息完成退货单（见物流单证活页附表1–3）的填制。

任务评价

序号	评价任务	要素说明	分值	扣分小计	得分小计
1	能够判断商品是否在退货范围内，并准确知晓退货作业流程（20分）	介绍退换货作业操作步骤	10		
		判断商品能否退换	5		
		判断退货商品最后流向	5		
2	正确阐述退货单的格式、主要内容及填制方法（20分）	介绍退货单相关栏目的含义、填制方法	20		
3	根据所给任务情境规范掌握退货单的缮制（40分）	按课堂任务体验退货单的缮制	20		
		按课后任务完成退货单的缮制	20		
4	素养（20分）	真诚服务客户的岗位责任意识的养成	10		
		认真严谨的制单态度的养成	10		
自我评价			总得分		

项目二 在库作业单证

项目概述

在库作业是仓储管理最为核心的环节，是指对在库货品进行理货、堆码、维护保养、检查盘点等保管工作。为了确保货品的数量和质量完好无损、减少出入库的操作时间、提高效率、方便拣选和搬运，必须重视货品的在库作业和保管过程。

本项目梳理了在库作业涉及的主要单证，内容包括单证应用的业务背景、制单的规范要求等。项目包括三个教学任务：移库单的缮制、盘点单的缮制和库存报表的缮制。

为了全面贯彻党的教育方针，落实立德树人的任务，本项目在各任务实施及评价过程中坚持理论与实践相统一，突出对学生实践能力、创新精神及责任心的培养，真正践行“以文化人，以德育人”的宗旨。

项目目标

- 准确描述在库作业的主要目标及具体内容。
- 掌握在库作业中所涉及的移库单、盘点单和库存报表的缮制方法。
- 根据任务情境正确完成移库单、盘点单和库存报表的缮制。
- 体验职业角色，培养严谨仔细的职业态度，学习科学的作业方法，提升团队协作、及时发现问题并解决问题的意识及能力。

知识储备

我是仓库管理员——在库作业流程

一、在库作业的主要目标及具体内容

货品入库后，仓储作业便进入了在库保管阶段。货品在库作业的目标包括三个方面：①充分利用仓库条件，做好货品的储存工作；②定期对库存货品进行盘点，使仓库的账、物、卡相符；③与生产、采购及财务部门紧密配合，将货品库存成本降至最低。在库作业的具体内容如下：

1. 货品储存

货品入库储存时，仓库管理人员要因地制宜，充分利用仓库存储空间，对适合货架摆放的货品进行上架摆放，对适合堆垛的货品进行合理堆垛，以提高仓库的使用效率。

2. 盘点

为了减轻因货品收发作业时发生的错误及误差给企业带来的损失，使企业更加准确

地掌握库存货品情况，仓库管理人员必须对货品进行定期盘点。

3. 库存控制

在仓库中储存适当的货品有利于企业生产和销售的顺利进行，但如果库存过多则会占用过多资金，影响企业发展。因此，在进行货品存储时，仓库管理人员必须采用适当的方法，控制货品存量，使仓库保持合理的库存。

二、仓库空间管理中的储位优化原则

为了实现仓库空间的最大化使用，做到所有货品都能随时准备存取，在库货品能够方便有效地进行移动，并且在货品存放期间保证其品质，有必要对仓库空间进行科学合理的优化管理，一般需要遵循以下原则：

（1）依照货品特性来进行储存。

（2）大批量货品存放使用大储区，小批量货品存放使用小储区。

（3）能安全有效存放于较高货位的货品可以考虑使用高储区。

（4）笨重、体积大的货品应存放于较坚固的货架底层或接近出货区。

（5）轻量货品可以考虑存放于载重有限的轻型货架上。

（6）将相同或相似的货品尽可能邻近存放。

（7）滞销货品或小、轻及容易处理的货品可考虑使用较远的储区。

（8）周转率低的货品尽量放于远离进货、出货区或仓库较高的区域。

（9）周转率高的货品尽量放于接近出货区及较低的区域。

（10）服务设施应选在低层楼区。

三、库存管理中的 ABC 分类法

仓库中存放的货品种类繁多，特性各不相同，它们在企业生产经营活动中所起的作用也是不同的。调查发现，对仓储经营活动起主导作用的往往是其中少数几种货品，因此，为了提高仓库管理效率，对仓库中的货品进行分类管理是十分必要的，较为常用的分类方法是ABC分类法。

ABC分类法又称重点管理法，是根据货品在技术经济方面的主要特征进行分类、排序，分清重点和一般，从而有区别地确定管理方式的一种分析方法。如将库存货品按占用资金的多少划分为三个等级，资金占用大的、特别重要的库存货品为A类，一般重要的库存货品为B类，资金占用少的、不重要的库存货品为C类，然后针对不同等级的商品分别进行管理和控制。一般来说，A类货品品项数占所有库存货品品项数目的10%左右，C类占70%左右，其余的为B类货品，一般在20%左右。不同类型货品的管理方法见表1-16（以占用资金作为分类标准为例）。

表 1-16 不同类型货品的管理方法

库存类型	特点	管理方法
A 类	品种数占库存总数 10% 左右，资金占用 70% 左右	进行重点管理：现场管理相对更为严格，存放在更安全的地方；为了保证库存记录的准确性要进行经常检查和盘点；预测要更加仔细
B 类	品种数占库存总数 20% 左右，资金占用 20% 左右	进行次重点管理：现场管理不必投入比 A 类更多的精力；库存检查和盘点的周期可以比 A 类长一些
C 类	品种数占库存总数 70% 左右，资金占用 10% 左右	进行一般管理：现场管理可以更粗放一些。但是由于品种多，差错出现的可能性也比较大，因此也必须定期进行库存检查和盘点，周期可以比 B 类长一些

任务一 移库单的缮制

任务描述

2023年3月1日，为了提高出入库作业效率，浃江物流有限公司仓管员李明在根据库存货物周转率对其进行了物动量ABC分类后，打算对母婴用品2区货物进行储位优化管理。通过分析他发现需要将托盘货架区A00302储位名称为花王纸尿裤（M码）（商品编码为N13012308，数量为18箱）的货物移至A00001储位。

任务要求

要求仓管员李明根据上述任务内容缮制移库单并交仓库主管张涛审核签字，待其审核通过后交由叉车工王强完成移库作业。

任务目标

1. 知识目标：

（1）掌握移库作业的含义、引发移库作业的原因和作业类型；

（2）掌握同一仓库内移库作业流程，并根据国家标准《物流单证基本要求》（GB/T 33449—2016）中的相关规定，识记该类型移库单的主要内容及缮制要求；

（3）了解不同仓库间的移库作业及该类型移库单的主要内容及缮制要求。

2. 能力目标：

能根据所给任务情境正确完成移库单的缮制。

3. 素养目标：

通过对移库作业的含义、原因及作业类型的学习，培养学生现代流通管理的理念与能力。

知识准备

一、移库作业的含义

移库作业是在库作业的一种，简单来说就是货品存放地点的变动过程，一般是指货品因作业流程需要、质量变化、库存控制需要、储位变更等原因引起的同一仓库内或不同仓库间的储位调整。

二、引发移库作业的原因

形成移库作业的原因有很多，主要包含以下几种情况：

（1）因货品种类细分造成的储位变动，如服装类货品，又下设时装及休闲服装等细分时，需将原先混合存放的货品分类存放。

（2）因作业流程的转变及暂存的需求，如从成品总仓转移到加工部分仓等。

（3）日常仓库整理作业的需求，如将分布在不同储位的不满托的同种货品合并存放等。

（4）仓库储位变更安排，如仓库减能需求，临时整合多个分仓为一个主仓等。

三、移库作业的类型

在库货物的移库作业主要有两种类型：同一仓库内移库和不同仓库间移库。

（一）同一仓库内移库

同一仓库内移库适用于仓库移库人员在同一仓库内进行货物储位、库存形态间移动的处理过程。库存货品在仓库内储位间的任何移动都属于移库。

1. 同一仓库内移库作业的目的

同一仓库移库作业的主要目的是优化库存结构和提高储位的仓储效率。

（1）优化库存结构。根据在库货品周转率、资金占用率、库存占用率等数据，对在库货品进行ABC分类，通过分类结果对在库货品进行储位的调整，以优化库存结构。

（2）提高储位的仓储效率。为了提高储位利用率，对存放在不同储位上、不满一个托盘的同种货品或属于同一客户的货品进行拼盘作业，以此来减少货物对储位的占用，以提高储位的仓储效率。

2. 同一仓库内移库作业的流程

库存货物在仓库储位间的任何移动均需进行移库作业，移库需求单位填写移库单交由仓库主管核准后，方可执行移库操作，仓库移库人员根据仓库主管核准的移库单进行实物及系统的移库操作，具体流程如图1-4所示。

图1-4　同一仓库内移库作业流程

第一步：移库准备。

在移库作业之前，要做好移库准备，包括设备准备（如装卸搬运设备等）、移库人员组织、移库单制作和打印，并交由仓库主管审核确认。

第二步：移库下架。

移库作业人员根据移库单信息明确移库对象，确认移库货品的储存位置，确认之后将其货卡撤除，并使用装卸搬运设备将货品从原储位下架，期间要做好移库信息处理。

第三步：移库上架。

根据移库单信息确认移库货品的目标储位，对货品重新立卡，货卡放置于目标储位，将移库货品上架至目标储位，上架完成后要对移库货品进行核对。

第四步：移库反馈。

移库反馈包括移库信息反馈和移库单据反馈。移库人员需登录仓储管理系统进行移库信息反馈。除此之外，移库人员要将移库单交至仓库主管处，仓库主管确认移库无误后将移库单留档保管。

3. 同一仓库内移库作业的移库单缮制

同一仓库内移库作业的移库单在不同仓库都有自己的惯用格式，但大部分移库单都会包含以下信息，见表1-17。

表1-17 同一仓库移库作业的移库单样表

移库单

（1）移库原因				（2）移库日期				
（3）序号	（4）商品编码	（5）商品名称	（6）规格型号	（7）单位	（8）数量	（9）原储位	（10）目标储位	（14）备注
1								
2								
3								
（11）制单员：			（12）仓库主管：			（13）操作员：		

同一仓库内移库作业移库单的主要内容及缮制要求如下：

（1）移库原因：申请移库的原因，如储位优化等。

（2）移库日期：移库作业发生的日期。

（3）序号：按顺序填写阿拉伯数字，如1，2，3…

（4）商品编码：商品所有人编制的由字母和数字组成的一串号码，应与该商品入库时建立的账物卡上的信息保持一致。

（5）商品名称：对商品的描述，应与该商品入库时建立的账物卡上的信息保持一致。

（6）规格型号：反映商品性质、性能、品质等信息的一系列指标。此项信息也应与该商品入库时建立的账物卡上的信息保持一致。

（7）单位：商品规定的标准量，如千克、箱等，应与该商品入库时建立的账物卡上的信息保持一致。

（8）数量：与第（7）项单位相符的待移库的商品数量。

（9）原储位：商品现存（移库前）储位编号。

（10）目标储位：商品计划移库前往的目标储位编号。

（11）制单员：制单员签字。

（12）仓库主管：仓库主管审核后签字。

（13）操作员：移库操作员完成作业后签字。

（14）备注：如没有特殊情况需要说明，此项可不填。

随着无纸化信息系统在物流行业中的推广使用，移动终端（扫描枪）及条形码技术极大地简化了在库作业中的信息流转，移库申请及审核均可在信息系统中完成，储位信息的变更则可由执行移库作业的作业人员通过扫描枪扫描储位上的条码和货物外包装上的条码快速完成，而储位上的货卡也相应地被条形码所替代。

（二）不同仓库间移库

不同仓库间移库作业是指在库货品需要从原仓库出库再送往另一仓库入库的移库类型。

1. 不同仓库间移库作业的步骤

不同仓库间移库需要分两个步骤来完成，即货品从原仓库出库和货品到目标仓库入库。距离较近的仓库间中转可通过场内的搬运设备实现，距离较远的仓库间中转还需要运输车辆来完成货物的转移。

2. 不同仓库间移库作业的移库单缮制

不同仓库间移库作业的移库单见表1-18。

表1-18 不同仓库间移库作业的移库单样表

移库单

（1）移出仓库			（2）出库日期			
（3）移入仓库			（4）入库日期			
（5）序号	（6）商品编码	（7）商品名称	（8）规格型号	（9）单位	（10）数量	（15）备注
1						
2						
（11）制单员：		（12）移出经办人：	（13）仓库主管：		（14）移入经办人：	
年 月 日		年 月 日	年 月 日		年 月 日	

不同仓库间移库作业移库单的主要内容及缮制要求如下：

（1）移出仓库：货物现在（移库前）所属仓库名称或代码。

（2）出库日期：计划从原仓库出库的日期。

（3）移入仓库：货物计划移库前往的目标仓库名称或代码。

（4）入库日期：计划移入目标仓库的日期。

（5）序号：按顺序填写阿拉伯数字，如1，2，3…

（6）商品编码：商品所有人编制的由字母和数字组成的一串号码，应与该商品入库时建立的账物卡上的信息保持一致。

（7）商品名称：对商品的描述，应与该商品入库时建立的账物卡上的信息保持一致。

（8）规格型号：反映商品性质、性能、品质等信息的一系列指标。此项信息也应与该商品入库时建立的账物卡上的信息保持一致。

（9）单位：商品规定的标准量，如千克、箱等，应与该商品入库时建立的账物卡上的信息保持一致。

（10）数量：与第（9）项单位相符的待移库的商品数量。

（11）制单员及日期：制单员签字并填写日期。

（12）移出经办人及日期：移出仓库经办该批货物移库任务的责任人签字，并填写相应日期。

（13）仓库主管及日期：移出仓库主管审核后签字并填写日期。

（14）移入经办人及日期：移入仓库经办该批货物入库任务的责任人在货物入库后签字，并填写相应日期。

（15）备注：如没有特殊情况需要说明，则未涉及此项可不填。

移库单的缮制

任务实施

步骤一：李明为本次移库作业缮制移库单，见表1-19第（1）～（11）项中的内容。

表1-19 移库单缮制

移库单

（1）移库原因		储位优化		（2）移库日期			2023-03-01	
（3）序号	（4）商品编码	（5）商品名称	（6）规格型号	（7）单位	（8）数量	（9）原储位	（10）目标储位	备注
1	N13012308	花王纸尿裤	M码	箱	18	A00302	A00001	
2								
3								
（11）制单员：李明			（12）仓库主管：张涛			（13）操作员：王强		

步骤二：仓库主管张涛审核移库单并签字确认，见表1-19第（12）项中的内容。

步骤三：移库作业人王强完成移库作业并在移库单上签字确认，见表1-19第（13）项中的内容。

巩固训练

2023年3月1日，浃江物流有限公司仓管员李明根据库存货物周转率进行了物动量ABC分类后，还发现母婴用品2区B01001储位名称爱他美婴幼儿奶粉3段（商品编码为Y10456816，规格为900g，数量为23箱）的货物需要移至托盘货架区B01100储位，根据作业需要他应缮制移库单并交由仓库主管张涛审核，待主管审核通过后交由叉车工王强完成移库作业，请根据要求完成移库单（见物流单证活页附表1–4）的填制。

任务评价

序号	评价任务	要素说明	分值	扣分小计	得分小计
1	准确表述移库作业的含义、引发作业的原因和作业类型（20分）	表述移库作业含义	5		
		表述移库作业引发的原因	10		
		介绍移库作业的类型	5		
2	准确表述同一仓库内移库作业流程，并识记该类型移库单的主要内容（15分）	表述同一仓库内移库作业流程	5		
		表述同一仓库内移库作业移库单主要内容	10		
3	准确表述不同仓库间移库作业流程，并识记该类型移库单的主要内容（15分）	表述不同仓库间移库作业流程	5		
		表述不同仓库内移库作业移库单主要内容	10		
4	根据所给任务情境规范掌握移库单的缮制（40分）	按课堂任务体验移库单的缮制	20		
		按课后任务完成移库单的缮制	20		
5	素养（10分）	现代流通管理意识与能力的养成	10		
自我评价			总得分		

任务二　盘点单的缮制

任务描述

依照浃江物流有限公司“日清日结”的规定，在2023年3月20日下班之前，仓管员李明根据表1–20中的账面库存信息对浃江物流有限公司母婴用品2区A01货架上的货品进行盘点，并由仓管员刘浩负责复核，盘点结束后由仓管员王兵进行核对，并统计汇总。

表1-20 母婴用品2区A01货架账面库存信息

库区	储位	商品编号	商品名称	规格	单位	单价（元）	库存数量
母婴用品 2 区	A01000	N13012308	花王纸尿裤	M	箱	380	20
母婴用品 2 区	A01001	N13012308	花王纸尿裤	M	箱	380	10
母婴用品 2 区	A01002	N13012307	花王纸尿裤	S	箱	380	18
母婴用品 2 区	A01003	N13012309	花王纸尿裤	L	箱	380	15
母婴用品 2 区	A01100	N13012315	好奇金装纸尿裤	NB	箱	480	10
母婴用品 2 区	A01101	N13012315	好奇金装纸尿裤	NB	箱	480	18
母婴用品 2 区	A01102	N13012331	帮宝适纸尿裤	NB	箱	400	13

根据人员分工，仓管员李明进行初盘，刘浩进行复盘。盘点结束后王兵核对结果，发现初盘和复盘结果一致，但是其中商品编号为N13012307、放置在储位A01002的货品盘点数量为8箱，与账面库存情况不符。经仓库主管张涛查明原因，是上一次出库10箱货品未及时更改账面信息。

任务要求

要求仓库工作人员完成盘点作业，并完成盘点单的缮制。

任务目标

1. 知识目标：

（1）掌握盘点作业的含义、作用、方法和流程；

（2）根据国家标准《物流单证基本要求》（GB/T 33449—2016）中的相关规定，掌握盘点单的主要内容及缮制要求。

2. 能力目标：

能够根据所给任务情境正确完成盘点单的缮制。

3. 素养目标：

（1）通过体验盘点作业及盘点单的缮制，培养严谨仔细的职业态度，提升团队协作能力；

（2）通过盘点差异的处理，培养及时发现问题、解决问题的意识及能力。

知识准备

一、盘点的含义

盘点是指为了有效掌握货品在库数量、保存状况，需要对在库货品进行定期或不定期、全部或部分清点的作业。通过盘点可以发现库存货品数量上的溢余、短缺以及规格互串等问题，以便及时查找并分析原因，采取措施挽回或减少损失。

二、盘点的作用

通过及时进行货品盘点，可以提高仓储管理的水平，其具体作用表现在以下几个方面：

1. 确定货品的现存数量，并纠正账物不符现象

货品不断地收发，多次累计后的库存信息很可能与实际数量不符，盘点可以确定货品的现存数量，并纠正账物不一致的现象。

2. 检讨货品管理的绩效并改进

盘点有助于检讨货品管理的绩效，如呆料的多寡、货品的保管与维护、货品的存货周转率等指标都可通过盘点来认定，进而加以改善。

3. 计算损益

企业的损益与货品库存有密切的关系，而货品库存金额的正确与否有赖于存量与单价的正确性。因此，为求得损益的正确性，必须进行盘点以核实货品现存数量。

三、盘点的方法

盘点方法多种多样，仓库工作人员可根据货品特点及仓库管理需要选择不同的盘点方法，还可以将其组合运用。常见的现货盘点方法有以下几种：

1. 动态盘点法

此方法是针对有动态变化的货品，即发生过收发的货品，及时核对其余额与账、卡是否相符的一种盘点方法。动态盘点法有利于及时发现差错并及时处理。

2. 重点盘点法

此方法是针对进出动态频率高的、易损耗的、价值高的货品进行盘点的一种方法。

3. 循环盘点法

此方法是在每天或每周按顺序一部分一部分地进行盘点，到了月末或者期末每项货品至少完成一次盘点的方法，即按照货品入库的先后顺序，不论是否发生过进出业务，有计划地循环盘点。其优点是按照顺序每天盘点一部分，所需的时间和人员都比较少，不用加班，可节约经费；同时很容易及时查明原因并进行分析和修正。

4. 定期盘点法

此方法是在期末一起清点所有货品数量的方法。期末盘点必须关闭仓库做所有货品的清点，因此对货品的核对十分方便和准确，可减少盘点中出现的错误，简化存货的日常核算工作。但是关闭仓库停止业务会造成一定的损失，并且动员大批员工从事盘点工作，加大期末工作量，不能随时反映存货收入、发出和结存的动态，不能随时结转成本。定期盘点是库存盘点的主要方式。

5. 临时盘点

临时盘点又称突击性盘点，是根据需要在日常盘点没有及时跟上、仓库管理人员办理交接、发生意外事故时或在台风、梅雨、严寒等季节进行的临时突击盘点。

四、盘点的流程

盘点作业流程如图1-5所示。

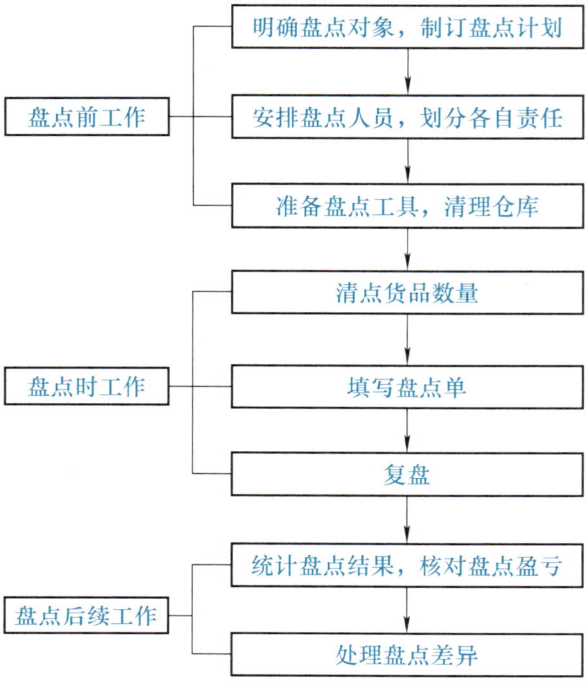

图1-5 盘点作业流程

（一）盘点前工作

1. 明确盘点对象，制订盘点计划

仓库工作人员对仓库中的货品进行明确的划分，确定盘点对象，并制订盘点计划，包括盘点程序和盘点方法的选择。

2. 安排盘点人员，划分各自责任

进行人员分工，确定盘点人员、复查人员等，可以两个人组成一个盘点小组，并由相关人员签字明确责任。

3. 准备盘点工具，清理仓库

准备盘点时使用的计量工具，生成并打印盘点单，见表1-21第（1）～（10）项中的内容；同时清理仓库并整理货品，确认待盘点货品都已被编码并标识，以提高盘点进行时的效率。

表1-21　盘点单样表

<table>
<tr><th colspan="17">盘点单</th></tr>
<tr><td colspan="9">（1）盘点仓库：</td><td colspan="8">（2）盘点时间：</td></tr>
<tr><td rowspan="2">（3）
序号</td><td rowspan="2">（4）
储位编号</td><td rowspan="2">（5）
商品编码</td><td rowspan="2">（6）
商品名称</td><td rowspan="2">（7）
规格型号</td><td rowspan="2">（8）
单位</td><td rowspan="2">（9）
单价</td><td colspan="2">（10）
账面数</td><td colspan="2">（11）
盘点数</td><td colspan="2">（12）
盘盈</td><td colspan="2">（13）
盘亏</td><td colspan="2">（14）
差异原因</td></tr>
<tr><td>数量</td><td>金额</td><td>数量</td><td>金额</td><td>数量</td><td>金额</td><td>数量</td><td>金额</td><td>说明</td><td>对策</td></tr>
<tr><td>1</td><td></td><td></td><td></td><td></td><td></td><td></td><td></td><td></td><td></td><td></td><td></td><td></td><td></td><td></td><td></td><td></td></tr>
<tr><td>2</td><td></td><td></td><td></td><td></td><td></td><td></td><td></td><td></td><td></td><td></td><td></td><td></td><td></td><td></td><td></td><td></td></tr>
<tr><td>3</td><td></td><td></td><td></td><td></td><td></td><td></td><td></td><td></td><td></td><td></td><td></td><td></td><td></td><td></td><td></td><td></td></tr>
<tr><td colspan="4">（15）盘点人签字</td><td colspan="5"></td><td colspan="4">（16）复盘人签字</td><td colspan="4"></td></tr>
<tr><td colspan="4">（17）制单人签字</td><td colspan="5"></td><td colspan="4">（18）仓库主管签字</td><td colspan="4"></td></tr>
</table>

（二）盘点时工作

1. 清点货品数量

盘点人员依据分工，对负责区域内的货品进行数量清点。

2. 填写盘点单

盘点人员根据清点得出的数量，填写盘点单，见表1-21中第（11）项中的内容；完成初盘后签字确认，见表1-21中第（15）项中的内容。

3. 复盘

在初盘人员清点完货品并填写盘点单后，复盘人员要对清点结果进行复核。复盘人员根据初盘数据，发现差异的应该由仓库主管参与重新盘点并更正初盘数据，复盘无误后签字确认，见表1-21中第（16）项中的内容。

（三）盘点后续工作

1. 统计盘点结果，核对盘点盈亏

盘点后应根据盘点单上的最终货品数量进行统计，并与库存账目数量进行核对。如遇实际数量与账面数量不符的情况，确定盘盈盘亏，完成盘点单中盘盈及盘亏部分的信息填写，见表1-21中第（12）和（13）项中的内容。

2. 处理盘点差异

仓库主管查找盘盈盘亏的原因，完成盘点单中差异原因一栏的填写，见表1-21中第（14）项中的内容，并将差异原因及处理结果报上级部门进行审批，最后调整库存账目。

盘点产生差异的原因是多方面的，可能是仓库日常管理出现差错，也可能是盘点人员在盘点时计数有误。因此，当出现盘点差异时，仓管员可按照以下程序追查差异产生的原因：

（1）核对盘点单据。当发现盘点差异时，仓管员应该首先核对盘点时的单据，确定盘点差异是否由盘点工作中的计数差错或者记录差错造成。

（2）检查盘点工具。对盘点时采用的计量工具进行检查，确定是否由于计量工具的问题造成盘点差异。

（3）询问盘点人员。通过询问盘点人员，确定其是否有不遵循盘点工作步骤或漏盘、复点的情况。

（4）核实库存账目及记账凭证。复核库存账目及记账凭证，检查记账过程中是否出现重复记录、漏记、记录错误等现象。

（5）其他原因。当发现盘点差错不是由上述原因造成，则应查明仓库是否存在盗窃、丢失、贪污等现象而导致实际货品数量与账面不符，如有类似问题，在今后的日常管理中应加强防范。

五、盘点单的内容及缮制要求

盘点单的主要内容及缮制要求如下：

（1）盘点仓库：盘点人员所清点货物存放的仓库编号。

（2）盘点时间：该盘点作业发生的具体日期。

（3）序号：按顺序填写阿拉伯数字，如1，2，3…

（4）储位编号：盘点人员所清点货物存放的储位编号。

（5）商品编码：商品所有人编制的由字母和数字组成的一串号码，应与该商品的入库信息保持一致。

（6）商品名称：对商品的描述，指盘点作业人员在盘点时获取的与商品入库信息一致的详细名称。

（7）规格型号：反映商品性质、性能、品质等信息的一系列指标。此项信息也应与该商品的入库信息保持一致。

（8）单位：商品规定的标准量，如千克、箱等，应与该商品的入库信息保持一致。

（9）单价：所涉及商品的单位价格，计价单位与上述计量单位保持一致。

（10）账面数：商品账面库存信息中的结余数量及金额。

（11）盘点数：盘点中所确认的实际商品数量及金额。

（12）盘盈：当盘点数量大于账面数量时称为盘盈，应填写盈余的数量及金额。

（13）盘亏：当盘点数量小于账面数量时称为盘亏，应填写亏损的数量及金额。

（14）差异原因：当出现盘盈或盘亏现象时，必须上报仓库主管，查找盈亏原因并给出处理对策。

（15）～（18）责任人信息：盘点单涉及的责任人包括盘点人、复盘人、制单人及仓库主管，在填制完成后需签字确认。

若企业采用无纸化信息系统进行作业信息管理，在盘点时只需使用无线终端扫描货物条形码便能获取所盘点货品的在库信息，录入清点数量后即可完成货品相应库存信息的变更。

盘点单的缮制

任务实施

步骤一：根据盘点流程首先做好盘点前的准备工作，如明确盘点对象，进行人员分工等，生成并打印盘点单，见表1-22第（1）～（10）项。

表1-22　盘点单缮制

盘点单

（1）盘点仓库：母婴用品2区							（2）盘点时间：2023-03-20									
（3）序号	（4）储位编号	（5）商品编码	（6）商品名称	（7）规格型号	（8）单位	（9）单价	（10）账面数		（11）盘点数		（12）盘盈		（13）盘亏		（14）差异原因	
							数量	金额	数量	金额	数量	金额	数量	金额	说明	对策
1	A01000	N13012308	花王纸尿裤	M	箱	380	20	7,600	20	7,600						
2	A01001	N13012308	花王纸尿裤	M	箱	380	10	3,800	10	3,800						
3	A01002	N13012307	花王纸尿裤	S	箱	380	18	6,840	8	3,040			10	3,800	出库漏记	补登记录，并修改账面数量
4	A01003	N13012309	花王纸尿裤	L	箱	380	15	5,700	15	5,700						
5	A01100	N13012315	好奇金装纸尿裤	NB	箱	480	10	4,800	10	4,800						
6	A01101	N13012315	好奇金装纸尿裤	NB	箱	480	18	8,640	18	8,640						
7	A01102	N13012331	帮宝适纸尿裤	NB	箱	400	13	5,200	13	5,200						
（15）盘点人签字			李明				（16）复盘人签字						刘浩			
（17）制单人签字			王兵				（18）仓库主管签字						张涛			

步骤二：初盘。

仓管员李明根据分工进行第一轮初盘作业，将盘点结果填写在盘点单中并签字，见表1-22中第（11）及（15）项中的内容。

步骤三：复盘。

仓管员刘浩根据分工对已经完成初盘的货品进行复盘，确认无误并签字，见表1-22中第（16）项中的内容。

步骤四：仓管员王兵统计盘点结果，核对盘点盈亏，将结果填写在盘点单中并签字，见表1-22中第（12）（13）及（17）项中的内容。

步骤五：仓库主管张涛查明差异原因，处理盘点差异并签字，见表1-22中第（14）及（18）项中的内容。

巩固训练

依照浃江物流有限公司“日清日结”的规定，在2023年3月20日下班之前，仓管员李明根据表1-23中的账面库存信息对母婴用品2区B01货架上的货品进行盘点，并由仓管员刘浩负责复盘，盘点结束后由仓管员王兵进行核对，并统计汇总。

表1-23 母婴用品2区B01货架账面库存信息

库区	储位	商品编码	商品名称	规格型号	单位	单价（元）	库存数量
母婴用品 2 区	B01000	Y10456702	飞鹤奶粉 1 段	800g	箱	1,500	10
母婴用品 2 区	B01001	Y10456703	飞鹤奶粉 2 段	800g	箱	1,380	12
母婴用品 2 区	B01002	Y10456704	飞鹤奶粉 3 段	800g	箱	1,200	15
母婴用品 2 区	B01100	Y10456816	爱他美婴幼儿奶粉 3 段	900g	箱	1,800	10
母婴用品 2 区	B01101	Y10456816	爱他美婴幼儿奶粉 3 段	900g	箱	1,800	9
母婴用品 2 区	B01102	Y10456815	爱他美婴幼儿奶粉 2 段	900g	箱	1,900	6

根据人员分工，仓管员李明进行初盘，刘浩进行复盘。盘点结束后王兵核对结果，发现初盘和复盘结果一致，但是其中商品编号为Y10456816、放置在储位B01101的货品盘点数量为19箱，与账面库存情况不符。经仓库主管张涛查明原因，是入库19箱误记为9箱。

根据要求，请完成盘点单（见物流单证活页附表1-5）的填制。

任务评价

序号	评价任务	要素说明	分值	扣分小计	得分小计
1	准确表述盘点作业的含义、作用、方法和流程（20 分）	阐述盘点的含义、作用	5		
		列举盘点的方法	5		
		介绍盘点的流程	10		
2	正确识记盘点单的主要内容及缮制要求（20 分）	介绍盘点单的主要内容和缮制要求	20		
3	根据所给任务情境规范掌握盘点单的缮制（40 分）	按课堂任务体验盘点单的缮制	20		
		按课后任务完成盘点单的缮制	20		
4	素养（20 分）	严谨仔细的职业态度的养成，团队协作能力的提升	10		
		及时发现问题、解决问题的意识的养成及能力的提升	10		
自我评价			总得分		

任务三 库存报表的缮制

任务描述

为了有效地进行库存管理，渎江物流有限公司规定各仓库在每个月月底均需提交仓库库存报表一份。母婴用品2区仓管员李明作为新人，对于库存报表的制作不是特别有经验，为此他感到十分头疼，特向资深仓管员王博请教。

王博为清楚地向李明说明库存报表的制作方法，以母婴用品2区若干种货品2023年2月的库存信息（见表1-24）为例向李明展示库存报表的缮制过程。

表1-24 2023年2月母婴用品2区部分货品库存信息

库区	商品编码	商品名称	规格型号	单位	单价（元）	月初库存数量	当月入库总量	当月出库总量
母婴用品 2 区	N13012307	花王纸尿裤	S	箱	348	20	156	160
母婴用品 2 区	N13012308	花王纸尿裤	M	箱	348	18	170	168
母婴用品 2 区	N13012309	花王纸尿裤	L	箱	348	15	145	154
母婴用品 2 区	N13012315	好奇金装纸尿裤	NB	箱	480	10	98	100
母婴用品 2 区	N13012316	好奇金装纸尿裤	S	箱	480	18	87	85

任务要求

要求根据库存报表缮制要点完成上述货品2023年2月份库存月报表的缮制。

任务目标

1. 知识目标：

（1）掌握库存报表的含义及其编报意义；

（2）根据国家标准《物流单证基本要求》（GB/T 33449—2016）中的相关规定,掌握库存报表的主要内容及缮制要求。

2. 能力目标：

能根据所给任务情境正确完成库存报表的缮制。

3. 素养目标：

通过对库存报表编制意义的学习，学习科学的作业方法，培养及时进行分类记录的作业习惯以及发现问题、解决问题的意识与能力。

知识准备

一、库存报表的含义

库存报表是指体现仓库库存货品在某一段时间内的进出、结存、金额、库存状态等方面统计数据的一种图表。

二、库存报表的编报意义

库存报表编报的目的是保证仓库库存货品完好无损，确保生产经营活动正常进行，并在此基础上对各类货物的活动状况进行分类记录，以明确的图表方式表述仓库库存货品在数量、金额等方面的状况。需要注意的是，其统计重点主要在于上期与本期之间的增减情况，旨在总结某一阶段的运营情况并指导下一阶段运营情况。

三、库存报表的内容及缮制要求

一份库存报表，见表1-25，一般需要包含编报仓库、统计期间、库存货品的基本信息、单价、期初结余数量及金额、期间入库数量及金额、期间出库数量及金额、根据以上信息得出的期末结余数量及金额、编报人和编报时间等信息。

表1-25　库存报表样表

<table>
<tr><th colspan="15">库存报表</th></tr>
<tr><td colspan="5">（1）编报仓库：</td><td colspan="7">（2）统计期间：</td><td colspan="3">金额单位：元</td></tr>
<tr><td rowspan="2">（3）
序号</td><td rowspan="2">（4）
商品编码</td><td rowspan="2">（5）
商品名称</td><td rowspan="2">（6）
规格型号</td><td rowspan="2">（7）
单位</td><td rowspan="2">（8）
单价</td><td colspan="2">（9）
期初结余</td><td colspan="2">（10）
期间入库</td><td colspan="2">（11）
期间出库</td><td colspan="2">（12）
期末结余</td><td rowspan="2">（15）
备注</td></tr>
<tr><td>数量</td><td>金额</td><td>数量</td><td>金额</td><td>数量</td><td>金额</td><td>数量</td><td>金额</td></tr>
<tr><td></td><td></td><td></td><td></td><td></td><td></td><td></td><td></td><td></td><td></td><td></td><td></td><td></td><td></td><td></td></tr>
<tr><td></td><td></td><td></td><td></td><td></td><td></td><td></td><td></td><td></td><td></td><td></td><td></td><td></td><td></td><td></td></tr>
<tr><td></td><td></td><td></td><td></td><td></td><td></td><td></td><td></td><td></td><td></td><td></td><td></td><td></td><td></td><td></td></tr>
<tr><td></td><td></td><td></td><td></td><td></td><td></td><td></td><td></td><td></td><td></td><td></td><td></td><td></td><td></td><td></td></tr>
<tr><td></td><td></td><td></td><td></td><td></td><td></td><td></td><td></td><td></td><td></td><td></td><td></td><td></td><td></td><td></td></tr>
<tr><td colspan="5">（13）编报人：</td><td colspan="10">（14）编报时间：</td></tr>
</table>

库存报表的主要内容及缮制要求如下：

（1）编报仓库：该库存报表所涉及仓库的编号。

（2）统计期间：该库存报表所统计的时间段。

（3）序号：填写阿拉伯数字，如1，2，3…

（4）商品编码：所涉及货品的商品编码，与该货品的入库信息保持一致。

（5）商品名称：所涉及货品的商品名称，与该货品的入库信息保持一致。

（6）规格型号：所涉及货品的规格型号，与该货品的入库信息保持一致。

（7）单位：所涉及货品的计量单位，与该货品的入库信息保持一致。

（8）单价：所涉及货品的单位价格，计价单位与上述计量单位保持一致。

（9）期初结余：库存报表统计期间所涉及货品初始的库存量及库存金额，库存金额应等于单价与数量之乘积。

（10）期间入库：库存报表统计期间所涉及货品的总入库数量及金额。

（11）期间出库：库存报表统计期间所涉及货品的总出库数量及金额。

（12）期末结余：库存报表统计期间期末所涉及货品的库存量及金额，其中期末结余数量（金额）=期初结余数量（金额）+期间入库数量（金额）−期间出库数量（金额）。

（13）编报人：库存报表编报责任人的姓名。

（14）编报时间：库存报表编制的具体时间。

（15）备注：如没有特殊情况说明，则此项可不填。

任务实施

库存报表的缮制

根据货品2023年2月的相关信息编制库存报表，见表1−26。

表1−26　库存报表缮制

库存报表

（1）编报仓库：母婴用品 2 区						（2）统计期间：2023 年 2 月						金额单位：元		
（3）序号	（4）商品编码	（5）商品名称	（6）规格型号	（7）单位	（8）单价	（9）期初结余		（10）期间入库		（11）期间出库		（12）期末结余		（15）备注
						数量	金额	数量	金额	数量	金额	数量	金额	
1	N13012307	花王纸尿裤	S	箱	348	20	6,960	156	54,288	160	55,680	16	5,568	
2	N13012308	花王纸尿裤	M	箱	348	18	6,264	170	59,160	168	58,464	20	6,960	
3	N13012309	花王纸尿裤	L	箱	348	15	5,220	145	50,460	154	53,592	6	2,088	
4	N13012315	好奇金装纸尿裤	NB	箱	480	10	4,800	98	47,040	100	48,000	8	3,840	
5	N13012316	好奇金装纸尿裤	S	箱	480	18	8,640	87	41,760	85	40,800	20	9,600	
（13）编报人：王博						（14）编报时间：2023-03-01								

巩固训练

在清楚库存报表的主要内容及缮制要求后，李明打算利用2023年2月另一些货品的库存信息（见表1−27）尝试编制库存报表。

表1-27 2023年2月母婴用品2区部分货品库存信息

库区	商品编号	商品名称	规格型号	单位	单价（元）	月初库存数量	当月入库总量	当月出库总量
母婴用品 2 区	Y10456702	飞鹤奶粉 1 段	800g	箱	1,500	20	120	125
母婴用品 2 区	Y10456703	飞鹤奶粉 2 段	800g	箱	1,380	16	100	105
母婴用品 2 区	Y10456704	飞鹤奶粉 3 段	800g	箱	1,200	19	105	110
母婴用品 2 区	Y10456816	爱他美婴幼儿奶粉 3 段	900g	箱	1,800	15	97	95

要求：按照库存报表的主要内容及缮制要求完成上述货品2023年2月份库存报表（见物流单证活页附表1-6）的填制。

任务评价

序号	评价任务	要素说明	分值	扣分小计	得分小计
1	准确表述库存报表的含义及其编报意义（20 分）	库存报表的含义	10		
		库存报表的编报意义	10		
2	正确识记库存报表的主要内容及缮制要求（20 分）	介绍库存报表的主要内容及缮制要求	20		
3	根据所给任务情境规范掌握库存报表的缮制（40 分）	按课堂任务体验库存报表的缮制	20		
		按课后任务完成库存报表的缮制	20		
4	素养（20 分）	及时进行分类记录的作业习惯的养成	10		
		发现问题、解决问题的意识的养成及能力的提升	10		
自我评价			总得分		

项目三

出库作业单证

项目概述

出库作业是仓储作业中又一个重要环节，是仓库根据业务部门或存货单位开出的物流出库凭证（提货单、调拨单），按其所列商品编码、名称、规格、型号、数量等项目，组织货物出库等一系列工作作业的总称。

出库作业的主要任务是将货物准确、及时、保质保量地发给收货单位，包装必须完整、牢固、标记正确清楚，核对必须仔细。

本项目梳理了出库作业所涉及的主要物流单证，内容包括单证应用的业务背景、缮制的参照标准、制单的规范要求等。项目包括出库单的缮制和拣货单的缮制两个教学任务。

为了全面贯彻党的教育方针，落实立德树人的任务，本项目在各任务实施及评价过程中坚持标准引领，确保内容的科学性、适应性和可操作性。

项目目标

- 准确描述货物出库作业的基本要求、方法和流程。
- 掌握出库作业单证的缮制方法。
- 根据任务情境正确完成出库作业单证的缮制。
- 体验职业角色，培养严谨细致的职业素养。

知识储备

一、出库作业的基本要求

出库作业要求做到“三不、三核、五检查”。

（1）“三不”，即未接单据不翻账，未经审单不备货，未经复核不出库。

（2）“三核”，即在发货时，要核实凭证、核对账卡、核对实物。

（3）“五检查”，即对单据和实物要进行品名检查、规格检查、包装检查、件数检查、重量检查。

商品出库要求严格执行各项规章制度，包括对品种规格的要求，杜绝差错事故；积极与客户联系，为其提货创造各种方便条件，提高服务质量，使客户满意。

注意

货物出库时应本着“先进先出、推陈储新”的原则，易霉易坏的先出，接近失效期的先出。

出库大作战

二、出库作业的基本方法

1. 出库前准备

为了使货物出库迅速、加快物流速度，仓库在出库前应安排好出库的时间；同时做好出库场次、机械设备、装卸工具及人员的安排。

2. 核对出库凭证

仓库发放货物必须有正式的出库凭证。物流保管人员在接到发货通知后，须仔细核对，检查无误后方可备货。

3. 备货

物流保管人员按照出库凭证上的要求进行备货。已规定发货批次的，按规定批次备货；未定批次的，按先进先出的原则备货。

4. 复核

为防止差错，在备好货后必须再度与出库凭证核对出库货物的名称、规格、数量等，以保证出库的准确性。

5. 点交

在货物复核无误后即可出库。发货时应将货物直接点交给提货人，办清交接手续。若是代运，则需向负责包装和运输的部门点交清楚。

三、出库作业程序

出库作业程序是出库工作顺利进行的基本保证，为防止出现失误，在进行出库作业时必须严格履行规定的出库业务工作程序，使出库有序进行。货物出库的程序包括出库前准备、审核出库凭证、出库信息处理、拣货、分货、出货检查、包装、刷唛、复核、点交和登账工作。出库作业流程如图1-6所示。

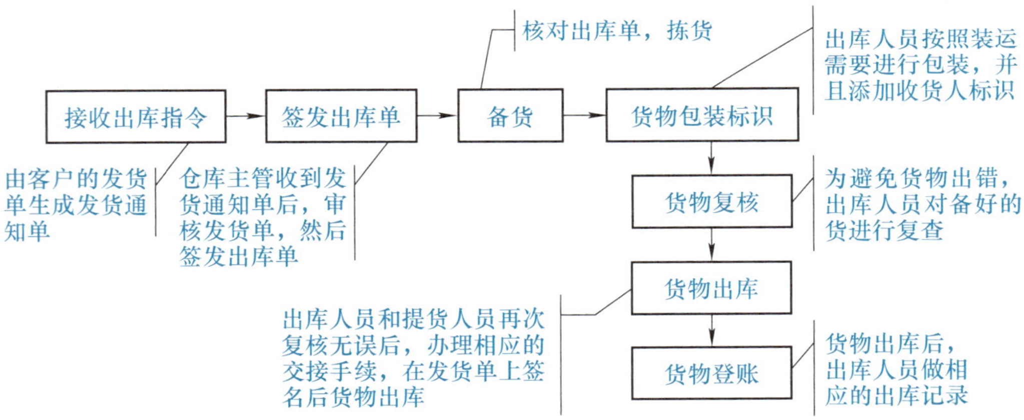

图1-6 出库作业流程

1. 接收出库指令

通常情况下，仓库调度在货物出库的前一天，接到送来的提货单后，应按去向、船名、关单等分理和复核提货单，及时、正确地编制好有关班组的出库任务单，确定配车吨位、机械设备等，并分别送给机械班和保管员或收、发、理货员，以便做好出库准备工作。

2. 签发出库单

（1）审核出库凭证。审核出库凭证的合法性、真实性；手续是否齐全，内容是否完整；核对出库货物的品名、型号、规格、单价、数量；核对收货单位、到站、开户行和账号是否齐全和准确。

（2）出库信息处理。出库凭证经审核确实无误后，对出库凭证信息进行处理。

3. 备货

（1）拣货。拣货是依据客户的订货要求或仓储配送中心的送货计划，尽可能迅速地将货物从其储存位置或其他区域拣取出来的作业过程。拣取过程可以分为人工拣货、机械拣货以及半自动或全自动拣货。

（2）分货。分货也称为配货作业，是指根据订单或配送路线等的不同组合方式进行货物分类工作。分货方式主要有人工分货和自动分类机分货两种。

（3）出货检查。为了保证出库货物不出差错，在配好货后企业应立即进行出货检查，将货品一个个点数并逐一核对出货单，进而查验货物的数量、品质及状态情况。

4. 货物包装标识

（1）包装。出库货物包装主要分为个装、内装和外装三种类型。根据货物外形特点、重量和尺寸，选用适宜的包装材料，以便于装卸搬运。

（2）刷唛。在包装完毕后，要在外包装上写清收货单位、收货人、到站、本批货物的总包装件数、发货单位等。字迹要清晰，书写要准确。

5. 货物复核

（1）对备运区分堆的货物进行单货核对，核对工作必须逐车、逐批次地进行，以确保单货数量、流向等完全相符。

（2）检查待运区货物的包装是否符合运输及客户的要求。

（3）怕震怕潮的货物，衬垫是否稳妥，密封是否严密。

6. 货物出库

出库货物无论是要货单位自提，还是交付运输部门发送，发货人员必须向收货人或运输人员按车逐渐交代清楚，划清责任，即点交。

7. 货物登账

在点交后，保管员应在出库单上填写实发数、发货日期等内容并签名，然后将出库单同有关证件及时交货主，以便货主办理结算手续。保管员根据留存的一联出库凭证登记实物储存的细账，做好随发随记、日清月结，保证账面金额与实际库存和卡片相符。

任务一 出库单的缮制

任务描述

2023年6月30日浃江物流有限公司收到客户（联华江山店）传来的发货通知，通知内容显示：紧急程度为一般，出库类型为正常出库，出库方式为送货，收货地址为江山市劳动路125号，联系人范晨，电话0570-256**80。货品信息如下：

商品编码106622；商品条码6956712612985；商品名称为欧普照明LED球泡；规格型号为3W；数量20只。

商品编码106623；商品条码6956712613864；商品名称为欧普照明LED球泡；规格型号为5W；数量15只。

商品编码106624；商品条码6956712613735；商品名称为欧普照明LED球泡；规格型号为8W；数量15只。

任务要求

要求浃江物流有限公司仓管员王东根据收到的发货通知受理这批货物出库，于2023年7月3日缮制单号为8WLCK202307030213的出库单。

任务目标

1. 知识目标：

（1）掌握出库单的含义；

（2）根据国家标准《物流单证基本要求》（GB/T 33449—2016）中的相关规定，掌握出库单的主要内容及缮制要求。

2. 能力目标：

能根据所给任务情境正确完成出库单的缮制。

3. 素养目标：

通过体验出库单的缮制，培养细心严谨、认真负责的职业态度。

知识准备

一、出库单的含义

出库单是商家之间互相调货的凭证，是为了方便对账和结算，减少现金支付的一种手段。出库单一式多份，一般分为买家联、卖家联、存根联、交易支付联，用不同颜色区分。上面填有货品名、数量、单价、交易额以及买卖方、经手人、日期等信息。商家提货时，提供入库单，填写出库单并盖印章或签名，被提货方可凭借出库单向提货方收款。现在出库单也应用于一些企业内部的部门间物品出库，设存根、财务、回联三栏，提货由部门负责人或领导签字同意，减少了现金的支付，让账务更明细。

二、出库单的内容及缮制要求

出库单样表见表1-28。

表1-28　出库单样表

出库单

(1)单　　号				(4)日　期		
(2)客　　户				(5)联系人		
(3)收货地址				(6)电　话		
(7)商品编码	(8)商品条码	(9)商品名称	(10)规格型号	(11)单　位	(12)实发数量	备注
(13)合计						
(14)收货单位及验收人（签章）		(15)提货		(16)发货	(17)制单	

出库单的主要内容及缮制要求如下：

(1)单号：发货单位自行编制的由字母和数字组成的一串号码。

(2)客户：需要采购货品的单位或个人，此处对应发送通知单的单位或个人。

(3)收货地址：货品需要送达的地点，一般为具体地址。

(4)日期：填制此单的时间。

(5)联系人：货品到达收货地点需要联系的人员姓名。

(6)电话：货品到达收货地点可以联系的电话。

(7)商品编码：所涉及货品的商品编码，与该货品的入库信息保持一致。

(8)商品条码：标准码，一般是由13位数字构成的条码。

(9)商品名称：所涉及货品的商品名称，与该货品的入库信息保持一致。

(10)规格型号：所涉及货品的规格型号，与该货品的入库信息保持一致。

(11)单位：所涉及货品的计量单位，与该货品的入库信息保持一致。

（12）实发数量：货品实际发货数量。

（13）合计：实发货品数量的总和。

（14）收货单位及验收人（签章）：货品到达后，收货单位验收无误后进行签字反馈。

（15）提货：在货品到达地提货的单位或者个人，并签字反馈。

（16）发货：可以是货主也可以是受委托的代理人，并签字反馈。

（17）制单：填制出库单的个人，并签字反馈。

随着信息化技术的深入应用，无纸化模式正在快速优化物流行业的操作流程，传统的出库单已经逐步电子化，简化了操作流程，无纸化模式在未来必将获得进一步的应用和发展。

出库单的缮制

任务实施

王东根据发货通知单信息缮制出库单，见表 1-29。

表 1-29　出库单缮制

出库单

（1）单　　号	8WLCK202307030213		（4）日　期		2023-07-03	
（2）客　　户	联华江山店		（5）联系人		范晨	
（3）收货地址	江山市劳动路 125 号		（6）电　话		0570-256**80	
（7）商品编码	（8）商品条码	（9）商品名称	（10）规格型号	（11）单位	（12）实发数量	备注
106622	6956712612985	欧普照明 LED 球泡	3W	只	20	
106623	6956712613864	欧普照明 LED 球泡	5W	只	15	
106624	6956712613735	欧普照明 LED 球泡	8W	只	15	
（13）合计					50	
（14）收货单位及验收人（签章）	（15）提货		（16）发货		（17）制单	王东

巩固训练

王东根据客户（联华紫荆店）发来的发货通知（紧急程度为一般，出库类型为正常出库，出库方式为送货，收货地址为衢州市紫荆东路30号，联系人邱晓，电话0570-302**15），于2023年7月5日缮制了单号为8WLCK202307050319的出库单。货品信息如下：

商品编码116230；商品条码6939750111628；商品名称为劳特斯不锈钢深盘；规格型号为18cm；数量18个。

商品编码116231；商品条码6939750111642；商品名称为劳特斯不锈钢深盘；规格型号为20cm；数量18个。

商品编码115276；商品条码6937209603786；商品名称为民生红牡丹弧形盘；规格型

号为7in[⊖]；数量20只。

商品编码115278；商品条码6937209603996；商品名称为民生红牡丹深盘；规格型号为8in[⊖]；数量18只。

根据上述信息，请完成单号为8WLCK202307050319的出库单（见物流单证活页附表1-7）的填制。

任务评价

序号	评价任务	要素说明	分值	扣分小计	得分小计
1	准确表示出库单的含义（20分）	介绍出库单的含义	20		
2	正确识记出库单的格式、主要内容及缮制要求（20分）	介绍出库单相关栏目的内容、缮制要求	20		
3	根据所给任务情境规范掌握出库单的缮制（40分）	按课堂任务体验出库单的缮制	20		
		按课后任务完成出库单的缮制	20		
4	素养（20分）	细心严谨、认真负责的职业态度的养成	20		
自我评价			总得分		

任务二 拣货单的缮制

任务描述

结合本项目任务一任务实施中的信息，王东查询了浃江物流有限公司仓库一号的库存情况，部分货物库存信息见表1-30。

表1-30 部分货物库存信息

仓位号	商品编号	商品条码	货品名称	规格型号	单位	库存数量
1-01-3-12	116230	6939750111628	劳特斯不锈钢深盘	18cm	个	45
1-01-3-13	116231	6939750111642	劳特斯不锈钢深盘	20cm	个	45
1-02-2-08	117063	6922869563056	龙士达弧形铁丝挂钩		个	40
1-02-2-09	117075	6922286903217	龙士达大板刷		只	40
1-03-5-02	106622	6956712612985	欧普照明LED球泡	3W	只	40
1-03-5-03	106623	6956712613864	欧普照明LED球泡	5W	只	40
1-03-5-04	106624	6956712613735	欧普照明LED球泡	8W	只	45
1-03-6-01	115660	6921178096285	庆展中国风尚精品圆勺	5#	只	35
1-03-6-02	083946	6948407312023	竹匠人家工艺筷	10双装	双	30
1-04-1-03	115276	6937209603786	民生红牡丹弧形盘	7in	只	45
1-04-1-04	115278	6937209603996	民生红牡丹深盘	8in	只	40

⊖ 1in=0.025 4m。

任务要求

要求王东根据上述信息于2023年7月3日缮制所涉及货品的拣货单。

任务目标

1. 知识目标：

（1）掌握拣货作业及拣货单的含义；

（2）根据国家标准《物流单证基本要求》（GB/T 33449—2016）中的相关规定，掌握拣货单的主要内容及缮制要求。

2. 能力目标：

能够根据所给任务情境正确完成拣货单的缮制。

3. 素养目标：

体验职业角色，培养严谨细致的职业素养。

知识准备

一、拣货作业的含义

拣货作业是指配送中心依据客户的订单要求或配送计划，迅速、准确地将货品从其储位或其他区位拣取，并按一定的方式进行分类、集中的作业过程。简单来讲，就是根据订单，将货物从仓库拣选出来，搬运至出货区与理货员交接的作业过程。

二、拣货单的含义

拣货单是在仓库管理中进行库位管理时采用的。库位管理是指为更加规范化地管理库存，针对每次货品移库、采购出入库、调拨出入库进行的货品管理。拣货单有两种缮制方式，一种是根据销售订单拣货（通常适用于加盟店要货）；另一种是根据配货单拣货（通常适用于直营店要货），即将货品从指定仓库拣入该仓库中的指定库位，以便进行后续的配货管理。

拣货单可采用将原始的客户订单输入计算机进行拣货信息处理后，打印出来的方式。这种方式的优点是避免传票在拣货过程中受污损，并能把产品储位编号显示在拣货单上。

三、拣货单的内容及缮制要求

拣货单样表见表1-31。

表1-31　拣货单样表

拣货单							
（1）日期							
（2）客户				（3）出库单号			
（4）仓位号	（5）商品编码	（6）商品条码	（7）商品名称	（8）规格型号	（9）单位	（10）拣货数量	备注
（11）制单员			（12）小计				
（13）仓管员			（14）分拣员			（15）复核人	

拣货单的主要内容及缮制要求如下：

（1）日期：填制此单的时间。

（2）客户：需要采购货品的单位或者个人。

（3）出库单号：编制出库单时定制的单号。

（4）仓位号：货品在仓库中具体位置。仓位号一般建议用6位数字表示，中间用“-”来间隔。第1位代表货品所放置的区域，可以是仓库，也可以是某个区域；第2、3位代表货架位置，说明货架在第几排；第4、5位代表货架层次，说明货品在该排货架中的第几层；第6位代表货位顺序，说明货品在该确定货架中的第几个货位。如2-06-2-08，表示仓库第2层，货架第6排，第2层，第12货位。

（5）商品编码：所涉及货品的商品编码，与出库单货品信息一致。

（6）商品条码：所涉及货品的商品条码，与出库单货品信息一致。

（7）商品名称：所涉及货品的商品名称，与出库单货品信息一致。

（8）规格型号：所涉及货品的规格型号应与出库单货品信息一致。

（9）单位：所涉及货品的计量单位，与出库单货品信息一致。

（10）拣货数量：实际拣货数量，与出库单货品实发数量一致。

（11）制单员：填制拣货单的个人，并签字反馈。

（12）小计：实际拣选货品数量的总和。

（13）仓管员：仓库货品管理人员，能按规定做好物资设备进出库的验收、记账和发放工作，做到账账相符。

（14）分拣员：在物流类配送中心依据客户的订单要求或配送计划，迅速、准确地将货品从其储位或其他区位拣取出来，并按一定的方式进行分类、集中的作业人员，拣货完成后需在拣货单上签字反馈。

（15）复核人：对拣选完成的货物进行单货核对，无误后在拣货单上签字反馈。

拣货单的缮制

任务实施

王东根据出库单和库存信息缮制拣货单，见表1-32。

表1-32 拣货单缮制

<table>
<tr><th colspan="8">拣货单</th></tr>
<tr><td colspan="3">（1）日期</td><td colspan="5">2023-07-03</td></tr>
<tr><td colspan="2">（2）客户</td><td>联华江山店</td><td colspan="2">（3）出库单号</td><td colspan="3">8WLCK202307030213</td></tr>
<tr><td>（4）仓位号</td><td>（5）商品编码</td><td>（6）商品条码</td><td>（7）商品名称</td><td>（8）规格型号</td><td>（9）单位</td><td>（10）拣货数量</td><td>备注</td></tr>
<tr><td>1-03-5-02</td><td>106622</td><td>6956712612985</td><td>欧普照明 LED 球泡</td><td>3W</td><td>只</td><td>20</td><td></td></tr>
<tr><td>1-03-5-03</td><td>106623</td><td>6956712613864</td><td>欧普照明 LED 球泡</td><td>5W</td><td>只</td><td>15</td><td></td></tr>
<tr><td>1-03-5-04</td><td>106624</td><td>6956712613735</td><td>欧普照明 LED 球泡</td><td>8W</td><td>只</td><td>15</td><td></td></tr>
<tr><td colspan="2">（11）制单员</td><td>王东</td><td colspan="3">（12）小计</td><td>50</td><td></td></tr>
<tr><td colspan="2">（13）仓管员</td><td></td><td>（14）分拣员</td><td></td><td>（15）复核人</td><td colspan="2"></td></tr>
</table>

巩固训练

王东结合本项目任务一巩固训练中所编制的出库单，根据泱江物流有限公司仓库一号的库存情况（见表1-33），完成拣货单（见物流单证活页附表1-8）的填制。

表1-33 泱江物流有限公司仓库一号部分库存情况表

仓位号	商品编号	商品条码	货品名称	规格型号	单位	库存数量
1-01-3-12	116230	6939750111628	劳特斯不锈钢深盘	18cm	个	45
1-01-3-13	116231	6939750111642	劳特斯不锈钢深盘	20cm	个	45
1-02-2-08	117063	6922869563056	龙士达弧形铁丝挂钩		个	40
1-02-2-09	117075	6922286903217	龙士达大板刷		只	40
1-03-5-02	106622	6956712612985	欧普照明LED球泡	3W	只	40
1-03-5-03	106623	6956712613864	欧普照明LED球泡	5W	只	40
1-03-5-04	106624	6956712613735	欧普照明LED球泡	8W	只	45
1-03-6-01	115660	6921178096285	庆展中国风尚精品圆勺	5#	只	35
1-03-6-02	083946	6948407312023	竹匠人家工艺筷	10双装	双	30
1-04-1-03	115276	6937209603786	民生红牡丹弧形盘	7in	只	45
1-04-1-04	115278	6937209603996	民生红牡丹深盘	8in	只	40

任务评价

<table>
<tr><th>序号</th><th>评价任务</th><th>要素说明</th><th>分值</th><th>扣分小计</th><th>得分小计</th></tr>
<tr><td rowspan="2">1</td><td rowspan="2">准确表述拣货作业及拣货单的含义（20分）</td><td>介绍拣货作业的含义</td><td>10</td><td></td><td></td></tr>
<tr><td>介绍拣货单的含义</td><td>10</td><td></td><td></td></tr>
<tr><td>2</td><td>正确识记拣货单的格式、主要内容及缮制要求（20分）</td><td>介绍拣货单相关栏目的内容、缮制要求</td><td>20</td><td></td><td></td></tr>
<tr><td rowspan="2">3</td><td rowspan="2">根据所给任务情境规范掌握拣货单的缮制（40分）</td><td>按课堂任务体验拣货单的缮制</td><td>20</td><td></td><td></td></tr>
<tr><td>按课后任务完成拣货单的缮制</td><td>20</td><td></td><td></td></tr>
<tr><td>4</td><td>素养（20分）</td><td>严谨细致的职业素养的养成</td><td>20</td><td></td><td></td></tr>
<tr><td>自我评价</td><td colspan="2"></td><td>总得分</td><td colspan="2"></td></tr>
</table>

模块二 国内货物运输单证缮制

交通运输自古以来就是人类生存、发展的重要活动之一。随着社会经济的发展，公路对我国现代化建设和经济发展起着重大的作用。作为陆上交通的主要运输方式，公路运输为其他各行各业提供原材料和产品运输等基础服务，在整个物流活动中始终居于核心地位。

货物运输单证是指货运代理企业为保障货物顺利到达目的地与物流责任方签发的凭证，在货物的交付、运输、仓储、保险等环节处理的各种证明文件。每套单证都有各自的用途，能够区分各个物流企业的权利和义务。

国内货物运输单证缮制的质量是衡量货代企业服务水平的关键指标之一。单证缮制的准确性影响货物运输过程的交接；单证缮制的及时性是避免和解决争端的依据；单证的完整性是合同履行的基础。

学习目标

- 理解国内货物运输的业务内容。
- 收集企业信息，掌握公路、铁路货物运输的业务流程。
- 根据行业要求规范制单，掌握公路、铁路主要单证的缮制方法。
- 缮制在不同任务情境下的主要货物运输单证。
- 落实立德树人根本任务，了解国内货物运输产业文化，遵守职业道德准则和行为规范，养成真诚服务客户的岗位责任意识以及认真严谨的制单态度。

项目一 公路货运单证

项目概述

公路货物运输是综合运输体系的重要组成部分，是现代运输的主要方式之一，同时是构成陆上运输的两种基本运输方式之一。广义的公路货物运输是利用可以载货的运输工具（汽车、拖拉机、畜力车、人力车等），在公路上实现货物空间位移的过程。狭义的公路货物运输即指汽车运输。在物流运输中，公路货物运输专指汽车货物运输。

正确识别公路货物运输过程的单证信息并填制、传递相关单证是保证运输过程顺利进行的重要环节。本项目梳理了在公路货物运输过程中典型工作岗位涉及的核心作业单证，包括公路货物运单、公路运输计划表、取货通知单、收货确认书以及货物交接单。

为贯彻职业教育立足就业导向，注重实践育人的基本原则，项目的任务设计注重实用性和操作性，以学生专业能力成长为目的，考虑企业实际业务，兼顾教学需求，以期服务学生成才和发展。

项目目标

- 准确描述公路货物运输的业务流程。
- 掌握公路货物运单、公路运输计划表、取货通知单、收货确认书以及货物交接单的缮制方法。
- 根据任务情境正确完成国内货物运输单证的缮制。
- 体验职业角色，培养严谨仔细的职业态度，提升团队协作、及时发现问题并解决问题的意识及能力。

知识储备

一、公路运输的组织和经营方式

（1）将车辆出租给客户定次、定程或定期使用。

（2）根据运输合同或协议派车完成运输任务，一般用于货物运输。

（3）组织定线、定站、定时的客货运班车。客运班车是公路汽车旅客运输的主要形式。货运班车是汽车零担货物运输的主要形式，因此一般为零担货运班车。

（4）按客户托运货物的要求，调派、组织车辆合理运行。

为了提高公路运输效率和降低运输成本，公路运输的组织形式和方法不断有新的发展，现已广泛开展汽车集装箱运输（见集装箱运输）、拖挂运输、集中运输等。其中，集中运输是由一个汽车运输单位把货物从一个发货点（车站、码头、仓库等）运往许多收货点，或从许多货物点运往一个收货点，这样收、发货单位不必派人取送货物，节省了人力；还可以合理调度车辆，减少车辆空驶，提高运输效率；并为使用汽车列车、专用运输汽车和装卸机械创造了有利的条件。

二、公路运输的形式

1. 集装箱汽车运输

以集装箱为容器，使用汽车运输的公路运输形式。

2. 笨重物件运输

因货物的体积、重量的要求，使用大型或专用汽车运输的公路运输形式。

3. 快件货物运输

在规定的距离和时间内将货物运达目的地的公路运输形式。其中，应托运人的要求采取即托即运的快件货物运输为“特快件货物运输”。

4. 出租汽车货运

采用装有出租营业标志的小型货运汽车，供货主临时雇用，并按时间、里程和规定费率收取运输费用的公路运输形式。

5. 搬家货物运输

为个人或单位搬迁提供运输和搬运装卸服务，并按规定收取费用的公路运输形式。

6. 危险货物运输

承运《危险货物品名表》列名的易燃、易爆、有毒、有腐蚀性、有放射性等危险货物和虽未列入《危险货物品名表》但具有危险货物性质的新产品的公路运输形式。

三、公路货物运输的一般作业流程

公路货物运输的一般作业流程如图2-1所示。

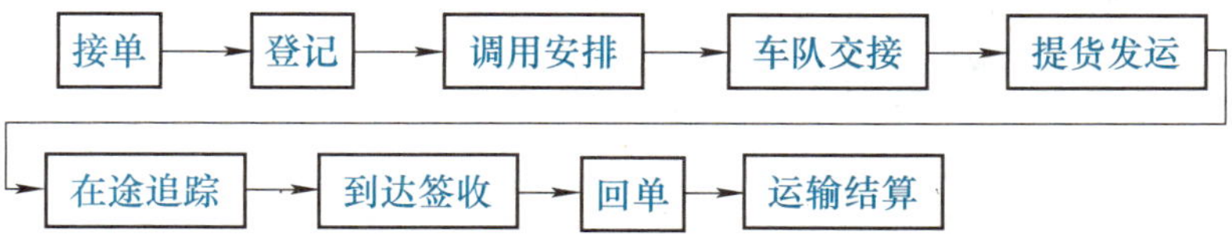

图2-1 公路货物运输作业流程

公路上的运载工——公路货物运输的一般作业流程

1. 接单

公路运输主管从客户处接收运输发送计划；公路运输调度从客户处接收出库提货单证，核对单证。

2. 登记

运输调度在登记表上分送货目的地，分收货客户标定提货号码；司机（指定人员及车辆）到运输调度中心拿提货单，并在运输登统本上确认签收。

3. 调用安排

填写运输计划；填写运输在途、送到情况，追踪反馈表；计算机录单。

随堂记

4. 车队交接

根据送货方向、重量、体积，统筹安排车辆；报运输计划给客户处，并确认到场提货时间。

5. 提货发运

按时到达客户提货仓库，检查车辆情况，办理提货手续；提货，盖好车棚，锁好箱门；办好出厂手续；电话通知收货客户预达时间。

6. 在途追踪

建立收货客户档案；司机及时反馈途中信息；与收货客户电话沟通送货情况；填写跟踪记录；有异常情况及时与客户联系。

7. 到达签收

电话或线上确认到达时间；司机将回单传回公司；签收运输单；定期将回单送至客户处；将本企业当地市场的驻点及时反馈给客户。

8. 回单

按时准确到达指定卸货地点；货物交接；100%签收，保证运输产品的数量和质量与客户出库单一致。

9. 运输结算

整理好收费票据；做好收费汇总表交至客户，确认后交回结算中心；结算中心开具发票，向客户收取运费。

四、公路货物运输作业的运价核算方法

1. 确定计费重量或者计费时间

（1）单位的确定：

1）整批货物运输以吨（t）为单位；零担货物运输以千克（kg）为单位；集装箱运输以箱为单位；包车运输以小时（h）为单位，超过半小时进整。

2）运价单位：整车运输为元/（t·km）；零担运输为元/（kg·km）；集装箱运输为元/（箱·km）；包车运输为元/（t·h）。

（2）重量的确定：

1）计费重量均按毛重计算。公路运输费用计算中的整批货物吨以下计至100kg，尾数不足100kg的，四舍五入；零担货物起码计费重量为1kg，重量在1kg以上、尾数不足1kg的，四舍五入。

2）轻泡货物，指每立方米重量不足333kg的货物。装运整批轻泡货物

的高度、长度、宽度，以不超过有关道路交通安全规定为限度，这种公路运输费按车辆标记吨位计算重量；零担运输轻泡货物以货物包装最长、最宽、最高部位尺寸计算体积，按每立方米折合333kg计算重量。

3）包车运输按车辆的标记吨位计算。

4）散装货物，如砖、瓦、砂、石、土、矿石、木材等，按体积由各省、自治区、直辖市统一规定重量换算标准计算重量。

5）货物重量一般以起运地过磅为准。起运地不能或不便过磅的货物，其公路运输费由承托运双方协商确定计费重量。

（3）包车计费时间的确定：

1）整日包车，每日按8h计算，超过8h按实际使用时间计算。

2）起码计费时间为4h，超过4h按实际包用时间计算。

2. 确定计价类别

（1）车辆类别：载货汽车按其用途不同，分为普通货车、特种货车两种。特种货车包括罐车、冷藏车及其他具有特殊构造和专门用途的专用车。根据车辆的不同用途，在基本运价的基础上加成计算，特种车辆运价和特种货物运价两个价目不准同时加成使用。

（2）货物类别：公路运输计价方法中将货物按其性质分为普通货物和特种货物两种。普通货物分为三等，其运价以一等货物为基础，二等货物加成15%，三等货物加成30%；特种货物分为长大笨重货物、大型物件、危险货物、贵重货物、鲜活货物五类，其运价根据以上五类按规定单独计算。

（3）集装箱类别：公路运输计价方法中将集装箱按其箱型分为国内标准集装箱、国际标准集装箱和非标准集装箱三类。其中，国内标准集装箱又分为1t箱、6t箱、10t箱三种；国际标准集装箱分为20ft箱、40ft箱两种。集装箱按货物种类又可分为普通货物集装箱和特种货物集装箱。

（4）公路类别：公路运输计价方法中将公路分为等级公路和非等级公路。非等级公路货运运价在基本运价的基础上加成10%～20%。

（5）其他类别：公路运输计价还有其他类别，如快速货运运价和出入境汽车货物运价。快速货运运价是按计价类别在相应运价的基础上加成计算；出入境汽车货物运价则是按双边或多边出入境汽车运输协定，由两国或多国主管机关协商确定。

3. 确定计费里程

（1）单位的确定：货物运输计费里程以千米（km）为单位，尾数不足1km的，进整为1km。

随堂记

（2）营运里程的确定：货物运输的营运里程，按交通部和各省、自治区、直辖市交通行政主管部门核定、颁发的“营运里程图”执行。“营运里程图”未核定的里程由承、托双方共同测定或经协商按车辆实际运行里程计算。

4. 运费计算公式

公路运输涉及的运费计算公式如下：

整批货物运费（元）= 吨次费（元/t）× 计费重量（t）+ 整批货物运价[元/（t·km）]× 计费重量（t）× 计费里程（km）+ 货物运输其他费用

零担货物运费（元）= 零担货物运价[元/（kg·km）]× 计费重量（kg）× 计费里程（km）+ 货物运输其他费用（元）

重（空）集装箱运费（元）= 重（空）箱运价 [元/（箱·km）]× 计费箱数（箱）× 计费里程（km）+ 箱次费（元/箱）× 计费箱数（箱）+ 货物运输其他费用（元）

包车运费（元）= 包车运价 [元/（t·h）]× 包用车辆吨位（t）× 计费时间（h）+ 货物运输其他费用（元）

5. 其他杂项费用

公路运输计价方法还需对运输过程中的其他杂项费用加以核算，包括调车费、延滞费、装货落空损失费、道路阻塞停运费、车辆处置费、车辆通行费和运输变更手续费等多项费用。

任务一 公路货物运单的缮制

任务描述

杭州嘉顺服饰有限公司与上海嘉豪服饰有限公司进行贸易合作，并委托杭州畅达物流有限公司将一批货物运往上海。交易货物信息见表2-1。

表2-1 交易货物信息

货物品名：白色 T 恤	件数：800 件
体积：13m^3	始发地：杭州市滨江区滨文路 15 号
总重量：2,400kg	目的地：上海市宝山区彭浦新村 12 号
要求采用纸箱包装后进行运输	全行程：177km
要求上门取货和送货，但不收取相关费用	货物的投保金额为 20,000 元，保险费率为货值的 1%
结算方式：现金	运价：0.8 元 /（m^3·km）
取货时间：2023-09-10 13:00	装车时间：2023-09-11 07:00
发车时间：2023-09-11 09:00	到达时间：2023-09-11 11:00

任务要求

杭州嘉顺服饰有限公司的经理杨丽（联系电话0571-645***33，邮编310051）联系畅达物流公司并提出配运要求，畅达物流公司安排货运员陈楠执行该项作业，并填制运单号为31000002033241的“公路货物运单”，货物运至目的地后联系上海嘉豪服饰有限公司的经理吴春（联系电话021-325***38，邮编201900）。

任务目标

1. 知识目标：

（1）掌握公路货物运单的含义；

（2）掌握公路货物运输的作业流程，根据国家标准《物流单证基本要求》（GB/T 33449—2016）中的相关规定，正确识记公路货物运单的格式、主要内容及缮制要求。

2. 能力目标：

能够根据所给任务情境正确完成公路货物运单的缮制。

3. 素养目标：

通过对公路货物运单含义、缮制的学习，养成真诚服务客户的岗位责任意识、认真严谨的制单态度。

知识准备

一、公路货物运单概述

1. 公路货物运单的含义

公路货物运单是货主（托运方）与运输方（承运方）之间关于货物运输所签订的契约，它由托运方填写约定事项，再由运输单位审核承诺。经过运输单位审核并由双方签订后的托运单，具有法律效力。公路货物运单确定了承运方与托运方在货物运输中的权利、义务和责任，是公路货物运输及运输代理的合同凭证，是运输经营者接受货物并在运输期间负责保管和据以交付的凭据，也是记录车辆运行和行业统计的原始凭证。

2. 公路货物运单的种类

公路货物运单分为甲、乙、丙三种：甲种运单适用于普通货物、大件货物、危险货物等货物运输和运输代理业务；乙种运单适用于集装箱汽车运输；丙种运单适用于零担货物运输。

二、公路货物运单的内容及缮制要求

某企业公路货物运单样表见表2-2。

表2-2　公路货物运单样表

<table>
<tr><th colspan="10">公路货物运单</th></tr>
<tr><td colspan="5">×× 公司</td><td>运单号</td><td colspan="4"></td></tr>
<tr><td>（1）
始发城市</td><td colspan="2"></td><td>（2）
邮编</td><td></td><td>（1）
目的地城市</td><td></td><td>（2）
邮编</td><td></td><td rowspan="5">（11）
结算方式
□到付
□月结
□现金
□第三方支付</td></tr>
<tr><td>（3）
发件人</td><td colspan="4"></td><td>（4）
收件人</td><td colspan="3"></td></tr>
<tr><td>（3）
发件单位</td><td colspan="4"></td><td>（4）
收件单位</td><td colspan="3"></td></tr>
<tr><td>（3）
发件人地址</td><td colspan="4"></td><td>（4）
收件人地址</td><td colspan="3"></td></tr>
<tr><td>（3）
电话 / 手机</td><td colspan="4"></td><td>（4）
电话 / 手机</td><td colspan="3"></td></tr>
<tr><td rowspan="4">（7）
派送方式
□门对门
□自提
□等通知送货</td><td>（6）
货物名称</td><td></td><td colspan="2">（5）
包装类型</td><td>（9）
运费（元）</td><td></td><td>（10）
保价</td><td>□是
□否</td><td>（8）
货物类型</td></tr>
<tr><td>（6）
件数（件）</td><td></td><td colspan="2" rowspan="2">□纸箱　□木箱
□托盘　□桶装
□编织袋
□其他______</td><td>声明价值(元)</td><td></td><td>（10）
保价费(元)</td><td></td><td rowspan="3">□贵重物品
□文件
□普通货物</td></tr>
<tr><td>（6）
重量（kg）</td><td></td><td>（12）
其他费用(元)</td><td></td><td>（13）
总计费用(元)</td><td></td></tr>
<tr><td>（6）
体积（m³）</td><td></td><td>长</td><td></td><td>宽</td><td></td><td>高</td><td></td></tr>
<tr><td colspan="5" rowspan="3">备注:</td><td>发件人签名</td><td></td><td>送件人</td><td>收件人签名</td><td></td></tr>
<tr><td rowspan="2">日期</td><td rowspan="2"></td><td rowspan="2"></td><td>身份证号码</td><td></td></tr>
<tr><td>日期</td><td></td></tr>
</table>

公路货运单证的主要内容及缮制要求如下：

（1）始发城市、目的地城市：一般情况下填写托运人（收货人）单位所在的城市名称，如北京、上海等。

（2）邮编：邮政编码，是邮件分拣自动化和邮政网络数字化的基础，为加快邮件传递的准确性，须准确填写。我国邮政编码采用四级六位数编码结构。前两位数字代表省、直辖市和自治区；第三位和四位代表对应市级邮区和县级邮局，最后两位代表具体投递所或投递部门。

（3）发件人（托运人）、发件单位、发件人地址、电话/手机：发件人的相关信息，如果是固定电话，填写格式为区号+固定电话号码或手机号；地址的填写格式为××省××市××区××街道××号。

（4）收件人、收件单位、收件人地址、电话/手机：收件人的相关信息，如果是固定电话，填写格式为区号+固定电话号码或手机号；地址的填写格式为××省××市×区××街道××号。

（5）包装类型：托运人要求托运的货物的包装方式，可以分为纸箱、木箱、托盘、桶装、编织袋等方式。

（6）货物名称、件数、重量、体积：托运人要求托运的货物名称、总件数、总重量、总体积，关于体积在实际操作中一般在公路货物运单上标明货物的长、宽、高。

（7）派送方式：到达目的地城市之后承运人和收货人完成货物交接所采用的方式，实际操作中一般分为门对门、自提和等通知送货三种。

（8）货物类型：托运人要求托运货物的性质，实际操作中一般分为贵重物品、文件和普通货物。

（9）运费：货物运费 = 货物运价 × 计费重量 × 计费里程 + 货物运输其他费用。

（10）保价、保价费：保价是一种加收费用的邮递业务，类似于给所托运的货物投保，一般用于寄送贵重物品、有价证券等，如有遗失，受理部门按保价金额负责赔偿。

（11）结算方式：托运人与承运人之间根据所托运货物的情况确定的结算方式，实际操作中一般分为到付、月结、现金和第三方付费四种方式。其中，到付是指货物到达目的地后由收货人负责结清整个运输过程中的费用；月结是指托运方或者收货方与承运方达成以月为单位的结算方式；现金是指在结算过程中采用现金支付的方式；第三方付费是指托运方和承运方不用承担运输过程中所产生的费用，而是由托运方和收货方以外的第三方承担。

（12）其他费用：其他方面的费用。

（13）总计费用：所有费用的总计。

任务实施

公路货物运单的缮制

步骤一　分析案例，查找关键信息。

（1）明确案例中的发件人、承运人、收件人等关系方。

（2）明确货物信息，如货物的名称、数量、重量和体积等。

（3）明确费用明细，如费用的种类、计算方法等。

步骤二　填写托运人相关信息。

根据任务要求，货运员填写公路货物运单的托运人的相关栏目（见表2-3），确认客户信息，对托运人、始发城市、托运人签字盖章等信息进行核实，确保无误。

随堂记

表2-3 公路货物运单缮制

公路货物运单

畅达物流有限公司					运单号	31000002033241			
（1）始发城市	杭州市		（2）邮编	310051	（1）目的地城市	上海市	（2）邮编	201900	（11）结算方式 √到付 □月结 □现金 □第三方支付
（3）发件人	杨丽				（4）收件人	吴春			
（3）发件单位	杭州嘉顺服饰有限公司				（4）收件单位	上海嘉豪服饰有限公司			
（3）发件人地址	杭州市滨江区滨文路15号				（4）收件人地址	上海市宝山区彭浦新村12号			
（3）电话	0571-645***33		手机		（4）电话	021-325***38	手机		
（7）派送方式 □门对门 □自提 √等通知送货	（6）货物名称	白色T恤	（5）包装类型		（9）运费（元）	1,840.8	保价	□是□否	（8）货物类型
	（6）件数（件）	800	√纸箱 □木箱 □托盘 □桶装 □编织袋 □其他______		声明价值（元）		（10）保价费（元）	200	□贵重物品 □文件 √普通货物
	（6）重量（kg）	2,400			（12）其他费用（元）		（13）总计费用（元）	2,040.8	
	（6）体积（m^3）	13	长		宽		高		
备注：					发件人签名	杨丽	送件人	收件人签名	吴春
					日期	2023-09-10 11:00	陈楠	身份证号码	
								日期	2023-09-15 16:00

始发城市、邮编、发件人（托运人）、发件单位、发件人地址、联系方式分别为“杭州市”“310051”“杨丽”“杭州嘉顺服饰有限公司”“杭州市滨江区滨文路15号”“0571-645***33”。

步骤三 填写收货人相关信息。

根据任务要求，货运员填写公路货物运单的收货人的相关栏目（见表2−3），确认客户信息，对收货人、目的城市、收货人签字盖章等信息进行核实，确保无误。

目的地城市、邮编、收件人（收货人）、收件单位、收件人地址、联系方式分别为“上海市”“201900”“吴春”“上海嘉豪服饰有限公司”“上海市宝山区彭浦新村12号”“021-325***38”。

步骤四 填写货物详情相关信息。

根据任务要求，货运员填写公路货物运单的货物详情的相关栏目（见表2−3），确认货物信息，对货物名称、数量、重量、体积、包装类型等信息进行核实，确保无误。

（1）货物名称、件数、重量、体积分别为“白色T恤”“800”“2,400”“13”。

（2）包装类型、派送方式、货物类型分别在相应的选项前的方框里打钩。

步骤五 填写费用相关信息。

根据任务要求，货运员填写公路货物运单的费用明细的相关栏目（见表2−3），确认费用信息，对运费、保险情况等信息进行核实，确保无误。

总计费用：承运人受理一次运输任务所涉及的全部费用，此处填写运费和保价费总和。其中，运费=立方米公里运价×运距×总体积=0.8×177×13=1,840.8元；保价费=投保金额×保险费率=20,000×1%=200元。

步骤六 复核填写，保证正确清晰。

（1）复核完整性，查看是否已经填写公路货物运单中应填栏目。

（2）复核正确性，查看已填栏目内容与案例是否一致，必须保证全部正确。

（3）复核规范性，查看已填栏目内容是否符合填写规范。

（4）复核清晰度，查看已填栏目内容是否清晰可见。

巩固训练

陈楠又接到杭州永康服饰有限公司负责人王红（邮编310051，联系电话0571-546***36）的发运计划，要求将一批货物运往上海福康服饰有限公司，并联系刘军（邮编201900，联系电话021-512***34），并填制运单号为31000002033242的公路货物运单（见物流单证活页附表2−1）。交易货物信息见表2−4。

表2-4 交易货物信息

货物品名：黑色毛衣（轻泡货）	件数：800 件
体积：18m³	始发地：杭州市滨江区滨康路 15 号
总重量：3,200kg	目的地：上海市宝山区岭南路 338 号
要求采用纸箱包装后进行运输	全行程：177km
要求上门取货和送货，且收取 300 元费用	货物的投保金额为 10,000 元，保险费率为货值的 1%
结算方式：现金	运价：0.8 元 /（m³ • km）
起运时间：2023-06-10 13:00	装车时间：2023-06-11 07:00
发车时间：2023-06-11 09:00	到达时间：2023-06-11 23:00

任务评价

序号	评价任务	要素说明	分值	扣分小计	得分小计
1	会剖析案例（10 分）	明确各关系方	3		
		正确计算各类费用	7		
2	正确阐述运单的填写规范（10 分）	介绍运单各项的含义、格式	10		
3	根据所给任务情境正确完成运单的填制（60 分）	按课堂任务填制运单（按空格计数，每空 1 分）	20		
		按课后任务填制运单（按空格计数，每空 2 分）	40		
4	素养（20 分）	真诚服务客户的岗位责任意识养成	10		
		认真严谨的制单态度养成	10		
自我评价			总得分		

任务二 国内公路运输计划表的缮制

任务描述

杭州嘉顺服饰有限公司与上海嘉豪服饰有限公司进行商业合作，并委托杭州畅达物流有限公司将一批货物运往上海。交易货物信息见表2-5。

表2-5 交易货物信息

货物品名：白色 T 恤	件数：800 件
体积：13m³	始发地：杭州市滨江区滨文路 15 号
总重量：2,400kg	目的地：上海市宝山区彭浦新村 12 号
要求采用纸箱包装后进行运输	全行程：177km
要求上门取货和送货，但不收取相关费用	货物的投保金额为 20,000 元，保险费率为货值的 1%
结算方式：现金	立方米公里运价：0.7 元 /（m³ • km）
取货时间：2023-10-10 13:00	返回时间：2023-10-10 17:00
要求送达时间：2023-10-12 16:00	装车时间：2023-10-11 07:00
发车时间：2023-10-11 09:00	到达时间：2023-10-11 11:00

任务要求

随堂记

杭州嘉顺服饰有限公司的经理杨丽（联系电话0571-645***33，邮编310051）联系畅达物流公司并提出配运要求，畅达物流公司的调度员丁宇根据公司现有的运力资源，选择张林驾驶的车牌号为“浙A60761”的车辆执行该运输任务。请以调度员丁宇的身份填制合同号为XXXY202308220000的“国内公路运输计划表”，货物运至目的地后联系上海嘉豪服饰公司的经理吴春（联系电话021-325***38，邮编201900）。

任务目标

1. 知识目标：

（1）掌握公路运输计划表的含义；

（2）掌握公路运输计划的制订流程，根据国家标准《物流单证基本要求》（GB/T 33449—2016）中的相关规定，正确识记国内公路运输计划表的填制要求。

2. 能力目标：

能够根据所给任务情境正确填制国内公路运输计划表。

3. 素养目标：

通过对公路运输计划表的学习，养成真诚服务客户的岗位责任意识，培养严谨仔细的职业态度。

知识准备

一、公路运输计划的含义

公路运输计划是指规定一定时期内由公路完成客、货运输任务量的打算和安排，是始发站调度人员依据客户的运单要求，结合本站实际资源，以及平衡运力与运量、流向与流量来填写的单据。它主要包括货物运输生产计划和车辆运行作业计划。

（1）货物运输生产计划：列出计划期内的货物运输任务，计划运输量，确定货物运输量计划；精确地计算计划期内可能拥有的货车与吨位数，确定车辆计划；借助车辆运行指标，计算车辆运行水平和车辆生产率，确定车辆运用计划。

（2）车辆运行作业计划：该计划是运输生产计划的具体化。它将生产计划中规定的任务，按照月、旬、日以至班，具体、合理地分配到车站、车队、车间，从而保证运输生产计划能够按质、按量，如期完成。

国内运输计划按间隔期的长短分：长期运行作业计划、短期运行作业计划、日运行作业计划及趟次运行作业计划。

二、国内公路运输计划表的内容及缮制要求

某企业国内公路运输计划表样表见表2-6。

表2-6 国内公路运输计划表样表

国内公路运输计划表															
（1）需求办事处						（1）申请人									
合同号（发货指令号）	（2）始发地	（3）详细提货地点	（2）目的地	（3）详细到货地点	（4）要求运输方式	（5）预计发货时间	（6）可接受运输周期上限（h）	（5）最晚到货时间	（7）是否加急	货物信息					（10）其他要求
										（8）货物名称	（8）件数	（8）体积	（8）重量	（9）有无重货	
备注：① 运输周期：以某某处下达发货指令 4h 后起算，以货物抵达指定最终目的地时间为止。 ② 运输方式：全程包车、包车中转等。															

国内运输计划表的主要内容及缮制要求如下：

（1）需求办事处、申请人：托运人所在的单位名称和托运人姓名。

（2）始发地、目的地：需要托运货物的所在省、市名称，填写格式××省××市。

（3）详细提货地点、详细到货地点：需要托运货物（收货人）的详细地址，填写格式为“××省××市××区××街道××号”。

（4）要求运输方式：托运人根据货物性质或者实际情况选择的运输方式，一般分为全程包车、包车中转两种方式。

（5）预计发货时间、最晚到货时间：预计发货的时间以及最晚到货的时间。

（6）可接受运输周期上限：发货指令下达4h后开始计算，到货物到达最终目的地时间截止，一般为24h，具体要求应在合同中注明。

（7）是否加急：托运人根据时间情况判断该批货物是否需要加急，需要加急填“是”，不需要加急则填“否”。

（8）货物名称、件数、体积、重量：托运人要求托运的货物名称、总件数、总体积和总重量。

（9）有无重货（超大、超长、超宽、超高）：国内空运标准，单件重量大于100kg即为重货，长×宽×高标准大于90cm×90cm×90cm即为超长、超宽和超高。

（10）其他要求（是否需要承运商装、卸货）：需要承运商装、卸货要在表格里填上此项要求，不需要的则填“否”。

任务实施

国内公路运输计划表的缮制

步骤一　分析案例，查找关键信息。

（1）明确案例中的发件人、承运人、收件人等关系方。

（2）明确货物信息，如货物的名称、数量、重量和体积等。

（3）明确费用明细，如费用的种类、计算方法等。

步骤二　填写托运人相关信息。

根据任务要求，货运员填写国内公路运输计划表的托运人的相关栏目（见表2-7），确认客户信息，对申请人、始发地、详细提货地点等信息进行核实，确保无误。

需求办事处、申请人、合同号（发货指令号）分别填写“杭州嘉顺服饰有限公司”“杨丽”“XXXY202308220000”；始发地、详细提货地点分别填写“浙江省杭州市”“杭州市滨江区滨文路15号”。

步骤三　填写收货人相关信息。

根据任务要求，货运员填写国内公路运输计划表的收货人的相关栏目（见表2-7），确认客户信息，对目的地、详细到货地点等信息进行核实，确保无误。

目的地、详细到货地点分别填写“上海市”“上海市宝山区彭浦新村12号”。

步骤四　填写运输要求相关信息。

根据任务要求，货运员填写国内公路运输计划表的运输要求的相关栏目（见表2-7），确认运输信息，对要求运输方式、是否加急、预计发货和最晚到货时间等信息进行核实，确保无误。

随堂记

表2-7　国内公路运输计划表缮制

国内公路运输计划表

（1）需求办事处	北京嘉顺服饰有限公司					（1） 申请人	杨丽								
合同号 （发货指令号）	（2） 始发地	（3） 详细提货地点	（2） 目的地	（3） 详细到货地点	（4） 要求运输方式	（5） 预计发货时间	（6） 可接受运输周期上限（h）	（5） 最晚到货时间	（7） 是否加急	货物信息					（10）其他要求
										（8） 货物名称	（8） 件数	（8） 体积	（8） 重量	（9） 有无重货	
XXXY202308220000	浙江省杭州市	杭州市滨江区滨文路15号	上海市	上海市宝山区彭浦新村12号	全程包车	2023-10-11 09:00	24	2023-10-12 16:00	否	白色T恤	800	13	2,400	无	需要承运商装货、卸货
备注：① 运输周期：以某某处下达发货指令4h后起算，以货物抵达指定最终目的地时间为止。 ② 运输方式：全程包车、包车中转等。															

要求运输方式、是否加急分别填写“全程包车”“否”；预计发货时间、最晚到货时间、可接受运输周期上限分别填写“2023-10-11　09:00”“2023-10-12　16:00”“24”；其他要求填写“需要承运商装货、卸货”。

步骤五　填写货物详情相关信息。

根据任务要求，货运员填写国内公路运输计划表的货物详情的相关栏目（见表2-7），确认货物信息，对货物名称、件数、体积、重量等信息进行核实，确保无误。

货物名称、件数、体积、重量分别填写“白色T恤”“800”“13”“2,400”；有无重货填写“无”。

步骤六　复核填写，保证正确清晰。

（1）复核完整性，查看是否已经填写应填栏目。

（2）复核正确性，查看已填栏目内容与案例是否一致，必须保证全部正确。

（3）复核规范性，查看已填栏目内容是否符合填写规范。

（4）复核清晰度，查看已填栏目内容是否清晰可见。

巩固训练

2023年10月16日11时，丁宇又接到杭州惠龙服饰有限公司负责人高娟（邮编310051，联系电话0571-568***71）的发运计划，要求将一批货物运往上海惠达服饰有限公司，并联系张小君（邮编201900，联系电话021-883***62）。根据公司现有的运力资源，丁宇选择张林驾驶的车牌号为“浙A60761”的车辆执行该运输任务，并填制合同号为XXXY202308220001的国内公路运输计划表（见物流单证活页附表2-2）。交易货物信息见表2-8。

表2-8　交易货物信息

货物品名：运动裤（轻泡货）	件数：200 件
体积：16m^3	始发地：杭州市滨江区滨康路 50 号
总重量：2,400kg	目的地：上海市宝山区彭浦新村 33 号
要求采用纸箱包装后进行运输	全行程：177km
要求上门取货和送货，费用为 300 元	货物的投保金额为 20,000 元，保险费率为货值的 1%
结算方式：现金	运价：0.7 元 /（m^3 • km）
取货时间：2023-10-16　15:00	返回时间：2023-10-16　17:00
要求送达时间：2023-10-18　17:00	装车时间：2023-10-17　07:00
发车时间：2023-10-17　09:00	到达时间：2023-10-18　11:00

任务评价

序号	评价任务	要素说明	分值	扣分小计	得分小计
1	会剖析案例（15 分）	明确各关系方	5		
		正确计算各类费用	10		
2	正确阐述运输计划表的填写规范（25 分）	介绍运输计划表各项的含义、格式	25		
3	根据所给任务情境正确完成运输计划表的填制（40 分）	按课堂任务填制运输计划表（按空格计数，每空 1 分）	20		
		按课后任务填制运输计划表（按空格计数，每空 1 分）	20		
4	素养（20 分）	真诚服务客户的岗位责任意识的养成	10		
		团队协作、发现问题、解决问题的意识的养成及能力的提升	10		
自我评价			总得分		

任务三 取货通知单的缮制

任务描述

杭州嘉顺服饰有限公司与上海嘉豪服饰有限公司进行贸易合作，并委托杭州畅达物流有限公司将一批货物运往上海，始发地联系人杨丽（联系电话0571-645***33，邮编310051）。当天，杭州畅达物流有限公司还接到杭州惠龙服饰有限公司的委托，将一批运动裤运往无锡雅丽服饰有限公司联系人，始发地联系人高娟（联系电话0571-568***71，邮编310051）。交易货物信息见表2-9和表2-10。

表2-9 交易货物信息（1）

货物品名：白色 T 恤（轻泡货）	件数：80 件
体积：13m^3	始发地：杭州市滨江区滨文路 15 号
总重量：2,400kg	目的地：上海市宝山区彭浦新村 12 号
要求采用纸箱包装后进行运输	全行程：177km
要求上门取货和送货，但不收取相关费用	货物的投保金额为 20,000 元，保险费率为货值的 1%
结算方式：现金	运价：0.8 元 /（m^3 • km）
取货时间：2023-09-10 12:00	返回时间：2023-09-10 14:00
要求送达时间：2023-09-15 16:00	运单号：31000002033241

表2-10 交易货物信息（2）

货物品名：运动裤（轻泡货）	件数：200 件
体积：16m^3	始发地：杭州市滨江区滨康路 50 号
总重量：3,500kg	目的地：无锡市梁溪区广瑞路 28 号
要求采用纸箱包装后进行运输	全行程：203km
要求上门取货和送货，费用为 300 元	运价：0.7 元 /（m^3 • km）
结算方式：月结	货物不投保
要求送达时间：2023-09-18 17:00	运单号：31000002033242

货物于2023年9月11日7时在杭州站装车，计划于当日9时发离开杭州站，当日11时到达上海站。货物到达上海后，白色T恤顺利完成卸车。然后不更换运输车辆继续前往无锡，计划于2023年9月11日12时从上海站出发，当日13时到达无锡站，到达无锡后，运动裤顺利完成卸货。

任务要求

根据公司现有的运力资源，调度员丁宇选择张林驾驶的车牌号为“浙A60761”的车辆执行该运输任务，请以调度员丁宇的身份填制编号为QHTZ4560037的“取货通知单”。

任务目标

1. 知识目标：

（1）掌握取货通知单的含义；

（2）掌握公路货物运输取货的流程，根据国家标准《物流单证基本要求》（GB/T 33449—2016）中的相关规定，正确识记取货通知单的填制要求。

2. 能力目标：

能够根据所给任务情境正确填制取货通知单。

3. 素养目标：

通过对取货通知单含义、缮制的学习，将在课堂上学到的知识充分应用到实践当中，提高发现问题、解决问题的意识与能力。

知识准备

一、取货通知单概述

1. 取货通知单的含义

取货通知单是调度人员根据客户运单需求及市内短途取货或者派送货物需求填写的单据。

2. 取货通知单的流转

①第一联留存，其他两联交场站人员；②场站人员持取货通知单同司机进行取货操作，取货完成后场站人员留存第二联；③第三联交回执行调度核实单据信息，登记线路台账后将第三联交给运输统计部门，运输统计部门收到后将其存档，并登记运输统计台账。

二、取货通知单的内容及缮制要求

某企业取货通知单如表2-11所示。

表2-11 取货通知单样表

取货通知单

（1）单号						
（2）货运员			（3）出发时间			
（2）车牌号			（3）返回时间			
客户信息						
（4）顺序	（4）托运单号	（5）托运人	（5）地址	（5）电话	（5）姓名	（5）邮编
货物信息						
（4）托运单号		（6）货物名称	（6）件数（件）	（6）重量（kg）	（6）体积（m^3）	（7）包装方式
（8）总数量（件）		（8）总重量（kg）		（8）总体积（m^3）		
填表人			填表时间			

取货通知单的主要内容及缮制要求如下：

（1）单号：填写取货通知单号。

（2）货运员、车牌号：调度员根据实际运力资源选派运送托运货物的人员姓名和车辆车牌号。

（3）出发时间、返回时间：调度员要求货运员出发去揽件的时间和按规定揽件完毕回到公司的时间。

（4）顺序、托运单号：按顺序填写阿拉伯数字1、2…并按调度员要求的取货顺序依次填写所承运货物的运单号码。

（5）托运人、地址、电话、姓名、邮编：分别填写与托运单号对应的托运人单位名称、详细地址（××省××市××区××街道××号）、联系电话（区号+固定电话号码或手机号）、姓名、邮编。

（6）货物名称、件数、重量、体积：填写对应单号托运单上所承运货物的具体名称、数量、重量、体积。

（7）包装方式：货物的包装方式。

（8）总数量、总重量、总体积：填写所承运货物的总数量、总重量、总体积。

取货通知单的缮制

任务实施

步骤一　分析案例，查找关键信息。

（1）明确案例中的发件人、承运人、收件人等关系方。

（2）明确货物信息，如货物的名称、数量、重量和体积等。

（3）明确开始取货和取货结束的时间等。

步骤二 填写调度相关信息。

根据任务要求，货运员填写取货通知单的调度的相关栏目（见表2-12），确认调度信息，对单号、货运员、车牌号以及往返时间等信息进行核实，确保无误。

单号、货运员、车牌号分别填写“QHTZ4560037”“张林”“浙A60761”；出发时间、返回时间分别填写“2023-09-10 12:00”“2023-09-10 14:00”。

步骤三 填写托运人相关信息。

根据任务要求，货运员填写取货通知单的托运人的相关栏目（见表2-12），确认客户信息，对运单号码、电话、姓名、邮编等信息进行核实，确保无误。

顺序、托运单号填写“1. 31000002033241”“2. 31000002033242”；托运人、地址、电话、姓名、邮编分别填写与对应单号托运单上填写的托运人单位、地址、电话、姓名、邮编，此处按照两张发运计划进行填写。

步骤四 填写货物详情相关信息。

根据任务要求，货运员填写取货通知单的货物详情的相关栏目（见表2-12），确认货物信息，对货物名称、数量、重量、体积、包装方式等信息进行核实，确保无误。

货物名称分别填写“白色T恤”“运动裤”；件数分别填写“80”“200”；重量分别填写“2,400”“3,500”；体积分别填写“13”“16”；包装方式均为“纸箱”；总数量、总重量、总体积分别填写“280”“5,900”“29”；填表人、填表时间分别填写“丁宇”“2023-09-10 12:00”。

步骤五 复核填写，保证正确清晰。

（1）复核完整性，查看是否已经填写应填栏目。

（2）复核正确性，查看已填栏目内容与案例是否一致，必须保证全部正确。

（3）复核规范性，查看已填栏目内容是否符合填写规范。

（4）复核清晰度，查看已填栏目内容是否清晰可见。

随堂记

表2-12 取货通知单缮制

取货通知单

(1)单号	QHTZ4560037					
(2)货运员	张林		(3)出发时间	2023-09-10 12:00		
(2)车牌号	浙 A60761		(3)返回时间	2023-09-10 14:00		
客户信息						
(4)顺序	(4)托运单号	(5)托运人	(5)地址	(5)电话	(5)姓名	(5)邮编
1	31000002033241	杭州嘉顺服饰有限公司	杭州市滨江区滨文路 15 号	0571-645***33	杨丽	310051
2	31000002033242	杭州惠龙服饰有限公司	杭州市滨江区滨康路 50 号	0571-568***71	高娟	310051
货物信息						
(4)托运单号		(6)货物名称	(6)件数(件)	(6)重量(kg)	(6)体积(m^3)	(7)包装方式
31000002033241		白色 T 恤	80	2,400	13	纸箱
31000002033242		运动裤	200	3,500	16	纸箱
(8)总数量(件)	280	(8)总重量(kg)	5,900	(8)总体积(m^3)	29	
填表人	丁宇		填表时间	2023-09-10 12:00		

巩固训练

杭州阳光服饰有限公司与无锡大华服饰有限公司进行贸易合作，并委托杭州畅达物流有限公司将一批货物运往无锡，始发地联系人王甜甜（邮编310051，联系电话0571-645***99）。当天，杭州畅达物流有限公司还接到杭州思瑞服饰有限公司的委托，将一批运动裤运往上海嘉豪服饰有限公司，始发地联系人刘佳（邮编310051，联系电话0571-596***00）。交易货物信息见表2-13和表2-14。

表2-13 交易货物信息（1）

货物品名：运动服（轻泡货）	件数：1,000 件
体积：$6m^3$	始发地：杭州市滨江区滨文路 1 号
总重量：1,050kg	目的地：无锡市梁溪区广瑞路 12 号
要求采用纸箱包装后进行运输	全行程：203km
要求上门取货和送货，但不收取相关费用	货物的投保金额为 10,000 元，保险费率为货值的 1%
结算方式：现金	运价：0.8 元 /（m^3 • km）
取货时间：2023-09-15 12:00	返回时间：2023-09-15 14:00
要求送达时间：2023-09-19 17:00	运单号：4610000005901

表2-14　交易货物信息（2）

货物品名：针织衫（轻泡货）	件数：1,750 件
体积：$9m^3$	始发地：杭州市滨江区滨康路 8 号
总重量：1,850kg	目的地：上海市宝山区彭浦新村 26 号
要求采用纸箱包装后进行运输	全行程：177km
要求上门取货和送货，费用为 200 元	运价：0.7 元 /（m^3 • km）
结算方式：月结	货物不投保
要求送达时间：2023-09-18　17:00	运单号：4610000005902

货物于2023年9月16日7时在杭州站装车，计划于当日9时离开杭州站，当日11时到达上海站。货物到达上海后，针织衫顺利完成卸车。然后不更换运输车辆，计划于2023年9月16日12时从上海站出发，当日13时将运动服顺利运至无锡站并完成卸货。

根据公司现有的运力资源，调度员丁宇选择张林驾驶的车牌号为“浙A87474”的车辆执行该运输任务，请以调度员丁宇的身份填制编号为QHTZ4560033的取货通知单（见物流单证活页附表2-3）。

任务评价

序号	评价任务	要素说明	分值	扣分小计	得分小计
1	会剖析案例（15 分）	明确各关系方	5		
		正确计算各类费用	10		
2	正确阐述取货通知单的填写规范（25 分）	介绍取货通知单各项的含义、格式	25		
3	根据所给任务情境正确完成取货通知单的填制（40 分）	按课堂任务填制取货通知单（按空格计数，每空 1 分）	20		
		按课后任务填制取货通知单（按空格计数，每空 1 分）	20		
4	素养（20 分）	真诚服务客户的岗位责任意识的养成	10		
		守时及认真严谨的制单态度养成	10		
自我评价			总得分		

任务四　收货确认书的缮制

任务描述

杭州嘉顺服饰有限公司与上海嘉豪服饰有限公司进行贸易合作，并委托杭州畅达物流有限公司将一批货物运往上海，目的地联系人吴春（联系电话021-325***38，邮编201900）。交易货物信息见表2-15。

表2-15 交易货物信息

货物品名：白色T恤（轻泡货）	件数：800件
体积：13m³	始发地：杭州市滨江区滨文路15号
总重量：2,400kg	目的地：上海市宝山区彭浦新村12号
要求采用纸箱包装后进行运输	全行程：177km
要求上门取货和送货，但不收取相关费用	运价：0.8元/（m³·km）
结算方式：现金	货物投保金额为20,000元，保险费率为货值的1%
要求送达时间：2023-09-15 16:00	货品规格：EXW-WA4321-XP

货物于2023年9月11日7时在杭州站装车，计划于当日9时离开杭州站，当日11时到达上海站。货物到达上海后，货运员张林联系嘉豪服饰公司的负责人吴春。吴春接到通知后，查到甲方计划单号为XXXY202308220001，并为“上海服装采购”项目编制收货确认书，并对到达的货物进行验收，查无包装、数量及品质等异常后，合同号为3100203324的货物顺利完成卸车。

任务要求

请以吴春的身份制作单号为CCR2023091101的收货确认书。

任务目标

1. 知识目标：

（1）掌握收货确认书的含义；

（2）掌握公路货物运输的收货流程，根据国家标准《物流单证基本要求》（GB/T 33449—2016）中的相关规定，正确识记收货确认书的填制要求。

2. 能力目标：

能够根据所给任务情境正确填制收货确认书。

3. 素养目标：

通过对收货确认书含义、缮制的学习，培养学生细心严谨、认真负责的职业态度。

知识准备

一、收货确认书的含义

收货确认书是为了保护托运人和收货人双方的利益，减少利益纠纷，收货人在收到货物后根据销售合同和到达货物的实际情况填写的单据。如果实际到达货物与合同不一致，可以在备注一栏写明货物的具体情况，向托运方寻求解决方案。

二、收货确认书的内容及缮制要求

某企业收货确认书样表见表2-16。

表2-16 收货确认书样表

收货确认书

（1）项目名称		（1）编号	
（3）收货单位地址		（2）发货时间	
（3）送货地址		（4）联系人	
（4）联系电话		（5）甲方合同号码	
（5）甲方计划单号		（6）乙方合同号码	
（7）产品号	（7）描述	（7）数量（件）	备注
兹证明收到 ×× 公司运输之货物，以上货物之品名及数量无误。			
签收单位（盖章）			
签收人签字			
日期			

取货通知单的主要内容及缮制要求如下：

（1）项目名称、编号：收货方购买货物的项目名称和编号（××省××市××区××街道××号）。

（2）发货时间：货物离开始发地的时间。

（3）收货单位名称、送货地址：收货方所在单位的名称和详细地址。

（4）联系人、联系电话：收货方该采购项目的负责人及其电话号码。

（5）甲方合同号码、甲方计划单号：托运方和收货方签订的销售合同号码和国内公路运输计划表的编号。

（6）乙方合同号码：托运方和收货方签订的销售合同号码，与甲方合同号码一致。

（7）产品号、描述、数量：甲乙双方签订的销售合同中产品的名称、描述、数量。

任务实施

收货确认书的缮制

步骤一 分析案例，查找关键信息。

（1）明确案例中的发件人、承运人、收件人等关系方。

（2）明确货物信息，如货物的名称、数量、重量和体积等。

（3）明确合同编号、作业单号以及发货时间等。

步骤二 填写采购项目相关信息。

根据任务要求，货运员填写收货确认书的项目信息的相关栏目（见表2-17），确认项目信息，对项目名称、收货人、收货单位、收货地址、作业单号以及合同编号等信息进行核实，确保无误。

项目名称、编号、发货时间分别填写“上海服装采购”“CCR2023091101”“2023-09-11 09:00”；收货单位名称、送货地址、联系人、联系电话分别填写“上海嘉豪服饰有限公司”“上海市宝山区彭浦新村12号”“吴春”“021-325***38”；甲方计划号码、乙方合同号码分别填写“XXXY202308220000”“3100203324”。

步骤三　填写货物相关信息。

根据任务要求，货运员填写收货确认书的货物详情的相关栏目（见表2-17），确认货物信息，对产品号、产品描述数量等信息进行核实，确保无误。

产品号、货品描述、数量分别填写“白色T恤”“EXW-WA4321-XP”“800”。

步骤四　复核填写，保证正确清晰。

（1）复核完整性，查看是否已经填写应填栏目。

（2）复核正确性，查看已填栏目内容与案例是否一致，必须保证全部正确。

（3）复核规范性，查看已填栏目内容是否符合填写规范。

（4）复核清晰度，查看已填栏目内容是否清晰可见。

表2-17　收货确认书

收货确认书

（1）项目名称	上海服装采购	（1）编号	CCR2023091101
（3）收货单位地址	上海嘉豪服饰有限公司	（2）发货时间	2023-09-11 09:00
（3）送货地址	上海市宝山区彭浦新村 12 号	（4）联系人	吴春
（4）联系电话	021-325***38	（5）甲方合同号码	
（5）甲方计划单号	XXXY202308220000	（6）乙方合同号码	3100203324
（7）产品号	（7）描述	（7）数量（件）	备注
白色 T 恤	EXW-WA4321-XP	800	
兹证明收到杭州嘉顺服饰有限公司运输之货物，以上货物之品名及数量无误。			
签收单位（盖章）			
签收人签字			
日期			

巩固训练

杭州阳光服饰有限公司与无锡大华服饰有限公司进行贸易合作，并委托杭州顺通物流有限公司将一批货物运往无锡，目的地联系人王博（邮编：214011，联系电话：0510-533***09）。交易货物信息见表2-18。

表2-18　交易货物信息

货物品名：运动服（轻泡货）	件数：1,000 件
体积：$6m^3$	始发地：杭州市滨江区滨文路 1 号
总重量：1,050kg	目的地：无锡市梁溪区广瑞路 12 号
要求采用纸箱包装后进行运输	全行程：203km
要求上门取货和送货，但不收取相关费用	运价：0.8 元 / （m^3 • km）
结算方式：现金	货物投保金额为 10,000 元，保险费率为货值的 1%
要求送达时间：2023-09-19　17:00	货品规格：EXW-WA4321-XP

货物于2023年9月16日7时在杭州站装车，计划于当日9时离开杭州站，当日12时到达无锡站。货物到达无锡后，货运员张林联系嘉豪服饰公司的负责人王博。王博接到通知后，查到甲方计划单号为XXXY202308220001，并为“无锡服装采购”项目编制单号为CCR2023091602的收货确认书，并对到达的货物进行验收，查无包装、数量及品质等异常后，合同号为3100203335的货物顺利完成卸车。

请以王博的身份制作单号为CCR2023091602的收货确认书（见物流单证活页附表2-4）。

任务评价

序号	评价任务	要素说明	分值	扣分小计	得分小计
1	会剖析案例（15 分）	明确各关系方	5		
		正确计算各类费用	10		
2	正确阐述收货通知书的填写规范（25 分）	介绍收货通知书各项的含义、格式	25		
3	根据所给任务情境正确完成收货通知书的填制（40 分）	按课堂任务填制收货通知书（按空格计数，每空 1 分）	20		
		按课后任务填制收货通知书（按空格计数，每空 1 分）	20		
4	素养（20 分）	真诚服务客户的岗位责任意识的养成	10		
		认真严谨的制单态度养成	10		
自我评价			总得分		

任务五　货物交接单的缮制

任务描述

杭州嘉顺服饰有限公司与上海嘉豪服饰有限公司进行贸易合作，并委托杭州畅达物流有限公司将一批货物运往上海，始发地联系人杨丽（邮编310051，联系电话

随堂记

0571-645***33），目的地是上海市宝山区彭浦新村12号，联系人吴春（邮编201900，联系电话021-325***38）。交易货物信息见表2-19。

表2-19 交易货物信息

序号	货物名称	货物编号	数量	总重量	总体积
1	白色T恤	A010012	800件	2,400kg	13m^3
2	黑色毛衣	A020011	1,000件	3,000kg	16m^3
3	黑色运动裤	A030012	500件	1,600kg	9m^3
4	白色运动鞋	A040014	300双	900kg	10m^3

货物于2023年9月11日7时在杭州站滨文仓装车，计划于当日9时离开杭州站，当日11时到达上海站。货物到达上海后，货运员张林联系嘉豪服饰公司采购部门的负责人吴春。吴春接到通知后，根据货物交接单进行验收，验收无误签字确认。

任务要求

请以杨丽的身份制作单号为XS2023091104010的货物交接单。

任务目标

1. 知识目标：

（1）掌握货物交接单的含义；

（2）掌握公路货物运输货物交接的流程，根据国家标准《物流单证基本要求》（GB/T 33449—2016）中的相关规定，正确识记货物交接单的填制要求。

2. 能力目标：

能够根据所给任务情境正确填制货物交接单。

3. 素养目标：

通过对货物交接单含义、缮制的学习，培养学生的系统思维能力和解决管理与经济活动中涉及商品科学的实际问题的能力。

知识准备

一、货物交接的含义

货物交接是指在运输过程中，从货物的接收、装车、配送到卸货至各个交付点的交接工作的总称。货物交接需要凭借一定的单据做到：包装货物“件交件收”、散装货物“磅交磅收”等，而这里所指的单据就是货物交接单。

二、货物交接单的内容及缮制要求

某企业货物交接单样表见表2-20。

表2-20　货物交接单样表

货物交接单

（6）制单人		（6）录单日期		（5）单据编号	
（1）客户		（2）部门		（5）发货仓库	
摘要					
（1）收货人		（3）收货地址			
（4）存货编号	（4）存货名称			（4）单位	（4）数量
（7）合计					

货物交接单的主要内容及缮制要求如下：

（1）客户、收货人：两者都是收货人单位名称，一般只填写客户栏目。

（2）部门：托运人所属的具体部门名称。

（3）收货地址：收货人的具体地址，正确的填写格式为××省××市××区××街道××号。

（4）存货编号、存货名称、单位、数量：根据仓库的编码规则以及货物的性质产生的相关编号、具体名称、每一种货物的实际单位和发货数量。

（5）发货仓库、单据编号：货物存储的仓库名称或编号、相关企业按照一定的规则产生的数字及字母的组合。

（6）制单人、录单日期：实际填制货物交接单的人员名字和实际时间。

（7）合计：总数量。

货物交接单的缮制

任务实施

步骤一　分析案例，查找关键信息。

（1）明确案例中的收件人信息。

（2）明确货物信息，如货物的名称、编号、数量、重量和体积等。

（3）明确作业单号以及录单时间等。

步骤二　填写收货人相关信息。

根据任务要求，货运员填写货物交接单的收货人信息的相关栏目（见表2-21），确认收货人信息，对客户、部门以及收货地址等信息进行核实，确保无误。

客户、部门、收货地址分别填写“上海嘉豪服饰有限公司”“采购部”“上海市宝山区彭浦新村12号”。

步骤三　填写货物相关信息。

根据任务要求，货运员填写货物交接单的货物信息的相关栏目（见表2-21），确认存货编号、存货名称、单位和数量等信息进行核实，确保无误。

步骤四　填写单据的其他信息。

根据任务要求，要求货运员填写货物交接单的其他信息的相关栏目，确认发货仓库、制单人、录单日期和单据编号等信息进行核实，确保无误。

发货仓库、制单人、录单日期、单据编号分别填写“滨文仓”“杨丽”“2023-09-11”“XS2023091104010”。

步骤五　复核填写，保证正确清晰。

1. 复核完整性，查看是否已经填写应填栏目。
2. 复核正确性，查看已填栏目内容与案例是否一致，必须保证全部正确。
3. 复核规范性，查看已填栏目内容是否符合填写规范。
4. 复核清晰度，查看已填栏目内容是否清晰可见。

表2-21　货物交接单

杭州嘉顺服饰有限公司　货物交接单					
（6）制单人	杨丽	（6）录单日期	2023-09-11	（5）单据编号	XS2023091104010
（1）客户	上海嘉豪服饰有限公司	（2）部门	采购部	（5）发货仓库	采购部
摘要					
（1）收货人		（3）收货地址	上海市宝山区彭浦新村12号		
（4）存货编号	（4）存货名称			（4）单位	（4）数量
A010012	白色T恤			件	800
A020011	黑色毛衣			件	1,000
A030012	黑色运动裤			条	500
A040014	白色运动鞋			双	300
（7）合计					2,600

巩固训练

杭州阳光服饰有限公司与无锡大华服饰有限公司进行贸易合作，并委托杭州顺通物流有限公司将一批货物运往无锡，始发地联系人王甜甜（邮编310051，联系电话

0571-645***99），目的地是无锡市梁溪区广瑞路12号，联系人王博（邮编214011，联系电话0510-533***09）。交易货物信息见表2-22。

表2-22　交易货物信息

序号	货物名称	货物编号	数量	总重量	总体积
1	白色毛衣	A020011	800 件	2,400kg	$13m^3$
2	黑色毛衣	A020013	800 件	2,400kg	$13m^3$
3	黑色运动鞋	A030012	500 双	1,200kg	$10m^3$
4	白色运动鞋	A040014	300 双	900	$8m^3$

货物于2023年8月16日7时在杭州站滨文仓装车，计划于当日9时离开杭州站，当日12时到达无锡站。货物到达无锡后，货运员张林联系大华服饰公司采购部门的负责人王博。王博接到通知后，根据货物交接单进行验收，验收无误签字确认。

请以王甜甜的身份制作单号为 XS2023081604010 的货物交接单（见物流单证活页附表 2-5）。

任务评价

序号	评价任务	要素说明	分值	扣分小计	得分小计
1	会剖析案例（15 分）	明确各关系方	5		
		正确计算各类费用	10		
2	正确阐述货物交接单的填写规范（25 分）	介绍货物交接单各项的含义、格式	25		
3	根据所给任务情境正确完成货物交接单的填制（40 分）	按课堂任务填制货物交接单（按空格计数，每空 1 分）	20		
		按课后任务填制货物交接单（按空格计数，每空 1 分）	20		
4	素养（20 分）	真诚服务客户的岗位责任意识的养成	10		
		认真严谨的制单态度养成	10		
自我评价			总得分		

项目二 铁路货运单证

项目概述

铁路货物运输是我国社会物资的主要运输方式，对国民经济的发展具有重要的推动作用。铁路货物运输作业包括货物的发送作业、途中作业和到达作业，在三个作业过程中需要根据货物特点选择合适的铁路运输方式，并填写相应的铁路货运单证。铁路货运单证作为铁路货物运输作业中重要的货物交接凭证，在填制时要做到正确、规范、严谨、有序、清晰。本项目主要介绍铁路货物运单的缮制。

项目目标

- 准确描述铁路货物运输的种类及作业流程。
- 掌握铁路货物运输单证的缮制方法。
- 根据任务情境完成铁路货物运输单证的缮制。
- 体验职业角色，培养严谨仔细的职业态度，提升团队协作、及时发现问题并解决问题的意识及能力。

知识储备

一、铁路货物运输的种类

铁路货物运输具有运量大、运价低、全天候、安全、环保、路网站点分布广等特点，对促进国民经济发展具有重要作用。

按托运货物的重量、体积、性质、形状和发运条件的不同，可将铁路货物运输分为整车运输、零担运输、集装箱运输三种类型。其中，整车运输适用于大宗货物，零担运输适用于小批量的零星货物，集装箱运输适用于精密、贵重、易损的货物。

1. 整车运输

整车运输是指一批货物的重量、体积、性质或形状需要一辆或一辆以上的货车运输的铁路货运方式，它是铁路货运的主要方式，每车为一批。

我国铁路货车以棚车、敞车、平车和罐车为主，标记载重大都为50t或60t，棚车的容积一般在100m^3以上，托运货物达到铁路货车的重量或体积条件，即可按整车运输方式办理。

整车运输主要用于煤炭、石油、矿石、钢铁、焦炭、粮食、化肥、化工、水泥等大宗物资运输，以及重量在30t以上或体积在60m^3以上的塑料制品、金属制品、工业机械、日用电器、果蔬、饮料食品、纺织品、纸制品、文教用品、医药品、瓷砖、板材等批量货物运输。

2. 零担运输

零担运输是指一批货物的重量、体积、性质或形状不需要单独使用一辆货车运输，可采用零担运输方式，即将多位货主的货物组织到一辆车内运输。

为便于配装和保管，每批零担货物不得超过 300 件，每件零担货物的体积不得小于 $0.02m^3$（一件重量在 10kg 以上的除外）。

零担货物按货物实际重量（体积）进行受理和承运，每张运单为一批。为加速零担货物运送，合理安排车辆配装十分重要。

3. 集装箱运输

集装箱运输适合大多数货物，货物装箱后，在不腐蚀、损坏箱体的前提下均可选用集装箱运输方式。

但以下货物不能使用铁路通用集装箱装运：①易污染、腐蚀箱体的货物，如水泥、炭黑、化肥、盐、油脂、生毛皮、牲骨、无衬垫的油漆等；②易损坏箱体的货物，如生铁块、废钢铁、无包装的铸件和金属块等；③鲜活货物；④危险货物。

集装箱运输标准化程度高、装卸作业快、货物安全性好、交接方便，是多式联运的主要方式。铁路集装箱多式联运具体又分为铁水联运、国际联运、内陆铁公联运等方式，可为客户提供门到门运输和全程物流服务。

在铁轨上奔跑的货物——铁路货物运输的作业流程

二、铁路货物运输的作业流程

铁路整车运输的作业流程如图2–2所示。铁路零担运输的作业流程如图2–3所示。

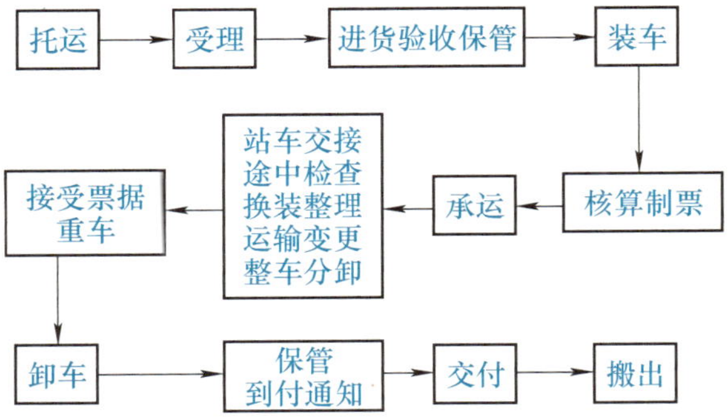

图2–2　铁路整车运输作业流程

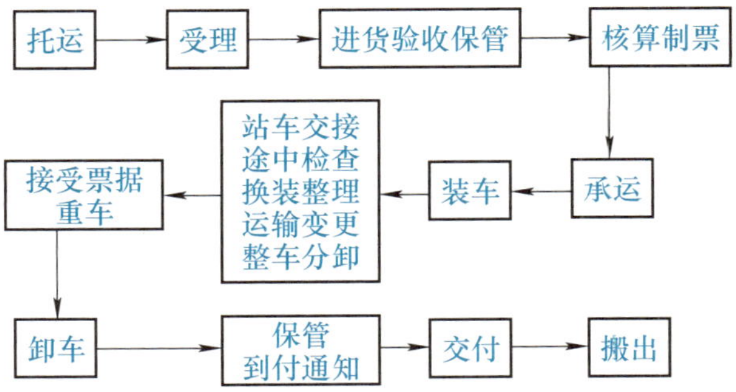

图2–3　铁路零担运输作业流程

铁路货物运输的基本作业主要在车站进行，其作业流程由发送作业、在途作业、到达作业三部分构成。

1. 发送作业

发送作业发生在发站，一般包括托运、受理、进货和验收、装车、制票和承运等环节。

整车运输与零担运输的发送作业不同，整车运输先装车后承运，零担运输先承运后装车，集装箱运输与零担运输的发送作业基本相同。一般来说，整车运输按计划开展，而零担运输则是随到随承运。

2. 在途作业

在途作业发生在途经区间和途经车站，一般包括站车交接、途中检查、换装整理、运输变更、整车分卸等环节。

3. 到达作业

到达作业发生在到站，一般包括重车及票据的交接、卸车、货物保管、交付和搬出等环节。直到收货人与承运人完成交付作业，铁路货物运输合同才算履行完毕。

三、小件货物快运（快运包裹运输）

随着我国电子商务产业的快速发展，小件货物快运随之发展壮大。

小件货物快运以铁路为主要运输工具，配合航空、公路、海运开展综合运输和国际运输，辅以汽车短途运输，实现门到门服务。

1. 小件货物快运的对象

小件货物快运的对象是快运包裹。快运包裹外部尺寸需满足以下要求：长、宽、高相加之和不得小于0.6m（$0.01m^3$）；长、宽、高的最大尺寸应不超过装运工具（车门、舱门）允许的尺寸；每件货物的最大重量一般不得超过50kg，超过时按超重快运包裹办理。

以下货物禁止使用小件货物快运：

（1）尸体、尸骨、骨灰、灵柩及易于污染、损坏运输工具的物品。

（2）蛇、猛兽和每头超过20kg的活动物（警犬和运输命令指定运输的动物除外）。

（3）国务院及有关主管部门颁布的危险品运输管理规定中规定的危险品、弹药以及承运人不明性质的化工产品。

（4）国家禁止运输的其他物品。

2. 快运包裹的种类

铁路快运包裹按照内装货物的性质和运输条件，可分为一类包裹、二类包裹、三类包裹、四类包裹。

（1）一类包裹，包含自发刊日起5日内的报纸、政府宣传用非卖品和新闻图片、中小学生教学课本（不含辅导书）。

（2）二类包裹，包含抢险救灾物资、书刊、鲜冻食品。

（3）三类包裹，包含不属于一、二类包裹的一般物品。

（4）四类包裹，包含一级运输包装的放射性同位素、油样箱、摩托车、泡沫塑料及其制品，以及国务院铁路主管部门指定的其他需要特殊运输条件的物品。

3. 快运包裹的运到期限

快运包裹最重时效性，因而站、车必须严格按照运到期限执行。我国铁路快运包裹的运到期限一般规定如下：

（1）货物发送期间为1日。

（2）运价里程未满800km的为1日，3,500km内为4日，超过3,500km每800km增加1日。

（3）100kg以上的快运包裹在原有基础上增加2日，不足100kg的超重快运包裹增加1日。

（4）时限快运包裹的运到期限按相关规定执行，次日达、三日达或四日达。

（5）由于不可抗力等非承运人责任发生的滞留时间加算在运到期限内。

（6）与客户另有约定的，按约定的期限计算。

四、铁路货物运费的计算

铁路货物运费要按照《铁路货物运价规则》计算，该规则由原铁道部制定，报国务院批准，承运人、托运人、收货人都必须遵守该规定。铁路货物运费的计算公式如下：

铁路货物运费（元）= 货物运价（元）+ 附加费用（元）+ 杂费（元）

1. 货物运价的计算

（1）计算运价里程。根据运单上填写的发站和到站信息，按《铁路货物运价里程表》算出运价里程。

（2）确定计费重量。整车货物一般按货车标记载重量计算运费，以吨（t）为单位，吨以下四舍五入；零担货物的起码计费重量为100kg。零担货物的计费单位是10kg，不足10kg的进为10kg。

（3）确定运价率。

第一步，按照货物名称和运输方式查找《铁路货物运输品名分类与代码表》和《铁路货物运输品名检查表》，确定运价号。

第二步，根据运价号确定发到基价（基价1）和运行基价（基价2），发到基价是指每次发货每吨货物的基本价，运行基价是指每吨货物每运1km的价格。

第三步，按公式计算不同运输方式下的运价率。

- 整车货物运价率：

每吨运价 = 发到基价（元/t）+ 运价基价 [元/（t • km）] × 运价里程（km）

- 零担货物运价率：

每10kg运价 = 发到基价（元/10kg）+ 运价基价 [元/（10kg • km）] × 运价里程（km）

- 集装箱货物运价率：

每箱运价 = 发到基价（元/箱）+ 运价基价 [元/（箱 • km）] × 运价里程（km）

（4）计算货物运价：

货物运价 = 运价率 × 货物的计费重量

2. 附加费用的计算

附加费用包括货物的电气化附加费、新路新价均摊运费、铁路建设基金等费用，计算公式如下：

电气化附加费 = 费率 × 计费重量 × 电气化里程

新路新价均摊运费 = 均摊运费率 × 计费重量 × 运价里程

铁路建设基金 = 费率 × 计费重量 × 运价里程

3. 杂费的计算

铁路杂费按照《铁路杂费收费项目和标准》的规定核收，包括仓储费、装卸作业费、保价费、冷却费、取送车费、集装箱使用费、D型长大货车使用费等多项费用。

任务一 普通货物铁路运单的缮制

任务描述

常州天吉礼品公司（地址为常州市眉州路77号，电话0519-813***11）向上海炫奇装饰公司（地址为上海市杨浦区长阳路4170号，电话021-658***00）购买一批防盗门，双方约定由卖方上海炫奇装饰公司负责货物的运输事宜。2023年11月18日上海炫奇装饰公司向中国铁路货运上海分部提出了托运需求，并要求上门取货、送货到门。托运信息见表2-23。

表2-23 托运信息

货物品名：防盗门	包装方式：纸箱
每箱体积：$3m^3$	件数：10 箱
总重量：5,400kg	总价值：102,000 元
取货地：上海市杨浦区长阳路 4170 号	收货地：常州市眉州路 77 号
发站：上海火车站	到站：常州火车站
基础运价 1：0.188 元 /10kg	基础运价 2：0.0010 元 /（10kg · km）
铁路运输里程：180km	取货地距离托运人：10km
装卸费：200 元 / 次	保价费：货物价值的 0.5%
运费结算方式：月结	预计入库时间：2023-11-19 14:00
进货货位：中铁货运仓库 A 区 075623 货位	保险单号：YS123
火车车次：K123	车辆信息：棚车，号码 12912， 标重 70T
篷布号：0626	车辆施封号：312
箱型箱类：通用标准箱	集装箱编号 / 施封号：XQ135698821/XQ345
预计运输时间：3 天	预计到货日期：2023-11-22
运价号：21	收费票据号：XQGS123
需求号：202311ST1324890001	领货密码：与需求号一样

任务要求

2023年11月18日，中铁货运上海分部马飞负责与托运人上海炫奇装饰公司唐敏（手机号码131****6687，身份证号码3104021988****0026，银行卡账号98520147****6321）联系相关事宜，并缮制编号为BDPZC0135792的“铁路货物运单”，送货上门时联系常州天吉礼品公司周俊（手机号码156****6546，身份证号3202031985****0538）。

任务目标

1. 知识目标：

（1）掌握普通货物铁路运单的含义；

（2）掌握普通铁路货物运输的流程，根据国家标准《物流单证基本要求》（GB/T 33449—2016）中的相关规定，正确识记铁路货物运单的填写规范。

2. 能力目标：

能够根据所给任务情境正确填制普通货物铁路运单。

3. 素养目标：

通过对铁路货物运单含义、缮制的学习，帮助学生体验职业角色，培养职业自信以及严谨细致的职业素养。

知识准备

一、铁路货物运单概述

1. 铁路货物运单的含义

铁路货物运单是托运人与铁路承运人之间为运输货物而签订的货物运输合同。托运人向承运人提出填写铁路货物运单，即表示其签订运输合同的意愿；继而按运单填写的内容向承运人交运货物，承运人按运单记载接收货物，核收运费，并在运单上盖章，运输合同即告成立。托运人、承运人、收货人即开始负有法律责任。

2. 铁路货物运单的流转

普通货物铁路货物运单以目的地收货人为记名抬头，一式两份。

正本随货物同行，到目的地交收货人作为提货通知；副本交托运人作为收到托运货物的收据。在货物尚未到达目的地之前，托运人可凭运单副本指示承运人停运，或将货物运给另一个收货人。

3. 铁路货物运单的格式

传统铁路货运共有30种纸质票据，存在票据电子化程度不高、同一信息多次采集、信息规范性统一性不高等问题，影响了铁路货物运输的效率和品质。

从2017年12月1日开始，全国铁路推行“铁路货运票据电子化”，货运数据全程共享，实现了客户需求和内部生产信息电子化流转、无缝衔接，极大地降低了成本，提升了运输效率，改善了客户体验。自此铁路货物运单有了新格式，具体如图2-4所示。

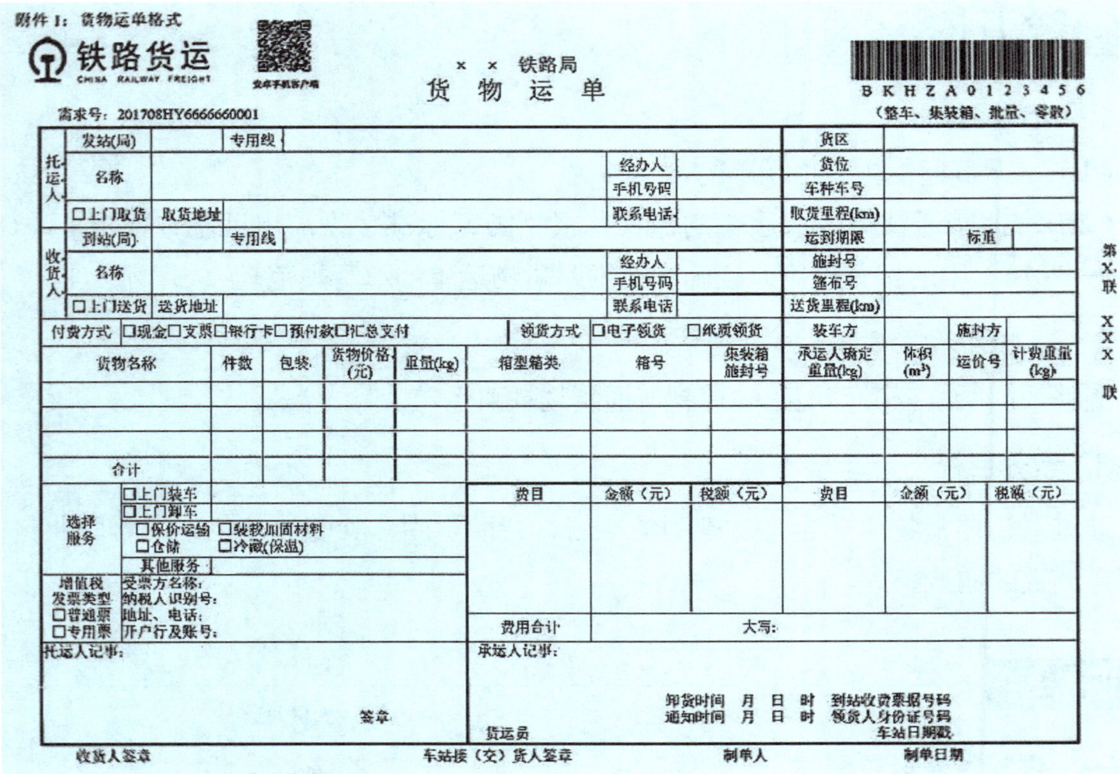

附件1：货物运单格式

铁路货运 CHINA RAILWAY FREIGHT

安卓手机客户端

× × 铁路局

货 物 运 单

BKHZA0123456

（整车、集装箱、批量、零散）

需求号：201708HY6666660001

托运人	发站(局)		专用线				货区	
	名称				经办人		货位	
					手机号码		车种车号	
	☐上门取货	取货地址			联系电话		取货里程(km)	
收货人	到站(局)		专用线				运到期限	标重
	名称				经办人		施封号	
					手机号码		篷布号	
	☐上门送货	送货地址			联系电话		送货里程(km)	

付费方式 ☐现金☐支票☐银行卡☐预付款☐汇总支付　领货方式 ☐电子领货 ☐纸质领货　装车方　施封方

货物名称	件数	包装	货物价格(元)	重量(kg)	箱型箱类	箱号	集装箱施封号	承运人确定重量(kg)	体积(m³)	运价号	计费重量(kg)
合计											

选择服务：☐上门装车 ☐上门卸车 ☐保价运输 ☐装载加固材料 ☐仓储 ☐冷藏(保温) 其他服务：

增值税发票类型 ☐普通票 ☐专用票：受票方名称：纳税人识别号：地址、电话：开户行及账号：

费目	金额（元）	税额（元）	费目	金额（元）	税额（元）
费用合计	大写：				

托运人记事：　签章

承运人记事：　卸货时间 月 日 时　通知时间 月 日 时　到站收费票据号码　领货人身份证号码　车站日期戳　货运员

收货人签章　车站接（交）货人签章　制单人　制单日期

第X联　XXX联

图2-4　铁路货物运单格式

新格式的变化主要包括：货票两单合一，形成电子运单，一次打印即可，减少了客户纸质票据填制、打印和传递的麻烦；增加了付费方式、领货方式、保价运输服务、增值税发票类型选择以及货物运单多联打印等功能。

二、普通货物铁路运单的内容及缮制要求

普通货物的铁路运单样表见表2-24。

普通货物铁路运单的主要内容及缮制要求如下：

（1）发站（局）、到站（局）、专用线：发站一般填写托运人所在的城市名称，到站一般填写收货人所在的城市名称，站名按《铁路货物运价里程表》规定的站名完整填写，不得用简称。局名为系统自动生成。若在专用线或专用铁路装车或卸车，则需填写该专用线全称。

表2-24　普通货物铁路运单样表

铁路货运
（13）需求号：

××铁路局　货物运单

（13）铁路货运单号：
（13）（整车、集装箱、批量、零散）

（2）托运人	（1）发站（局）		（1）专用线					（14）货区			
	名称					（2）经办人		（14）货号			
						（2）手机号码		（15）车种车号			
	（3）□上门取货	（4）取货地址				（4）联系电话		（17）取货里程（km）			
（2）收货人	（1）到站（局）		（1）专用线					（17）运到期限		（15）标重	
	名称					经办人		（16）施封号			
						手机号码		（16）篷布号			
	（3）□上门送货	（4）送货地址				（4）联系电话		（17）送货里程（km）			
（9）付款方式	□现金、□支票、□银行卡、□预付款、□汇总支付				（9）领货方式	□电子领货、□纸质领货		（16）装车方		（16）施封方	
（5）货物名称	（6）件数	（6）包装	（7）货物价格（元）	（7）重量（kg）	（8）箱型箱类	（8）箱号	（8）集装箱施封号	（18）承运人确定重量（kg）	（18）体积（m^3）	（18）运价号	（18）计费重量（kg）
合计											
（10）选择服务	□上门装车				（19）费目	（19）金额（元）	（19）税额（元）	费目	金额（元）	税额（元）	
	□上门卸车										
	□保价运输□装载加固材料□仓储□冷藏（保温）										
	其他服务										
（11）增值税发票类型 □普通票 □专用票	受票人名称： 纳税人识别号： 地址、电话： 开户行及账户：				（20）费用合计	大写					
（12）托运人记事： 签章					（21）承运人记事： 货运人			卸货时间　月　日　时 通知时间　月　日　时		到站收费票据号码 领货人身份证号码 车站日期戳	

（22）收货人签章　　（23）车站接（交）货人盖章　　（24）制单人　　（24）制单日期

随堂记

（2）托运人、收货人名称和经办人、手机号码：如托运人（收货人）为单位，则应填写托运（收货）单位的完整名称，并填写经办人的姓名和手机号码；如托运人为个人，则应填写托运人姓名和身份证号码。

（3）是否上门取货、送货：托运人选择上门取货或送货服务，则在框中勾选。

（4）取货、送货地址、联系电话：若托运人选择上门取货、上门送货服务时，则应填写取货、送货地址，以及取货、送货联系人的电话号码。地址填写的格式为××省××市××区××街道××号。联系电话填写格式为区号+固定电话号码或手机号。

（5）货物名称：按《铁路货物运价规则》中的“铁路货物运输品名检查表”内所列载的货物名称完整、正确填写。需要说明货物规格、用途、性质的，在品名之后用括号加以注明。按一批托运的货物，不能逐一将品名在货物运单内填写时，须另填物品清单，承运后由车站打印一式两份，加盖车站承运日期戳，托运人签章，一份由发站存查，一份交托运人。

（6）包装、件数：包装栏填写托运货物的包装种类，如木箱、纸箱、麻袋、条筐、铁桶、绳捆等；按件承运的无包装货物，填“无”；使用集装箱运输的货物或只按重量承运的货物，本栏可以省略不填。件数栏填写托运货物的包装件数，“合计件数”栏填写货物的总件数。

（7）货物价格、重量：价格栏应填写托运货物的实际价格，全批货物的实际价格为确定货物保价金额的依据。重量栏应按货物名称和包装种类分别将货物毛重用千克（kg）记明，“合计重量”栏填写该批货物的总重量。

（8）箱型箱类、箱号、集装箱施封号：箱型填集装箱对应箱型，如20、25、40、45、50；箱类填集装箱对应箱类，如通用标准箱、35吨敞顶箱等。箱号填写包括箱主代码在内的11位集装箱箱号。集装箱施封号填写集装箱的铁路施封号码。

（9）付款方式、领货方式：在付款方式栏，客户可选择现金、支票、银行卡、预付款、汇总支付等方式；选择“汇总支付”或“预付款”的，还应填写汇总支付或预付款的付费号码。在领货方式栏，客户可选择“纸质领货”或“电子领货”；选择“电子领货”的，还应在铁路货运网上营业厅设置领货经办人身份证号码、领货密码等信息。

（10）选择服务：托运人选择“上门装车”或“上门卸车”的，需详细填写货物单件规格、重量等特约事项。托运人还可按需选择保价运输、装载加固材料、仓储、冷藏（保温）等个性化服务，或详细填写托运人、承运人双方认可的“其他服务”事项。

（11）增值税发票类型：需要开具增值税发票的托运人，选择“普通票”或“专用票”，并填写受票人名称、纳税人识别号、地址、电话、开户行及账户等信息。

（12）托运人记事：填写需要由托运人声明的事项，如：若货物状态有缺陷，但不致影响货物运输安全，应具体注明其缺陷；需要凭证明文件运输的货物，应注明证明文件名称、号码及填发日期；托运人派人押运的货物，应注明押运人姓名和证件的名称、号码。

（13）需求号、运单号和运输方式：根据托运人选择的运输方式，在铁路货物运单右上角自动打印“整车、集装箱、批量、零散”等字样；制票成功后，系统自动生成运单号。需求号贯穿铁路运输全过程。

（14）货区、货号：填写承运货物进站后，在发站堆存的货区、货号。

（15）车种车号、标重：填写装载货物的铁路货车车种、车型、车号并标记载重。

（16）施封号、篷布号、施封方、装车方：“施封号”栏填写铁路货车的施封号码；“篷布号”栏填写铁路货车所苫盖的篷布号码。根据施封、装车负责人，在“施封方”和“装车方”栏中填写托运人或承运人的详细名称。

（17）取货里程、送货里程和运到期限：根据托运人填写的取货地址、送货地址确定取货里程、送货里程，并填写按规定计算的货物运到期限日数。

（18）承运人确定重量、体积、计费重量、运价号：除一件重量超过车站衡器最大称量的货物外，其他货物由承运人确定货物重量，按货物名称及包装种类分别填写“重量”栏；“合计重量”栏填写该批货物总重量。“体积”栏按货物名称及包装种类分别填写；“合计体积”栏填记该批货物总体积。“计费重量”栏，整车货物填写铁路货车标记载重量或规定的计费重量；零散货物填写按规定处理尾数后的重量或起码重量。“运价号”栏填写货物名称对应的运价号。

（19）费目、金额、税额：按规定的计费科目填写，一条费目一行，计算并填写相应金额和税额。

（20）费用合计、大写：填写所有计费科目费用合计的小写金额和大写金额。铁路货物运费＝货物运价＋附加费用＋杂费。

（21）承运人记事：填写需要由承运人记明的事项。如托运人要求办理铁路货物运输保险时，应记载保险单号码；“卸货时间”由到站按卸车完毕的时间填写；“通知时间”按发出领货（送货）通知的时间填写；填

随堂记

写“到站收费票据号码”和“领货人身份证号码”；途中装卸的货物，记明计算运费的起讫站名；需要限速运行的货物和自有动力行驶的机车，记明铁路局承认命令；需要由承运人记明的其他事项。

（22）收货人签章：收货人领货时签字或盖章。

（23）车站接（交）货人签章：发站上门取货人员在此处签字或盖章，到站上门送货人员在此处签字或盖章。

（24）制单人、制单日期：填写承运方制单人的姓名和制单时间。

任务实施

普通货物铁路运单的缮制

步骤一 分析案例，查找关键信息。

（1）明确案例中的托运人、承运人、收货人等铁路运输当事人。

（2）明确货物信息，如货物名称、件数、价格、重量、体积等。

（3）明确托运需求，如是否上门取货、上门送货、领货方式、付费方式等。

（4）明确费用明细，如运价、附加费、杂费的类目和计算方法等。

步骤二 填写托运人信息。

根据任务要求，填写铁路货物运单的托运人信息（见表2-25），对发站、托运人名称、托运经办人和手机号码、是否上门取货、取货地址和联系电话等信息进行核实，确保无误。

发站、托运人名称、托运经办人、手机号码、取货地址、联系电话分别为“上海”“上海炫奇印刷公司”“唐敏”“131****6687”“上海市杨浦区长阳路4170号”“021-658***00”；在“上门取货”选项前的方框里打钩。

步骤三 填写收货人信息。

根据任务要求，填写铁路货物运单的收货人信息（见表2-25），对到站、收货人名称、收货经办人和手机号码、是否上门送货、送货地址和联系电话等信息进行核实，确保无误。

到站、收货人名称、收货经办人、手机号码、送货地址、联系电话分别为“常州”“常州天吉礼品公司”“周俊”“156****6546”“常州市眉州路77号”“0519-813***11”；在“上门送货”选项前的方框里打钩。

步骤四 填写托运货物信息。

根据任务要求，填写铁路货物运单的托运货物信息（见表2-25），对货物名称、包装、件数、价格、重量、箱型箱类、箱号、集装箱施封号等信息进行核实，确保无误。

货物名称、包装、件数、价格、重量、箱型箱类、箱号、集装箱施封号分别为“防盗门”“纸箱”“10”“102,000”“5,400”“通用标准箱”“XQ135698821”“XQ345”。

随堂记

步骤五　填写其余托运信息。

根据任务要求，填写铁路货物运单的其余托运信息（见表2-25），对付款方式、领货方式、选择服务、增值税发票类型、托运人记事等信息进行核实，确保无误。

（1）付款方式、领货方式、选择服务分别在相应的选项前的方框里打钩。

（2）托运人记事为“汇总账户账号：98520147****6321，经办人身份证号：33104021988****0026，领货密码：202311ST1324890001”。

步骤六　填写承运基本信息。

根据任务要求，填写铁路货物运单的承运基本信息（见表2-25），对需求号、运单号、运输方式、货区、货号、车种车号、标重、施封号、篷布号、施封方、装车方等信息进行核实，确保无误。

需求号、运单号、运输方式、货区、货号、车种车号、标重、施封号、篷布号、施封方、装车方分别为“202311ST1324890001”“BDPZC0135792”“零散”“A”“075623”“棚车12912”“70T”“312”“0626”“中铁货运上海分部”“中铁货运上海分部”。

步骤七　填写运费相关信息。

根据任务要求，填写铁路货物运单的运费相关信息（见表2-25），确认运费信息，对取货里程、送货里程、运到期限、承运人确定重量、体积、计费重量、运价号、费目和金额、税额、费用合计、大写等信息进行核实，确保无误。

（1）取货里程、送货里程、运到期限、承运人确定重量、体积、计费重量、运价号、费目和金额、费用合计、大写分别为“10”“180”“3”“5,400”“30”“5,400”“21”“运费198.7，装卸费400，保价运输510”“1,108.7”“壹仟壹佰零捌圆柒角”。

（2）铁路货物运费＝货物运价＋附加费用＋杂费。其中，每10kg货物运价＝发到基价（元/10kg）+运价基价［元/（10kg·km）］×运价里程（km）＝0.188+0.001×180＝0.368（元），因此总的货物运价=货物运价率×计费重量＝0.368×540≈198.7（元）；装卸费＝200×2＝400（元）；保价运输＝102,000×0.5%＝510（元）。所以铁路货物运费合计＝198.7＋400＋510＝1,108.7（元）。

表2-25　普通货物铁路运单缮制

铁路货运
（13）需求号：202311ST1324890001

上海铁路局　货物运单

（13）铁路货运单号：BDPZC0135792
（13）（零散）

（2）托运人	（1）发站（局）	上海	（1）专用线					（14）货区	A		
	名称	上海炫奇印刷公司				（2）经办人	唐敏	（14）货号	075623		
						（2）手机号码	131****6687	（15）车种车号	棚车 12912		
	（3）☑上门取货	（4）取货地址	上海市杨浦区长阳路 4170 号			（4）联系电话	021-658***00	（17）取货里程（km）	10		
（2）收货人	到站（局）	常州	（1）专用线					（17）运到期限	3	（15）标重	70T
	名称	常州天吉礼品公司				经办人	周俊	（16）施封号	312		
						手机号码	156****6546	（16）篷布号	0626		
	（3）☑上门送货	（4）送货地址	常州市眉州路 77 号			（4）联系电话	0519-813***11	（17）送货里程（km）	180		
（9）付款方式	□现金、□支票、□银行卡、□预付款、☑汇总支付				（9）领货方式	☑电子领货、□纸质领货		（16）装车方	中铁货运上海分部	（16）施封方	中铁货运上海分部
（5）货物名称	（6）件数	（6）包装	（7）货物价格（元）	（7）重量（kg）	（8）箱型箱类	（8）箱号	（8）集装箱施封号	（18）承运人确定重量（kg）	（18）体积（m^3）	（18）运价号	（18）计费重量（kg）
防盗门	10	纸箱	102,000	5,400	通用标准箱	XQ135698821	XQ345	5,400	30	21	5,400
合计	10	纸箱	102,000	5,400	通用标准箱	XQ135698821	XQ345	5,400	30	21	5,400
（10）选择服务	□上门装车				（19）费目	（19）金额（元）	（19）税额（元）	费目	金额（元）	税额（元）	
	□上门卸车				运费 装卸费 保价运输	198.7 400 510					
	☑保价运输□装载加固材料□仓储□冷藏（保温）										
	其他服务										
（11）增值税发票类型 □普通票 □专用票	受票人名称： 纳税人识别号： 地址、电话： 开户行及账户：				（20）费用合计 1,108.7 元	大写　壹仟壹佰零捌圆柒角					
（12）托运人记事： 汇总账户账号：98520147****6321 经办人身份证号：3104021988****0026 领货密码：202311ST1324890001 签章					（21）承运人记事： 保单号 IK123 卸货时间 11 月 21 日 18 时　到站收费票据号码 XQGS123 通知时间 11 月 21 日 20 时　领货人身份证号码 3202031985****0538 货运人　车站日期戳						

（22）收货人签章　　（23）车站接（交）货人盖章　　（24）制单人　马飞　　（24）制单日期　2023-11-18

步骤八　填写货物交付等信息。

根据任务要求，填写铁路货物运单的货物交付等信息（见表2-25），对承运人记事、收货人签章、车站接（交）货人签章等信息进行核实，确保无误。

在承运人记事栏中，填写“保单号IK123，卸货时间11月21日18时，到站收费票据号码XQGS123，通知时间11月21日20时，领货人身份证号码3202031985****0538”；制单人、制单时间分别为“马飞”“2023-11-18”。

步骤九　复核填写，保证正确清晰。

（1）复核托运人填写部分。逐条审核托运人信息、收货人信息、托运货物信息和其余托运信息，复核是否已经填写应填栏目，已填栏目内容与实际是否一致，必须保证全部正确。

（2）复核承运人填写部分。逐条审核承运基本信息、运费相关信息、货物交付信息，复核是否已经填写应填栏目，已填栏目内容与实际是否一致，必须保证全部正确。

巩固训练

重庆利客来礼品公司（地址为重庆市万州路56号，电话023-880***16）向杭州康牛家具公司（地址为杭州市余杭区石塘路128号，电话0571-658***71）购买一批衣柜，双方约定由卖方负责货物的运输事宜。2023年12月12日杭州康牛家具公司向中国铁路货运上海分部提出了托运需求，并要求上门取货、送货到门。托运信息见表2-26。

表2-26　托运信息

货物品名：衣柜	包装方式：纸箱
每箱体积：5m^3	件数：10
总重量：500kg	总价值：201,000 元
取货地：	收货地：
发站：杭州站	到站：重庆站
基价 1：0.188 元 /10kg	基价 2：0.0010 元 /（10kg・km）
铁路运输里程：2,450km	取货地距离托运人：20km
装卸费：20 元 /kg	保价费：货物价值的 0.5%
运费结算：现金支付	预计入库时间：2023-12-13　14:00
进货货位：中铁货运仓库 B 区 05463 货位	保险单号：IK234
火车车次：K456	车辆信息：棚车，号码 86845，标重 70T
篷布号：1210	车辆施封号：923
箱型箱类：通用标准箱	集装箱编号 / 施封号：XQ325698821/KQ386
预计运输时间：5 天	预计到货日期：2023-12-18
运价号：21	收费票据号：KQGS391
需求号：2023011324890001	领货密码：与需求号一样

2023年12月12日，中铁货运杭州分部程芳芳负责与托运人杭州康牛家具公司魏来（手机号码131****3487，身份证号码3301051990****0024，银行卡账号9853024****9632）联系相关事宜，并缮制编号为ROAZC0246871的铁路货物运单（见物流单证活页附表2-6），送货上门时联系重庆利客来礼品公司田亮（手机号码136****5461，身份证号5001011984****0615）。

任务评价

序号	评价任务	要素说明	分值	扣分小计	得分小计
1	会剖析案例（15分）	明确各关系方	5		
		正确计算各类费用	10		
2	正确阐述普通货物铁路运单的填写规范（25分）	介绍普通货物铁路运单各项的含义、格式	25		
3	根据所给任务情境正确完成普通货物铁路运单的填制（40分）	按课堂任务填制普通货物铁路运单（按空格计数，每空1分）	20		
		按课后任务填制普通货物铁路运单（按空格计数，每空1分）	20		
4	素养（20分）	真诚服务客户的岗位责任意识的养成	10		
		认真严谨的制单态度养成	10		
自我评价			总得分		

任务二 小件货物铁路运单的缮制

任务描述

唐敏（地址为上海市杨浦区长阳路4170号，电话131****6687，身份证号码3104021988****0026，银行卡账号98520147****6321）销售给周俊（地址为常州市眉州路77号，邮编541560，电话156****6546，身份证号3202031985****0538）10箱台历，由卖方唐敏负责货物运输事宜。2023年11月18日唐敏向中国铁路货运上海徐汇营运部汤飞提出了托运需求，要求按时送达周俊处。托运信息见表2-27。

表2-27 托运信息

货物品名：台历	包装方式：纸箱
每箱体积：0.029m³	件数：10箱
总重量：100kg	总价值：1,020元
发站：上海火车站	到站：常州火车站
铁路运输里程：180km	中铁快运综合包干费：60元（运距≤800km时）
火车车次：K282	超重货物附加费费率：5%（50～100kg）
付费方式：现金支付	保价运输：不需要
预计运输时间：1天	预计到货时间：2023-11-19 15:00

任务要求

2023年11月18日，中铁快运上海徐汇营运部汤飞负责与托运人唐敏联系相关事宜，并缮制编号为KQS123的小件货物铁路运单。

任务目标

1. 知识目标：

（1）掌握小件货物铁路运单的含义；

（2）掌握小件货物铁路运输流程，根据国家标准《物流单证基本要求》（GB/T 33449—2016）中的相关规定，正确识记小件货物铁路运单的填写规范。

2. 能力目标：

能够根据所给任务情境正确填制小件货物铁路运单。

3. 素养目标：

通过对小件货物铁路运单的含义、缮制的学习，帮助学生体验职业角色，培养细心严谨、认真负责的职业态度。

知识准备

一、小件货物铁路运单概述

1. 小件货物铁路运单的含义

小件货物铁路运单是由铁路运输承运人签发的快运包裹运输单据，是明确承运人与托运人之间权利义务关系的运输契约。该运输契约自承运人接收包裹并填制运单时起成立，到快运包裹运至到达地或托运人指定地点交付给收货人止履行完毕。

2. 托运人、承运人的权利与义务

托运人的权利有：要求承运人将小件货物（快运包裹）按期、完好地运至目的地；快运包裹灭失、损坏、变质、污染时要求赔偿。托运人的义务有：缴纳运输费用，准确填写托运人和收货人的名称、地址、电话等信息，遵守国家有关法令及铁路规章制度，维护铁路运输安全；因自身过错给承运人或其他托运人、收货人造成损失时，负赔偿责任。

承运人的权利有：按规定收取运输费用，要求托运的物品符合国家政策法令和铁路规章制度；对托运的物品进行安全检查，对不符合运输条件的物品拒绝承运；因托运人、收货人的责任给他人或承运人造成损失时向责任人要求赔偿。承运人的义务有：为托运

人提供方便、快捷的运输条件，将快运包裹安全、及时、准确地运送到目的地；快运包裹从承运后至交付前，发生灭失、损坏、编制、污染时，负赔偿责任。

二、小件货物铁路运单的内容及缮制要求

某企业小件货物铁路运单样表见表 2-28。

小件货物铁路运单的主要内容及缮制要求如下：

（1）发站、到站、发送地、到达地：发站一般填写托运人所在的城市名称，到站一般填写收货人所在的城市名称，站名按《铁路货物运价里程表》规定的站名完整填写，不得用简称。局名为系统自动生成。若在专用线或专用铁路装车或卸车，则填写该专用线全称。

（2）托运人单位（姓名）、地址、电话、传真：如托运人为单位，则应在单位（姓名）栏填写托运单位的完整名称；如托运人为个人，则应填写托运人姓名和身份证号码（填在运单左下角记事栏）。地址栏应填写寄件人的联系地址，格式为××省××市××区××街道××号。电话的填写格式为区号+固定电话号码或手机号。

（3）收货人单位（姓名）、地址、邮政编码、电话、有效证件号：填写要求同“托运人”项。

表 2-28　小件货物铁路运单样表

小件货物铁路运单　　（15）运单号：

<table>
<tr><td colspan="2">（1）发送地：</td><td colspan="3">（8）承运时间：　年　月　日</td><td>（1）到达地：</td><td>（1）发站：</td><td>（1）到站：</td></tr>
<tr><td rowspan="3">托运人</td><td colspan="4">（2）单位（姓名）：</td><td rowspan="3">收货人</td><td colspan="2">（3）单位（姓名）：</td></tr>
<tr><td colspan="4">（2）地址：</td><td colspan="2">（3）地址：</td></tr>
<tr><td colspan="2">（2）电话：</td><td colspan="2">（2）传真：</td><td>（3）邮政编码：</td><td>（3）电话：</td></tr>
<tr><td>（4）品名</td><td>（5）包装种类</td><td>（5）件数</td><td>（6）重量（kg）</td><td>（6）体积（m^3）</td><td>（7）声明价格</td><td>（11）快运运费：　元</td><td>（9）运价里程：　km</td></tr>
<tr><td></td><td></td><td></td><td></td><td></td><td></td><td>（12）超重附加费：　元</td><td>（9）运到期限：　天</td></tr>
<tr><td></td><td></td><td></td><td></td><td></td><td></td><td>（13）保价费：　元</td><td>（10）计费重量：　kg</td></tr>
<tr><td></td><td></td><td></td><td></td><td></td><td></td><td></td><td></td></tr>
<tr><td></td><td></td><td></td><td></td><td></td><td></td><td></td><td></td></tr>
<tr><td></td><td></td><td></td><td></td><td></td><td></td><td></td><td></td></tr>
<tr><td>合计</td><td></td><td></td><td></td><td></td><td></td><td colspan="2">（14）费用合计：　¥　　元</td></tr>
<tr><td colspan="5">托运人签章</td><td colspan="2">（18）交付时间　月　日　时　分</td><td rowspan="2">（18）领货人　签章</td></tr>
<tr><td colspan="5">（16）收货人有效证件号码（或单位公章）</td><td colspan="2">（18）领货人有效证件号码：</td></tr>
<tr><td>（17）记事</td><td colspan="4"></td><td>承运人签章</td><td>（18）到达通知记录</td><td>（18）到达记录</td></tr>
</table>

（4）品名：按《铁路货物运价规则》中的“铁路货物运输品名检查表”内所列载的货物名称完整、正确填写。需要说明小件货物的规格、用途、性质的，在品名之后用括号加以注明。

（5）包装种类、件数：“包装种类”栏填写托运小件货物的包装种类，如木箱、纸箱、麻袋、条筐等；按件承运的无包装货物，填“无”。“件数”栏填写托运货物的包装件数，“合计件数”栏填写货物的总件数。

（6）重量、体积：“重量”栏应按货物名称和包装种类分别将货物毛重用千克（kg）记明，“合计重量”栏填写该批小件货物的总重量；“体积”栏应按货物名称和包装种类分别将货物实际体积用立方米（m^3）记明，“合计体积”栏填写该批小件货物的总体积。

（7）声明（保价）价格：以申请人的保险价格为主，填写对小件货物进行的保价。

（8）承运时间：应填写承运人接受委托的日期。

（9）运价里程、运到期限：应根据托运人填写的托运人与收货人的地址确定的里程和按规定计算的货物运到期限日数填写。

（10）计费重量：承运人确认的小件货物重量，与运费相关，小件货物应填写按规定处理尾数后的重量或起码重量。

（11）快运运费：应填写中铁快运的综合包干运费，即为基础运费，根据中铁快运运营标准，两地间运输距离在800km以内的为60元，超过800km时为90元。

（12）超重附加费：根据中铁快运货物标准，超过50kg需要支付超重附加费。

（13）保价费：若托运人需要对货物进行保价运输，则在本栏填写对货物进行保价后的保险金额。

（14）费用合计及大写：填写所有费用合计的小写金额和大写金额。铁路小件货物运费 = 快运运费 + 超重附加费 + 保价费。

（15）运单号：制票成功后，系统自动生成运单号。

（16）收货人有效证件号码：填写收货人身份证号。

（17）（托运人）记事：填写需要由托运人声明的事项。如货物状态有缺陷，但不致影响货物安全运输，应具体注明缺陷；需要凭证明文件运输的货物，应注明证明文件名称、号码及填发日期；托运人派人押运的货物，注明押运人姓名和证件名称及号码。

（18）领货人签章、领货人有效证件号码、交付时间、到达通知记录、到达记录：先空着不填，等待交付时再填写。

小件货物铁路运单的缮制

任务实施

步骤一　分析案例，查找关键信息。

（1）明确案例中的托运人、承运人、收货人等小件运输当事人。

（2）明确货物信息，如货物名称、件数、重量、体积等。

（3）明确费用明细，如快运运费、超重附加费、保价费的类目和计算等。

步骤二　填写托运人信息。

根据任务要求，填写小件货物铁路运单的托运人信息（见表2–29），对发站、发送地、托运人单位（姓名）、地址、电话、传真等信息进行核实，确保无误。

发站、发送地、托运人单位（姓名）、地址、电话分别为“上海”“上海”“唐敏”“上海市杨浦区长阳路4170号”“131****6687”。

步骤三　填写收货人信息。

根据任务要求，填写小件货物铁路运单的收货人信息（见表2–29），对到站、到达地、收货人单位（姓名）、地址、邮政编码、电话、有效证件号等信息进行核实，确保无误。

到站、到达地、收货人单位（姓名）、地址、邮政编码、电话、收货人有效证件号码分别为“常州”“常州”“周俊”“常州市眉州路77号”“541560”“156****6546”“3202031985****0538”。

步骤四　填写托运货物信息。

根据任务要求，填写小件货物铁路运单的托运货物信息（见表2–29），对货物名称、包装、件数、重量、体积、声明（保价）价格等信息进行核实，确保无误。

货物名称、包装、件数、重量、体积、声明（保价）价格分别为“台历”“纸箱”“10”“100”“0.29”“0”。由于托运人不需要保价，故声明价格为0。

步骤五　填写承运基本信息。

根据任务要求，填写小件货物铁路运单的承运基本信息（见表2–29），对承运时间、运价里程、运到期限等信息进行核实，确保无误。

承运时间、运价里程、运到期限分别为“2023-11-18”“180”“1”。

步骤六　填写运费相关信息。

根据任务要求，填写小件货物铁路运单的运费相关信息（见表2–29），对计费重量、快运运费、超重附加费、保价费、费用合计及大写等信息进行核实，确保无误。

（1）计费重量、快运运费、超重附加费、保价费、费用合计、大写分别为“100”“60”“3”“0”“63”“陆拾叁元”。

（2）铁路小件货物运费 = 快运运费 + 超重附加费 + 保价费。其中，快运运费为60元，由于计费重量为100kg，按规定超重附加费率为5%，所以超重附加费 = 快运运费×超重附加费率 = 60×5% = 3（元），无保价，所以保价费为0（元）。因此小件货物运费合计 = 60 + 3 + 0 = 63（元）。

步骤七　填写其他相关信息。

根据任务要求，填写小件货物铁路运单的其他相关信息，对收货人有效证件号、托运人记事等信息进行核实，确保无误。

在托运人记事栏中填写“托运人身份证号：3104021988****0026”。

步骤八　复核填写，保证正确清晰。

（1）复核托运人填写部分。逐条审核托运人信息、收货人信息、托运货物信息，复核是否已经填写应填栏目，已填栏目内容与实际是否一致，必须保证全部正确。

（2）复核承运人填写部分。逐条审核承运基本信息、运费相关信息、其他相关信息，复核是否已经填写应填栏目，已填栏目内容与实际是否一致，必须保证全部正确。

表2-29　小件货物铁路运单

小件货物铁路运单　　（15）运单号：XQGS123

<table>
<tr><td colspan="3">（1）发送地：上海</td><td colspan="3">（8）承运时间：2023-11-18</td><td colspan="2">（1）到达地：常州</td><td colspan="2">（1）发站：上海</td><td>（1）到站：常州</td></tr>
<tr><td rowspan="3">托运人</td><td colspan="5">（2）单位（姓名）：唐敏</td><td rowspan="3">收货人</td><td colspan="4">（3）单位（姓名）：周俊</td></tr>
<tr><td colspan="5">（2）地址：上海市杨浦区长阳路4170号</td><td colspan="4">（3）地址：常州市眉州路77号</td></tr>
<tr><td colspan="2">（2）电话：131****6687</td><td colspan="3">（2）传真：</td><td colspan="2">（3）邮政编码：541560</td><td colspan="2">（3）电话：156****6546</td></tr>
<tr><td>（4）品名</td><td>（5）包装种类</td><td>（5）件数</td><td>（6）重量（kg）</td><td>（6）体积（m^3）</td><td>（7）声明（保价）价格</td><td colspan="3">（11）快运运费：60元</td><td colspan="2">（9）运价里程：180km</td></tr>
<tr><td>台历</td><td>纸箱</td><td>10</td><td>100</td><td>0.29</td><td>0</td><td colspan="3">（12）超重附加费：3元</td><td colspan="2">（9）运到期限：1天</td></tr>
<tr><td></td><td></td><td></td><td></td><td></td><td></td><td colspan="3">（13）保价费：0元</td><td colspan="2">（10）计费重量：100kg</td></tr>
<tr><td></td><td></td><td></td><td></td><td></td><td></td><td colspan="3">元</td><td colspan="2">元</td></tr>
<tr><td></td><td></td><td></td><td></td><td></td><td></td><td colspan="3">元</td><td colspan="2">元</td></tr>
<tr><td>合计</td><td>纸箱</td><td>10</td><td>100</td><td>0.29</td><td>0</td><td colspan="5">（14）费用合计：￥63　陆拾叁元</td></tr>
<tr><td colspan="5">托运人签章</td><td colspan="4">（18）交付时间　月　日　时　分</td><td colspan="2" rowspan="2">（18）领货人签章</td></tr>
<tr><td colspan="5">（16）收货人有效证件号码（或单位公章）3202031985****0538</td><td colspan="4">（18）领货人有效证件号码：</td></tr>
<tr><td>（17）记事</td><td colspan="4">托运人身份证号：3104021988****0026</td><td>承运人签章</td><td></td><td>（18）到达通知记录</td><td></td><td colspan="2">（18）到达记录</td></tr>
</table>

巩固训练

魏来（地址为杭州市余杭区石塘路128号，电话131****3487，身份证号码3301051990****0024，银行卡账号9853024****9632）销售给田亮（地址为重庆市万州路56号，邮编404160，电话136****5461，身份证号5001011984****0615）24箱日记本，由卖方魏来负责货物运输事宜。2024年1月12日魏来向中国铁路货运上海徐汇营运部汤飞提出了托运需求，要求按时送达田亮处。托运信息见表2-30。

表2-30 托运信息

货物品名：日记本	包装方式：纸箱
每箱体积：0.029m^3	件数：24 箱
总重量：250kg	总价值：2,010 元
发站：杭州火车站	到站：重庆火车站
铁路运输里程：2,450km	中铁快运综合包干费：90 元（运距≥ 800km 时）
火车车次：K479	超重货物附加费费率：5%（50 ～ 100kg）
付费方式：现金支付	保价运输：需要，保价费为保险金额的 0.5%
保险单单号：K234	保险金额：2,010 元
预计运输时间：3 天	预计到货：2024-01-15 12:00

2024年1月12日，中铁快运杭州余杭营运部汤飞负责与托运人魏来联系相关事宜，并缮制编号为KQS356的小件货物铁路运单（见物流单证活页附表2-7）。

任务评价

序号	评价任务	要素说明	分值	扣分小计	得分小计
1	会剖析案例（15 分）	明确各关系方	5		
		正确计算各类费用	10		
2	正确阐述小件货物铁路运单的填写规范（25 分）	介绍小件货物铁路运单各项空格的含义、格式	25		
3	根据所给任务情境正确完成小件货物铁路运单的填制（40 分）	按课堂任务填制小件货物铁路运单（按空格计数，每空 1 分）	20		
		按课后任务填制小件货物铁路运单（按空格计数，每空 1 分）	20		
4	素养（20 分）	真诚服务客户的岗位责任意识的养成	10		
		认真严谨的制单态度养成	10		
自我评价			总得分		

模块三 国际货运代理单证缮制

国际货运代理（International Freight Forwarder或International Forwarding Agent），是指接受进出口货物收货人、发货人的委托，以委托人的名义或者以自己的名义，为委托人办理国际货物运输及相关业务并收取服务报酬的企业。国际货运代理不是运输当事人（承运人），而是契约承运人。也就是说，货运代理承揽货物，签发自己的单证，但不负责实际货物运输，仅作为接收客户货物从事转运的代理人，并依照条件处理货物。

国际货运代理单证是指货运代理企业为保障货物顺利到达目的地而与国际物流责任方签发的凭证，包括在货物的交付、运输、仓储、保险、报关等环节处理的各种证明文件。为了保证进出口货物的安全交接，这些单证各有其特定的用途，彼此之间相互依存。它们既能够将国际物流各方企业联系在一起，又能区分各自的权利和义务。

国际货运代理单证缮制的质量是衡量货代企业服务水平关键指标。货代单证缮制的准确性影响进出口货款的结算；货代单证的完整性是合同履行的基础；货代单证缮制的及时性是避免和解决争端的依据。

学习目标

- 理解国际货运代理服务的业务内容。
- 掌握国际海运进出口、航空货运代理业务的程序。
- 熟悉货运代理业务各类单证的流转，识记主要单证的缮制方法。
- 缮制在不同任务情境下的主要货运代理单证。
- 落实立德树人根本任务，了解国际货运代理产业文化，遵守职业道德准则和行为规范，养成真诚服务客户的岗位责任意识、认真严谨的制单态度。

项目一 海运出口单证

项目概述

国际海运货物出口代理业务一般是指国际货运代理公司从发货人手中揽取货物，根据贸易合同中的运输条款，将售予国外客户的出口货物加以组织和安排，通过海运方式运到国外目的港并通知收货人办理收货的一种业务模式。

在一般出口货物海运业务中，贸易双方通常以CIF和CFR条件签订出口合同，所以经常由卖方负责运输。在实际业务中，货运代理接受卖方委托根据买卖合同中规定的交货期安排运输工作。

本项目梳理了海运出口代理业务涉及的主要物流单证，内容包括单证应用的业务背景、缮制的参照标准、制单的规范要求等。项目包括十个教学任务：报价单的缮制、托运单的缮制、集装箱设备交接单的缮制、集装箱装箱单的缮制、报检委托书的缮制、出境货物报检单的缮制、报关委托书的缮制、出口货物报关单的缮制、保险单的缮制、海运提单的缮制。

为全面贯彻党的教育方针，落实立德树人根本任务，本项目在各任务实施及评价过程中，突出职业教育的类型特点，强调对学生专业应用能力和职业素质的培养，践行坚持育人为本、促进全面发展的宗旨。

项目目标

- 准确描述海运货物出口代理业务流程。
- 正确掌握海运出口单证的缮制方法。
- 正确描述海运出口货运代理单据的流转。
- 根据任务情境正确完成海运出口单证的缮制。
- 了解国际货运代理业务文化，具备社会责任感和担当精神；养成真诚服务客户的岗位责任意识、认真严谨的制单态度。

知识储备

一、国际货物运输的关系方

1. 承运人

承运人（Carrier）是指专门经营水上、公路、铁路、航空等客货运输业务的交通运输部门，如轮船公司、公路或铁路运输公司、航空公司等，为社会提供运输服务。

2. 货主

货主（Cargo Owner）是指专门经营进出口商品业务的外贸部门或进出口商。货主为履行贸易合同，必须组织办理进出口商品的运输，是国际货物运输工作中的托运人（Shipper）或收货人（Consignee）。

3. 运输代理人

运输代理人是根据委托人的要求，代办货物运输业务的机构。运输代理人既可以向货主承揽货物，也可以代理货主向承运人办理托运，且可以兼营两方面的代理业务。

运输代理人有很多种类型，主要有以下四种：

（1）租船代理，又称租船经纪人（Shipping Broker），指以船舶为商业活动对象而进行船舶租赁业务的人，主要业务是在市场上为租船人寻找合适的运输船舶或为船东寻找货运对象，以中间人身份使租船人和船东双方达成租赁交易，从中赚取佣金。因此，根据其所代表的委托人身份的不同又分为租船代理人和船东代理人。

（2）船务代理（Shipping Agent），指接受承运人的委托，代办与船舶有关的一切业务的人，主要业务有船舶进出港、货运、供应及其他服务性工作。船方的委托和代理人的接受以每船一次为限，称为航次代理；船方和代理人之间签订有长期代理协议，称为长期代理。

（3）货运代理（Freight Forwarder），指接受货主的委托，代表货主办理有关货物报关、交接、仓储、调拨、检验、包装、转运、订舱等业务的人，主要有订舱揽货代理、货物装卸代理、货物报关代理、转运代理、理货代理、储存代理、集装箱代理等。

（4）咨询代理（Consultative Agent），指专门从事咨询工作，按委托人的需要，为其提供有关国际贸易运输情况、情报、资料、数据和信息服务而收取一定报酬的人。

二、海运货物出口代理业务流程

国际货运代理业务受理因贸易条款差异和商品运输要求不同而有所区别，以我国出口贸易大多采用CIF条款的集装箱普通整箱货物出口为例，其主要流程如图3-1所示。

1. 接受询价

（1）海运费询价。了解货物的一般情况，如品名、箱型数量、重量、包装类型、尺寸体积、转运限制、船期航程、特殊要求等，搜集符合条件的船公司、船期和运价供客户选用。

（2）国内运杂费询价。掌握装船前作业相关单位的各项运杂费率，如订舱包干费、文件费、报关费、集卡运价、仓库费率等，按需向托运人报备。

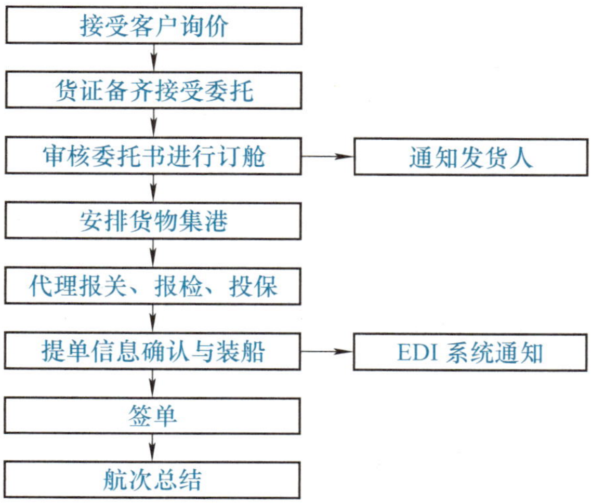

跟着货物去远航——海运货物出口代理业务流程与单据流转

图3-1　CIF集装箱货运代理出口业务流程

随堂记

2. 确认委托

国际货运代理与托运人通过签订委托代理合同确认委托关系。货运代理要求托运人提供出口货物明细单或出口货物代运委托书，审核书面材料内容和特殊要求。如：卸货港和目的地信息是否规范；货物描述是否符合相关国家货运政策和港口、船公司的业务要求；货物重量、体积与箱型箱数匹配是否合理等。

3. 订舱

国际货运代理确认委托材料完整无误后，需在货物出运前向船公司或船公司在装货港的代理申请订舱。主要工作如下：

（1）审核海运出口货物订舱委托书。根据托运单（B/N）的要求，审核委托书及附带材料数据准确性和格式标准化，以避免后续过程的频繁更改。

（2）订舱。货运代理根据商品流向和船期表向船公司及其代理人提出业务请求，即缮制托运单（B/N）。

（3）信息反馈。接收和确认船公司配载的舱位回执，确认提单号、船名、航次。

4. 货物集港

与托运人沟通并选择适合的货物集港方式，常见的方式有：

（1）门点拖柜。与托运人确认收箱时间，安排集装箱卡车到托运人指定的地点（工厂或者仓库）拖柜。集装箱货物应在码头开港日至截关日的区间内前完成进港，以免产生额外费用或发生意外。

（2）仓库装箱。发送进仓通知给托运人，要求托运人在规定的时间按照具体要求把货物送至指定的物流公司，由物流公司安排集装箱进港。

5. 报关、报检及投保

（1）EDI数据预报。按照船公司或其代理人提供的EDI系统填报格式完成信息填写，由船代审核并发送数据到海关系统。

（2）报关报检及保险文件审核。从托运人处取得一般出口货物报关所需的文件，及时递交给报关行，包括报关委托书、外销发票、装箱单、外销合同、出口货物报关单等。备齐出口货物报检程序需要的资料。以单单一致、单货相符的原则审核所有报关报检文档，并规范完善报关单内容。确定投保方及保险项目，申报投保金额、办理投保手续并填写保单。

（3）送报材料。全套报关报检文件交由报关员或者报关行在报关截止日期前完成报关。通关后，及时跟踪装船信息。

6. 提单信息确认

货运代理将确认无误的出口货物信息以船舶为单位汇总成为出口货物舱单信息发送给船代验核，船代确认装船信息无误后将整船的舱单信息发布至EDI系统共享，码头根据EDI信息进行船舶配载及装船作业。

货运代理在船公司规定的提单签发时间之前，根据装船信息和客户要求及时完成提单内容的确认和修改。最后，根据托运人要求办理提单的申领形式。

7. 签单

签单是指货运代理向船方缴费并申领提单，并及时将提单送交发货人，以保证及时结汇。申领时需要注意查看每张正本提单签章是否完整和是否需要手签。

8. 航次总结

货运代理应在船舶离港后及时做出航次总结，留存以备查询。

随着信息技术的发展和应用，业务操作无纸化模式逐渐影响和改变物流行业的操作流程，以上提及的部分业务流程已经实现无纸化，在未来必将获得进一步的应用和发展。

三、海运出口单证的流转

在海运货代业务中，集装箱货物出口比传统的散杂货运输涉及的单证更多，流转程序更加复杂，除了相同的商业发票、报关单、托运单、提单等，还增加了集装箱设备交接单、集装箱装箱单等。集装箱出口单证流转程序如图3-2所示。

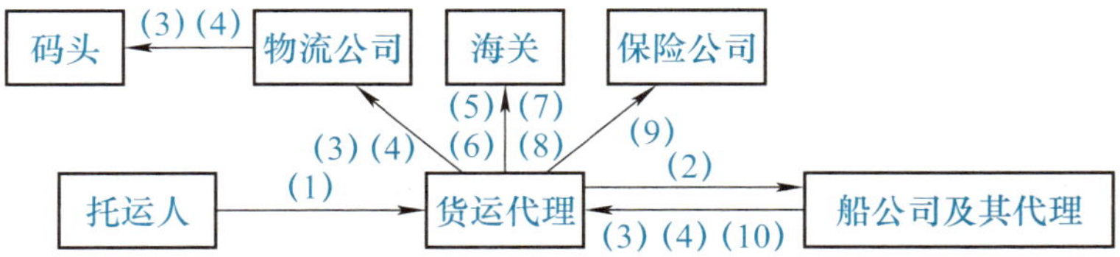

图3-2　集装箱出口单证流转程序图

（1）订舱委托书。货运代理接收托运人的订舱委托书。

（2）托运单。货运代理根据托运人的订舱委托书向船代提出货物装运申请，递交托运单。

（3）集装箱设备交接单。设备交接单是集装箱所有人或其代理签发的用以进行集装箱等设备发放、收受等移交手续并证明移交时箱体状况的书面凭据。货运代理凭设备交接单到船公司指定的堆场提空箱、装箱后，凭设备交接单和装箱单进港区送箱。

随堂记

随堂记

（4）集装箱装箱单。集装箱装箱单是记载集装箱内所有装载货物的名称、重量、尺码、数量等内容的单证，它是装箱人根据实际装入箱内的货物填制的。船公司同意承运后，船代会签发集装箱装箱单，货运代理委托物流公司进行装箱并及时送至指定的码头仓库。

（5）报检委托书。货运代理在代理托运人进行报检时，应当向检验检疫机构提交报检委托书。它是委托人向受托人做出的一种书面委托证明，属法人与法人之间的委托，具有法律效力，也是代理报检单位办理进出口商品检验检疫的重要依据之一。

（6）出境货物报检单。出境货物报检单是申请人向海关申请报检需要缮制的单据。

（7）报关委托书。托运人在货物装运前委托货运代理代办报关手续时，需要填写代理报关委托书、委托报关协议。代理报关委托书和委托报关协议是托运人委托国际货运代理企业办理报关的必备文件，明确了双方的法律地位和责任。

（8）出口货物报关单。报关单是由海关总署规定统一格式和缮制规范，由报关人缮制并由报关员代表报关企业向海关提交办理进出口货物申报手续的法律文书，是海关依法监管货物进出口、征收关税及其他税费、编制海关统计及其他事务的重要凭证。

（9）保险单。保险单是保险人与投保人签订保险合同的书面证明。

（10）海运提单。海运提单是船方或其代理人签发的，证明已收到货物，允许将货物运至目的地，并交付给托运人的书面凭证。它是承运人和托运人之间的契约证明，在法律上具有物权证书的效用。

四、国际货代单证缮制的基本要求

国际货代单证是国际贸易业务的一个重要组成部分，从买卖双方签订合同开始到合同履行全过程，每一个环节都离不开单证的缮制、处理、交换和传递。在这其中若有任何差错，都可能给企业带来重大的经济损失。因此，我们在缮制单证时，必须做到“五要求”：正确、完整、及时、简洁、清晰。

（1）正确。正确是一切单证的前提，首先要做到三个“一致”，分别是单证一致、单单一致、单货一致；另外值得注意的是各种单据必须符合国际贸易和国际物流惯例、各国行业法律和规则的要求。

（2）完整。单据的完整性是指接受货物委托或其他相关业务的全部单证必须齐全，缺一不可，主要包括内容的完整、份数的完整和种类的完整。如报关业务中会明确要求提供哪些单据、提供几份、有无正副本要求、是否需要背书等内容，所有这些都必须完备。

（3）及时。单据的处理一定要在规定时间内完成，绝不能延迟，主要包括及时制单、及时审单、及时交单。单据的制作是一个复杂的工程，需要多方配合、齐抓共管，这样才能保证在规定时间内将全部配套合格的单据提交到相关部门，实现业务的良性循环。

（4）简洁。单据的内容应力求简洁明了，避免不必要的烦琐。具体要求单证格式规范化，内容排列的行次整齐、字迹清晰。各类单证由于用途不同，内容反映的重点也有所不同。

（5）清晰。单据应该清楚、美观、大方、干净、整洁，单据的格式需规范化，内容排列应主次分明，重点内容要鲜明突出。

随堂记

任务一　报价单的缮制

任务描述

宁波宏海制衣有限公司与美国ITOCHU公司进行贸易合作，双方约定通过信用证的方式，将一批男士运动衫和裤子销往美国洛杉矶市场。出口货物信息见表3-1。

表3-1　出口货物信息

货物品名：男士运动衫和裤子	件数：560 件
体积：68m^3	装运港：宁波港
毛重：26,510.92kg	目的港：美国洛杉矶港（Los Angeles，USA）
要求 2 个小柜整箱装运	两个箱子货物平分，门口空隙处需要添加衬垫物
船期要求 2023 年 2 月 20 日之前，需要直达	要求办理报关和托卡

任务要求

宁波宏海制衣有限公司张经理（电话0574-873***98，传真0574-873***98/873***97）向浙江顺达货运代理公司业务部经理张勤（电话0574-876***69，传真0574-876***69，手机138****8180）询价，张经理要求张勤报一个最新的价格发至其邮箱。

任务目标

1. 知识目标：

（1）掌握国际货运代理运费的组成；

（2）根据国家标准《国际货运单证缮制规范》（GB/T 28831—2012）中的相关规定，正确识记报价单的格式、主要内容及缮制要求。

2. 能力目标：

能够根据所给任务情境正确填制船公司价格表和海运报价单。

3. 素养目标：

（1）遵守职业道德准则和行为规范，明确报价单对双方后续业务进展的重要作用；

（2）体验职业角色，培养服务客户的岗位责任意识。

知识准备

报价是国际货代业务员的主要工作之一，通过合理报价不仅可以得到客户的关注，还可以与客户建立与保持良好的合作关系。因此，如何在船公司底价的基础上，重新核算成本、制作报价单是一个国际货代业务员应该具备的基本技能。

一、费用分类

1. 海运费

（1）运费预付（Freight Prepaid）。买卖双方在合同中规定CFR，卖方需要支付海运费（不包含保险费）；规定是CIF，卖方需要支付海运费（包含保险费），提单显示为运费预付。

（2）运费到付（Freight Collect）。买卖双方在合同中规定FOB，买方需要支付海运费（包含保险费），卖方只需要付国内拖柜、码头操作费（以及特殊情况下产生的费用，如海关查验），提单显示为运费到付。

2. 陆运费

（1）订舱费用。

（2）报关费用。

（3）做箱（内装/门到门）费用。

（4）其他应考虑的费用：冲港费、冲关费、提单电放费、商检、动植检等。

3. 附加费

（1）燃油附加费（Bunk Adjustment Factor，BAF）：是指油价调整指数附加费，是由于国际燃油价格上涨，造成船公司营运成本增加，船公司加收的费用。

（2）货币贬值附加费（Currency Adjustment Factor，CAF）：因为定期航线通常要

涉及使用两种或以上不同货币的国家，所以其运费须以比较稳定的货币结算，在多数情况下是以美元为基础货币，当以其他货币结算时，船公司通常要加收货币贬值附加费。

（3）文件费（Document Charges，DOC）：船公司收取的，用于提高承运人和订舱者效率以及弥补单证中心的运营成本。文件费以每票业务为计费单位，不同船公司收取的标准也不一样。

（4）港口拥挤附加费（Port Congestion Surcharge，PCS）：是指承运人为弥补由于港口拥挤造成的船期延长、运输成本增加等损失而向货方收取的费用。

（5）苏伊士运河附加费（Suez Canal Surcharge，SCS）：根据每一条船的苏伊士净吨位和运河费率表计算出来的。

（6）旺季附加费（Peak Season Surcharge，PSS）：是指海运旺季船公司为弥补因为业务繁忙人手投入增加和机械消耗增大，导致成本上升而收取的一项费用。

（7）战争附加费（WARS）：由于战争的因素增加了船东的风险，为弥补风险可能造成的损失，船公司会收取一定的战争附加费。

（8）美国舱单系统（America Manifest System，AMS）：又称反恐附加费，由于9·11事件，美国海关要求进口到美国或美国港口转船的货物都要向美国海关提供包括具体毛重、体积等AMS数据信息。

（9）超重附加费（Over Weight Surcharge，OWS）：班轮运输中，单件货物的毛重达到或者超过一定重量时所加收的费用。

（10）超长附加费（Long Length Additional，LLA）：在班轮运输中，单件货物的长度达到或者超过规定长度时加收的费用。

二、报价的基本技巧和注意事项

（1）规范化。每一个公司都有自己不同格式的报价单。我们在制作报价单时，格式要规范化，尤其是给最终客户的报价，要形成自己的一套格式，以给客户留下专业的印象。

（2）准确性。由于国际经济形势、国家政策、航运环境等因素随时会影响航运和货运价格的变化，货代公司在报价的时候要对市场有准确的了解。根据不同船公司的市场运价，可以参考得出相应的价位。

（3）时效性。在报价时应注明有效期，让客户了解价格的时效性。如对运价有效期无确切把握，可以“Subject to Final Confirm”来做出声明，尽量掌握主动。

三、报价单的内容及缮制要求

每一个货代公司都有其自己的报价单格式，某货代公司报价单样表见表3-2。

表3-2 海运报价单样表

××公司海运报价单

（1）日期：

（2）TO：	（3）FROM：
TEL：	TEL：　　分机：
FAX：	FAX：　　手机：

（4）装货港	（5）卸货港	（6）截关/开船日	（7）航程	（8）箱型

价格明细			
（9）美元（USD）		（10）人民币（RMB）	
海运费		订舱费	
船公司退佣		码头操作费	
BAF		托卡费	
CAF		进港附加费	
PSS		报关	
AMS		文件费	
WARS		改单费	
JSPS		电放费	
中转费		箱单费	
港口拥挤费		商检费	
海外代理费		操作费	
超期用箱费		仓库装箱费	
查验费		安保费	
优惠		舱单发送费	
海运总价		铅封费	
合计		合计	
经理审核		操作经理 签　字	

备注：
（11）1. 以上报价仅限　年　月有效。
2. 结款方式：票结/月结。

海运报价单的主要内容及缮制要求如下：

（1）日期：一般情况下填写报价日期。

（2）TO/TEL/FAX：一般情况下填写客户的公司名称和联系人姓名和电话、传真。

（3）FROM/TEL/FAX：一般情况下填写本货代公司名称和业务员姓名和电话、传真。

（4）装货港：此栏填写装运港的名称。

（5）卸货港：此栏应填写实际卸下货物的港口具体名称。

（6）截关/开船日：此栏应填写什么时候停止报关，什么时候开船。

（7）航程：此栏填写船从出发港到目的港的航行大概时间。

（8）箱型：填写装运本批货物的集装箱类型及数量，如一个40ft高箱即为“1*40HP”。

（9）美元费用：此栏包含基本海运费和附加费的分项说明和总计，附加费项目会随着汇率、油费、季节等变化而变化，可以根据实际情况增加或者减少。

（10）人民币费用：此栏包含内陆人民币费用的分项说明和总计，所收项目会随着环境、货代政策等变化而变化，可以根据实际情况增加或者减少。

（11）有效期：填写该份报价的有效期限。

任务实施

海运报价单的缮制

步骤一：向船公司进行询价，得到船公司的价格表。

（1）张勤在第一时间向各大船公司进行询价。询价方法如下：

1）搜索各大船公司网站查询。很多大公司或者货代庄家会在每月初提前将船期表和价格公布在网页上，以方便客户查询。

2）针对具体的某一条线，也可以打电话给具体的各大船公司询问。

（2）经过筛选和比较后，得到马士基船公司如表3-3所示的价格表。

表3-3　船公司价格表

目的港	航程（天）	是否中转	20GP（USD）	40GP（USD）	40HP（USD）	开船日	截关日	船名航次
LONG BEACH	13	直达	845	1,025	1,025	周四	周一	CSCL NINGBO V.010
LOS ANGELES	15	直达	1,500	1,800	1,850	周四	周二	CSCL JINSHAN V.012
LOS ANGELES	24	中转	1,400	1,550	1,650	周五	周三	CSCL XINNING V.013
NEW YORK	28	中转	1,880	2,280	2,280	周三	周日	CSCL CHANGHE V.015
OAKLAND, CA	17	直达	845	1,025	1,025	周四	周一	CSCL GUANGDA V.020

备注：1. 2月增收 BAF10%，CAF 5%，PSS 5%。
2. 美国线截 AMS 时间是截关前 24h，周日提早到周五 18:00。AMS 费用 USD30/ 票。

步骤二：核算成本，制作报价单。

根据客户要求目的港洛杉矶并且必须直达，所以选择报价单上的第二条，小柜（20GP）1,500美元，平柜（40GP）1,800美元，高柜（40HP）1,850美元。在船公司底价的基础上，货代公司保持一定利润，本次报价按6%的利润核算，并且根据顺达公司的陆运收费标准（见表3-4），重新核算成本，制作报价单。

表3-4　顺达公司陆运收费标准

订舱费：350/450/450 USD	报关费：200 USD/ 票
文件费：300 USD/ 票	操作费：100/150/150 USD
码头操作费（THC）：800/1,200/1,500 USD	仓库装箱费用：500/850/900 USD
铅封费：50 USD/ CNTR	舱单发送费：10 USD/ CNTR

张勤根据以上基础信息填制海运报价单的相关信息（见表3-5）。

表3-5 海运报价单缮制

浙江顺达货运代理公司海运报价单

（1）日期：2023-02-01

<table>
<tr><td colspan="2">（2）TO：宁波宏海制衣有限公司 张经理
TEL：0574-873***98
FAX：0574-873***98/873***97</td><td colspan="3">（3）FROM：浙江顺达货运代理公司 张勤
TEL：0574-876***69 分机：
FAX：0574-876***69 手机：138****8180</td></tr>
<tr><td>（4）装货港</td><td>（5）卸货港</td><td>（6）截关 / 开船日</td><td>（7）航程</td><td>（8）箱型</td></tr>
<tr><td>NING BO, CHINA</td><td>LOS ANGELES, USA</td><td>二截四开</td><td>15 天</td><td>2*20GP</td></tr>
</table>

<table>
<tr><td colspan="4">价格明细</td></tr>
<tr><td colspan="2">（9）美元（USD）</td><td colspan="2">（10）人民币（RMB）</td></tr>
<tr><td>海运费</td><td>3,180</td><td>订舱费</td><td>700</td></tr>
<tr><td>船公司退佣</td><td></td><td>码头操作费</td><td>1,600</td></tr>
<tr><td>BAF</td><td>10%</td><td>托卡费</td><td></td></tr>
<tr><td>CAF</td><td>5%</td><td>进港附加费</td><td></td></tr>
<tr><td>PSS</td><td>5%</td><td>报关</td><td>200/ 票</td></tr>
<tr><td>AMS</td><td>30</td><td>文件费</td><td>300/ 票</td></tr>
<tr><td>WARS</td><td></td><td>改单费</td><td></td></tr>
<tr><td>JSPS</td><td></td><td>电放费</td><td></td></tr>
<tr><td>中转费</td><td></td><td>箱单费</td><td></td></tr>
<tr><td>港口拥挤费</td><td></td><td>商检费</td><td></td></tr>
<tr><td>海外代理费</td><td></td><td>操作费</td><td>200</td></tr>
<tr><td>超期用箱费</td><td></td><td>仓库装箱费</td><td>1,000</td></tr>
<tr><td>查验费</td><td></td><td>安保费</td><td></td></tr>
<tr><td>优惠</td><td></td><td>舱单发送费</td><td>20</td></tr>
<tr><td>海运总价</td><td></td><td>铅封费</td><td>100</td></tr>
<tr><td></td><td></td><td></td><td></td></tr>
<tr><td></td><td></td><td></td><td></td></tr>
<tr><td>合计</td><td>3,846</td><td>合计</td><td>4,120</td></tr>
<tr><td>经理审核</td><td></td><td>操作经理
签 字</td><td></td></tr>
<tr><td colspan="4">备注：
（11）1. 以上报价仅限 2023 年 2 月前有效。
2. 结款方式：票结。</td></tr>
</table>

巩固训练

张勤又接到了来自余姚中南有限公司（TEL/FAX：0574-623***38）的出口业务的询价电话，货物信息见表3-6，船公司价格表见表3-7，请据此完成海运报价单（见物流单证活页附表3-1）的填制。

表3-6 出口货物信息

货物品名：玩具	件数：2,800 箱
体积：20m^3	装运港：宁波港
毛重：货物重量为 22t	目的港：荷兰鹿特丹港
要求整箱货的方式运往荷兰	允许中转
船期要求：2024-01-20	要求办理报关和托卡

表3-7 船公司价格

航线	航程（天）	是否中转	20GP（USD）	40GP（USD）	40HP（USD）	船期	基本港
欧基港	30	否	1,200	2,300	2,400	周一	ROT/HAM/FEL/ANT
	28	否	1,200	2,300	2,400	周四	HAM/ LEH
地西	27	是	1,150	2,500	2,550	周一	GENOVA/NAPLES/LIVORNO/FOS
	30	是	1,150	2,450	2,500	周四	GENOVA/LA SPEZIA/ BARCELONA/VALENCIA

备注：1. 以上运费不含附加费。
2. 1 月份增收 BAF10%，CAF 5%，PSS 5%。
3. HAIFA、ASHDOD 另需要加 WARS9/TEU。
4. 欧基港增收苏伊士运河附加费 USD7/TEU。

任务评价

序号	评价任务	要素说明	分值	扣分小计	得分小计
1	掌握国际货运代理运费的组成（30 分）	掌握并熟记多种海运附加费的组成以及缩写	10		
		掌握整箱货海运费用的计算方法	20		
2	能制作基本的海运价格表和货代费用报价单（50 分）	根据任务情境正确填制报价单，并向客户进行报价	50		
3	素养（20 分）	培养岗位责任意识	10		
		培养认真严谨的制单态度	10		
自我评价			总得分		

任务二 托运单的缮制

任务描述

浙江兴发茶业进出口公司与浙江顺达货运代理公司签订了长期合作协议。浙江兴发公司现有一批茶叶需要出口到意大利，委托浙江顺达公司为其办理全程托运，要求在2023年11月10日之前装船。货品信息如下：品名为“中国绿茶”；数量1,200纸袋；包装件数为300纸箱；规格为4纸袋/纸箱；毛重3,240.00kg；净重2,400.00kg；体积24.00m^3。

任务要求

浙江顺达公司业务员张勤受理这批货物海运出口代理委托，请以其身份缮制2023年11月7日起航的托运单。

任务目标

1. 知识目标:

(1)准确表述出口托运业务的订舱手续办理步骤;

(2)根据国家标准《国际货运单证缮制规范》(GB/T 28831—2012)中的相关规定,正确识记托运单的格式、主要内容及缮制要求。

2. 能力目标:

能够根据所给任务情境正确完成托运单的缮制。

3. 素养目标:

(1)理解托运单作为双方委托代理依据的重要性,促进服务客户的岗位责任意识养成;

(2)体验托运单缮制的职业角色,培养认真严谨的制单素养。

知识准备

一、海运订舱委托书的含义

海洋运输有两种方式:租船运输和班轮运输。在集装箱班轮货物运输中,货主一般会委托货运代理人为其代理货运业务,可由货主作为委托人提出委托,货代公司作为代理人接受委托,双方达成委托代理关系。货代会要求客户以托运人的名义起草一份订舱委托书,以正式确定双方的委托代理关系。如果双方存在长期货运代理业务关系,有时也会以出口货物明细表、托运单、简易提单,通过线上传送方式来代替订舱委托书。订舱委托书是货代凭此订舱的依据,是双方的协议,是双方委托代理关系的证明。

二、海运出口托运单的含义、内容及缮制要求

海运出口托运单即托运单(Shipping Note,S/N;或Booking Note,B/N),是货运代理根据托运人提供的订舱委托书的内容缮制的,向承运人或其代理办理货物托运的单证,是货运代理代表出口企业在报关前向船方代理申请租船订舱的一张单据,是日后制作提单的主要背景材料。如果托运单出现缮制错漏、延误等问题,就会影响结汇单证的正确制作和快速流转,从而影响安全结汇。

某货代企业的托运单样表见表3-8。

表3-8 海运出口托运单样表

<table>
<tr><td colspan="3">（1）Shipper</td><td colspan="6">Booking Note</td></tr>
<tr><td colspan="3" rowspan="2">（2）Consignee</td><td colspan="6">托运编号：</td></tr>
<tr><td colspan="6">TO：</td></tr>
<tr><td colspan="3" rowspan="3">（3）Notify Party（Carrier not to be responsible for failure to notify）</td><td colspan="6">FROM：</td></tr>
<tr><td colspan="6">TEL：</td></tr>
<tr><td colspan="6">FAX：</td></tr>
<tr><td rowspan="2">Pre-carriage by</td><td colspan="2" rowspan="2">Place of Receipt</td><td colspan="6">预配船期：</td></tr>
<tr><td colspan="6">备注：</td></tr>
<tr><td>Ocean Vessel</td><td colspan="2">Voy.No.</td><td colspan="6" rowspan="3"></td></tr>
<tr><td>（4）Port of Loading</td><td colspan="2">（5）Port of Discharge</td></tr>
<tr><td>（6）Place of Delivery</td><td colspan="2">Final Destination</td></tr>
<tr><td>（7）Marks & Nos. Container No. Seal No.</td><td>（8）No. of Containers or Pkgs.</td><td colspan="3">（9）Kind of Packages Description of Goods</td><td colspan="2">（10）Gross Weight（KGS）</td><td colspan="2">（11）Measurement（CBM）</td></tr>
<tr><td>（12）Total Number of Containers or Packages（in words）</td><td colspan="8"></td></tr>
<tr><td>（13）Freight & Charges</td><td>Revenue Tons</td><td colspan="2">Rate</td><td colspan="2">pre</td><td colspan="2">Prepaid</td><td>Collect</td></tr>
<tr><td rowspan="2">Ex. Rate</td><td>Prepaid at</td><td colspan="3">Payable at</td><td colspan="4">（14）Place and Date of Issue</td></tr>
<tr><td>Total Prepaid in</td><td colspan="3">（15）No.of Original B(s)/L</td><td colspan="4">Signed for the Carrier</td></tr>
<tr><td>Date</td><td></td><td colspan="3">By</td><td colspan="4"></td></tr>
</table>

（1）Shipper（发货人或出口方，即出口货物明细单中的经营单位）：在国际贸易中发货人即货物托运手续的办理人，可以是货主也可以是受委托的代理人。一般情况下，填写出口公司的名称、地址及联系方式。具体内容根据合同进行填写，在信用证支付方式下应与信用证中受益人的名称、地址一致。

（2）Consignee（提单的抬头人，即出口货物明细单中的抬头人）：提单抬头即收货人，一般有记名、不记名和指示三种，作用就是指明谁是收货人。一般填写进口商，是托运人在货物运单上指定在货物到达地提取货物的单位或者个人。以信用证或合同的要求为准，可以填写“TO ORDER” “TO ORDER OF XX” “XX CO.” “TO BEARER”等。

（3）Notify Party（预定收货人或者收货人的代理人，一般为进口方，即出口货物明细单中的通知人）：一般填写进口商，必须有公司名称和详细地址，有时则显示“SAME AS CONSIGNEE”，在信用证方式下，具体以信用证要求为准。

（4）Port of Loading（装运港）：又称装货港，是货物起始装运的港口。在国际货物买卖合同中，装运港一般由卖方提出，经买方同意后确定。制表时填写装运港名称。如货物需转运则填写装运港/中转港名称。

（5）Port of Discharge（卸货港）：又称目的港，是合同规定的最后卸货港。目的港一般由买方提出，经卖方同意后确定。

（6）Place of Delivery（交货地点）：通常指卖方按照销售合同规定将货物交付给买方或者承运人的地点，即合同中规定的货物实际交货地点。此项依据合同中规定的贸易术语填写。

（7）Marks & Nos. Container No. Seal No.（标记、箱号和铅封）：标记简称唛头，由简单的几何图形和数字、字母或简单的文字组成，标记在货物物流包装表面，是为了识别货物，防止错发错运。若没有标记，则填写“N/M”。箱号是指装运出口货物的集装箱箱号。铅封是将货物装入集装箱并正确地关闭箱门后，由特定人员施加的类似于锁扣的设备。铅封一经正确锁上，除非暴力破坏（即剪开），否则无法打开，破坏后的铅封无法重新使用。每个铅封上都有唯一的编号标识。刚开始委托的时候，箱号和铅封都是不用填的。

（8）No. of Containers or Pkgs.（箱数或件数）：指包装的件数或者集装箱的箱数，需按实际情况填写。

（9）Kind of Package/Description of Goods（包装种类与货名）：包装种类一般是指包装材料及形式，一般情况下不需要填写；货名即货物名称，是销售合同中对出口货品的描述。特别说明：如果信用证有另外的附加条款需要显示在提单上，一般在托单品名栏里注上，因此出口货物明细单中的运费预付、注意事项都显示在托运单的品名栏里。

（10）Gross Weight（毛重）：货物连同包装的重量。单据中填写承运货物的总毛重，一般是船公司计算运费的根据之一。

（11）Measurement（体积）：单据中填写所有货物的总体积，一般以立方米计。该数据是船公司计算运费的根据之一。

（12）Total Number of Containers or Packages (in words)（集装箱数或件数合计）：填写集装箱总数或商品总件数，大写表示。以“SAY …ONLY”填写。

（13）Freight & Charges（运费与附加费）：此处填写出口货物所需的运费、其他杂费及支付方式，支付方式选择是预付或到付。

（14）Place and Date of Issue（提单签发地点与日期）：填写提单预计签发的地点和时间。

（15）No. of Original B(s) /L（正本提单份数）：填写提单的份数，填写格式为数字大写字母+（阿拉伯数字）。承运人一般签发海运正本提单三份，则直接填写“THREE(3)”。

托运单的缮制

任务实施

步骤一：确认方案和运价，接收并审核订舱委托书。

（1）根据方案报价，双方进一步商谈，根据运价表确定方案和运价条款，包括海运运费和杂费、运输条款、付款事项以及责任等。

（2）得到客户确认后，要求对方业务员填写一份出口货物明细单（见表3-9），其作用同订舱委托书。通过订舱委托书确认委托内容，对托运人/发货人、船公司/船期、起运港、目的港、货名、箱型箱量、运价条款与运价、托运人签字盖章等信息进行核实，确保无误。

表3-9　出口货物明细单缮制

<table>
<tr><th colspan="8">出口货物明细单</th></tr>
<tr><td rowspan="3">经营单位（装船人）</td><td colspan="3" rowspan="3">ZHEJIANG XINGFA TEA IMP. & EXP. CORP.
NO.29 JUXIAN ROAD, NINGBO, CHINA</td><td>合同号</td><td colspan="3">RGCL/PI004（SPL-001）</td></tr>
<tr><td>信用证号</td><td colspan="3">88696000825</td></tr>
<tr><td>开证日期</td><td>2023-09-10</td><td>收到日期</td><td></td></tr>
<tr><td rowspan="5">提单或承运单据</td><td rowspan="2">抬头人</td><td colspan="2" rowspan="2">TO ORDER</td><td>金额</td><td></td><td>收汇方式</td><td>L/C</td></tr>
<tr><td>贸易性质</td><td>一般贸易</td><td>贸易国别</td><td>意大利</td></tr>
<tr><td rowspan="2">通知人</td><td colspan="2" rowspan="2">SPIL BERG DI YONG KEE FUI
VIA A. DE GASPERI 4
24018 VILLA D ALME BG ITALY</td><td>出口口岸</td><td>NINGBO/
CHINA</td><td>目的港</td><td>GENOA/
ITALY</td></tr>
<tr><td>可否转运</td><td>NO</td><td>可否分批</td><td>NO</td></tr>
<tr><td>运费</td><td colspan="2">FREIGHT PREPAID</td><td>装运期限</td><td>2023-11-10</td><td>有效期限</td><td>2023-11-19</td></tr>
<tr><td colspan="2" rowspan="2">标记唛头</td><td rowspan="2">货名规格及货号</td><td rowspan="2">件数及包装</td><td rowspan="2">毛重</td><td rowspan="2">净重</td><td colspan="2">价格（成交条件）</td></tr>
<tr><td>单价</td><td>总价</td></tr>
<tr><td colspan="2">N/M</td><td>CHINA GREEN TEA</td><td>300 CARTONS</td><td>3,240.00KGS</td><td></td><td></td><td></td></tr>
<tr><td rowspan="4">本公司注意事项</td><td colspan="3" rowspan="4">浙江兴发茶业进出口有限公司
宁波市聚贤路 29 号
FAX:0574-88888888 TEL:0574-66666666
联系人：张勤</td><td colspan="2">总体积</td><td colspan="2">24.00CBM</td></tr>
<tr><td rowspan="3">保险单</td><td>险别</td><td colspan="2"></td></tr>
<tr><td>保额</td><td colspan="2"></td></tr>
<tr><td>赔款地点</td><td colspan="2"></td></tr>
<tr><td rowspan="4">外运外轮注意事项</td><td colspan="3" rowspan="4">请于 2023 年 11 月 4 日 9 点 1x20 货柜到如下地点装货：浙江天天好茶有限公司 地址：宁波鄞州区姜山镇 78 号
联系人：李欣　MT：138****1818</td><td colspan="2">船名</td><td colspan="2"></td></tr>
<tr><td colspan="2">海关编号</td><td colspan="2"></td></tr>
<tr><td colspan="2">放行日期</td><td colspan="2"></td></tr>
<tr><td>制单员</td><td></td><td>制单日期</td><td>2023-11-01</td></tr>
</table>

步骤二：缮制托运单，办理订舱手续。

（1）张勤依据出口货物明细单信息缮制托运单（见表3-10）。

表3-10　海运出口托运单缮制

<table>
<tr><td colspan="3">（1）Shipper</td><td colspan="6" rowspan="2">Booking Note</td></tr>
<tr><td colspan="3">ZHEJIANG XINGFA TEA IMP.&EXP. CORP.
NO.29 JUXIAN ROAD, NINGBO, CHINA</td></tr>
<tr><td colspan="3">（2）Consignee</td><td colspan="6">托运编号：</td></tr>
<tr><td colspan="3">TO ORDER</td><td colspan="6">TO：</td></tr>
<tr><td colspan="3">（3）Notify Party（Carrier not to be responsible for failure to notify）</td><td colspan="6">FROM：</td></tr>
<tr><td colspan="3" rowspan="3">SPIL BERG DI YONG KEE FUI
VIA A. DE GASPERI 4
24018 VILLA D ALME BG ITALY</td><td colspan="6">TEL：</td></tr>
<tr><td colspan="6">FAX：</td></tr>
<tr><td colspan="6">预配船期：</td></tr>
<tr><td>Pre-carriage by</td><td colspan="2">Place of Receipt</td><td colspan="6">备注：</td></tr>
<tr><td>Ocean Vessel</td><td colspan="2">Voy.No.</td><td colspan="6" rowspan="4">请定 COSCO 一截三开 11 月 7 日直达船，1X20'GP，海运价：USD1,200/20'GP</td></tr>
<tr><td>（4）Port of Loading</td><td colspan="2">（5）Port of Discharge</td></tr>
<tr><td>NINGBO CHINA</td><td colspan="2">GENOA ITALY</td></tr>
<tr><td>（6）Place of Delivery</td><td colspan="2">Final Destination</td></tr>
<tr><td>（7）Marks & Nos. Container No. Seal No.</td><td>（8）No. of Containers or Pkgs.</td><td colspan="3">（9）Kind of Packages：Description of Goods</td><td colspan="2">（10）Gross Weight（KGS）</td><td colspan="2">（11）Measurement（CBM）</td></tr>
<tr><td>N/M</td><td>300CTNS</td><td colspan="3">CHINA GREEN TEA1X20'GP FCL/FCLCY-CY
FREIGHT PREPAID</td><td colspan="2">3,240.000</td><td colspan="2">24.000</td></tr>
<tr><td>（12）Total Number of Containers or Packages（in words）</td><td colspan="8">SAY THREE HUNDRED CARTONS ONLY</td></tr>
<tr><td>Freight & Charges</td><td colspan="2">Revenue Tons</td><td>Rate</td><td colspan="2">pre</td><td colspan="2">Prepaid</td><td>Collect</td></tr>
<tr><td rowspan="2">Ex. Rate</td><td>（13）Prepaid at
NINGBO CHINA</td><td colspan="3">Payable at</td><td colspan="4">（14）Place and Date of Issue
NINGBO CHINA</td></tr>
<tr><td>Total Prepaid in</td><td colspan="3">（15）No.of Original B(s) /L
THREE（3）</td><td colspan="4">Signed for the Carrier</td></tr>
<tr><td>Date</td><td></td><td colspan="3">By</td><td colspan="4"></td></tr>
</table>

（2）张勤缮制托运单后，随同客户提供的发票、装箱单等其他必要单证一同向船公司办理订舱手续。船公司会在开船前7天提前发放订舱确认书以证明船公司向客户预留了舱位。

巩固训练

张勤按客户中国瑞阳纺织品进出口公司要求，委托东方海外船公司出运一批棉毛巾，根据出口货物明细单（见表3-11）所提供的主要内容，缮制集装箱货物托运单（见物流单证活页附表3-2）。

表3-11　出口货物明细单

<table>
<tr><td colspan="8">出口货物明细单</td></tr>
<tr><td rowspan="3">经营单位（装船人）</td><td colspan="3" rowspan="3">CHINA RUIYANG TEXTILE IMPORT AND EXPORT CORP.
NO.123 BAYI ROAD, DALIAN, CHINA</td><td>合同号</td><td colspan="3">CH200</td></tr>
<tr><td>信用证号</td><td colspan="3">LC123-258866</td></tr>
<tr><td>开证日期</td><td>2023-09-25</td><td>收到日期</td><td></td></tr>
<tr><td rowspan="5">提单或承运单据</td><td rowspan="2">抬头人</td><td colspan="2" rowspan="2">TO ORDER</td><td>金额</td><td></td><td>收汇方式</td><td>L/C</td></tr>
<tr><td>贸易性质</td><td>一般贸易</td><td>贸易国别</td><td>泰国</td></tr>
<tr><td rowspan="2">通知人</td><td colspan="2" rowspan="2">LUCKY VICTORY TRADE CORPORATION
NO.83MOO.9 TUMBOL MABYANGPORN, AMPHUR PLUAKDAENG, RAYONG 34521, THAILAND</td><td>出口口岸</td><td>DALIAN/CHINA</td><td>目的港</td><td>LAEM CHABANG/THAILAND</td></tr>
<tr><td>可否转运</td><td>NO</td><td>可否分批</td><td>NO</td></tr>
<tr><td>运费</td><td colspan="2">FREIGHT PREPAID</td><td>装运期限</td><td>2023-11-16</td><td>有效期限</td><td>2023-12-01</td></tr>
<tr><td colspan="2" rowspan="2">标记唛头</td><td rowspan="2">货名规格及货号</td><td rowspan="2">件数及包装</td><td rowspan="2">毛重</td><td rowspan="2">净重</td><td colspan="2">价格（成交条件）</td></tr>
<tr><td>单价</td><td>总价</td></tr>
<tr><td colspan="2">OUEST PARIS
NO.1-800</td><td>100% COTTON TOWEL AS PER S/C NO. CH200</td><td>800 CARTONS</td><td>20,000.00 KGS</td><td></td><td></td><td></td></tr>
<tr><td rowspan="4">本公司注意事项</td><td colspan="3" rowspan="4">中国瑞阳纺织品进出口公司
大连市八一路 123 号
FAX：0411-2526363
TEL：0411-3626272
联系人：李振</td><td colspan="2">总体积</td><td colspan="2">30.00CBM</td></tr>
<tr><td rowspan="3">保险单</td><td>险别</td><td colspan="2"></td></tr>
<tr><td>保额</td><td colspan="2"></td></tr>
<tr><td>赔款地点</td><td colspan="2"></td></tr>
<tr><td rowspan="4">外运外轮注意事项</td><td colspan="3" rowspan="4">请于 2023 年 11 月 7 日 10 点 1x20 货柜到如下地点装货：中国瑞阳纺织品进出口公司
地址：大连市八一路 123 号
联系人：董微　MT：137****3627</td><td colspan="2">船名</td><td colspan="2"></td></tr>
<tr><td colspan="2">海关编号</td><td colspan="2"></td></tr>
<tr><td colspan="2">放行日期</td><td colspan="2"></td></tr>
<tr><td>制单员</td><td></td><td>制单日期</td><td>2023-11-06</td></tr>
</table>

任务评价

序号	评价任务	要素说明	分值	扣分小计	得分小计
1	准确表述出口托运业务的订舱手续办理步骤，了解订舱委托书、托运单的含义（20 分）	介绍出口托运业务的订舱手续办理步骤	10		
		介绍订舱委托书的含义	5		
		介绍海运出口托运单的含义	5		
2	正确识记托运单的格式、主要内容及缮制要求（20 分）	介绍托运单相关栏目的中英文含义、缮制要求（按空格计数）	20		
3	根据所给任务情境正确完成托运单的缮制（40 分）	按课堂任务缮制托运单（按空格计数，每空 1 分）	20		
		按课后任务缮制托运单（按空格计数，每空 1 分）	20		
4	素养（20 分）	遵守职业行为规范	10		
		具备严谨制单的态度	10		
自我评价			总得分		

任务三 集装箱设备交接单的缮制

任务描述

温州捷利达鞋业有限公司（WENZHOU JIELIDA SHOES CO.，LTD. ADD：NO.8，99#，YANDANG EAST ROAD ECONOMIC TECH.DEV ZONE，WENZHOU，CHINA）与浙江顺达货运代理公司签订了长期合作协议。2023年9月30日温州捷利达公司提出有一批女靴需要出口到英国的南安普敦港，委托浙江顺达公司为其办理全程托运，要求在2023年11月10日之前装船。顺达货运委托九通物流公司帮其办理托运装柜业务。装柜的司机是王刚，他所驾驶的集卡车车牌号是浙B8J509。

任务要求

浙江顺达公司业务员张勤受理这批货物海运出口代理委托，请以其身份缮制2023年11月7日起航的集装箱设备交接单。

任务目标

1. 知识目标：

（1）了解集装箱设备交接单的含义、作用和操作要点；

（2）准确表述出口集装箱设备交接单的流转步骤；

（3）根据国家标准《国际货运单证缮制规范》（GB/T 28831—2012）中的相关规定，正确识记集装箱设备交接单的格式、主要内容及缮制要求。

2. 能力目标：

能够根据所给任务情境正确完成集装箱设备交接单缮制。

3. 素养目标：

（1）通过学习集装箱设备交接单的操作要点，培养学生的风险意识和责任意识；

（2）遵守职业道德准则和行为规范，培养学生的岗位意识和认真严谨的制单态度。

知识准备

一、集装箱设备交接单概述

1. 集装箱设备交接单的含义

集装箱设备交接单（Equipment Interchange Receipt或Equipment Receipt，E/R）简称设备交接单，是指进出港区、场站时，用箱人、运箱人与管箱人或其代理人之间交接集装箱的凭证，是拥有和管理集装箱的船公司或代理人与使用集装箱运输的人共同签署有关设备交接的协议。设备交接单分出场（港）和进场（港）设备交接单两种，各有三联，分别为管箱单位（船公司或其代理人）的留底联、码头与堆场联、用箱人与运箱人联。

2. 集装箱设备交接单的作用

设备交接单是集装箱所有人或其代理签发的用以进行集装箱等设备发放、收受等移交手续并证明移交时箱体状况的书面凭据。设备交接单作为集装箱在流转过程中，每个环节所发生变化和责任转移的事实记录，除了用于对集装箱的盘存管理和对集装箱进行跟踪外，还可代替集装箱发放通知单兼作箱管单位提供用箱人或其代理据此向港站办理提取、交接或回送集装箱及其设备的依据，更是划分箱体在使用过程中的损坏责任的唯一依据。

二、集装箱设备交接单的流转

集装箱设备交接单的流转程序如图3-3所示。

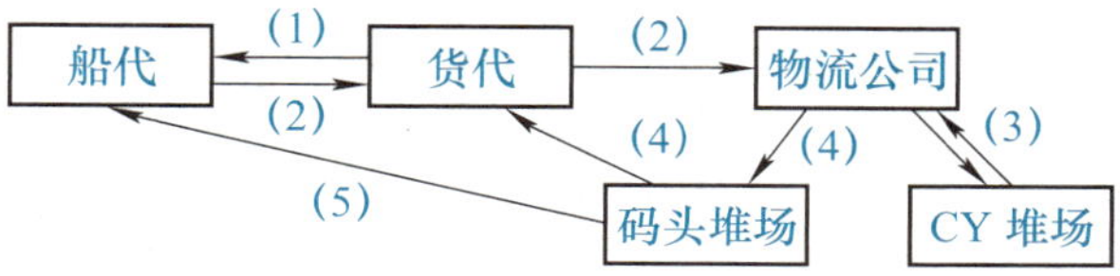

图3-3　集装箱设备交接单流转程序

（1）托运人或代理人订妥舱位后，即可向船方申请领取设备交接单。

（2）由箱管单位填制设备交接单，交托运人或用箱人、运箱人。

（3）由托运人或用箱人、运箱人到CY堆场提取空箱。

（4）托运人或用箱人、运箱人装完柜后把集装箱送到码头堆场，经办人员核单并查验箱体后，双方签字，留下箱管单位联和码头、堆场联，将用箱人、运箱人联退还用箱人或运箱人。

（5）码头堆场经办人员将箱管单位联退给船公司或其代理的箱管部门。

三、集装箱设备交接单的操作要点

凡有下列情况之一的，均应在设备交接单上予以批注：

（1）集装箱箱号、关封号与单证记载不符，或关封异常、脱落、无法辨认等情况。

（2）集装箱有漏水、漏光、擦伤、破洞等。

（3）集装箱箱门无法关闭。

（4）集装箱四柱、六面、八角部位并不完整。

（5）集装箱箱内有污，有异味。

（6）凹损超过内端面3cm，凸损超角件外端面。

（7）箱体外贴有前次危险品标志未经处理。

（8）集装箱附属部件损坏或丢失。

（9）集装箱安全铭牌丢失。

四、集装箱设备交接单的内容及缮制要求

某货代企业的集装箱设备交接单样表见表3-12。

表3-12　集装箱设备交接单样表

集装箱设备交接单

EQUIPMENT INTERCHANGE RECEIPT　　　　OUT 出场

（1）用箱人 / 运箱人（CONTAINER USER/HAULIER）		（2）提箱地点（PLACE OF DELIVERY）	
（3）发往地点（DELIVERED TO）		（4）返回 / 收箱地点（PLACE OF RETURN）	
（5）船名 / 航次（VESSEL/VOYAGE NO.）	（12）集装箱号（CONTAINER NO.）	（6）尺寸 / 类型（SIZE/TYPE）	（7）营运人（CNTR. OPTR.）
（8）提单号（B/L NO.）	（13）铅封号（SEAL NO.）	（9）免费期限（FREE TIME PERIOD）	（14）运载工具牌号（TRUCK WAGON. BARG NO.）
（10）出场目的 / 状态（PPS OF GATE-OUT/STATUS）		（11）进场目的 / 状态（PPS OF GATE-IN /STATUS）	（15）出场日期（TIME-OUT）
出场检查记录（INSPECTION AT THE TIME OF INTERCHANGE）			
普通集装箱（GP CONTAINER）	冷藏集装箱（RF CONTAINER）	特种集装箱（SPECIAL CONTAINER）	发电机（GEN SET）
□ 正常 □ 异常	□ 正常 □ 异常	□ 正常 □ 异常	□ 正常 □ 异常

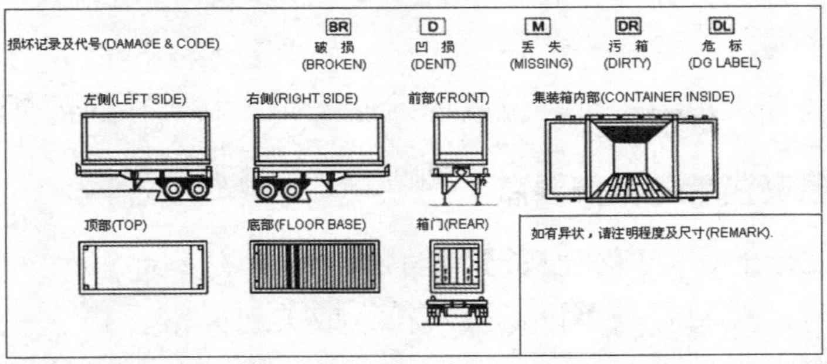

除列明者外，集装箱及设备交接是完好无损，铅封完好无损。

THE CONTAINER/ASSOCIATED EQUIPMENT INTERCHANGED IN SOUND CONDITION AND SEAL INTACT UNLESS OTHERWISE STATED.

用箱人 / 运箱人签署　　　　码头 / 场站值班员签署

（CONTAINER USER/HAULIER'S SIGNATURE）（TERMINAL/DEPOT CLERK'S SIGNATURE）

集装箱设备交接单的主要内容及缮制要求如下：

（1）用箱人/运箱人（CONTAINER USER/HAULIER）：用箱人是指使用集装箱的人；运箱人是指运输集装箱的人。

（2）提箱地点（PLACE OF DELIVERY）：提取集装箱空箱的地点，即因检验、修理、清洗、租赁、堆存、转运出口而提离有关港区、场/站的空箱。

（3）发往地点（DELIVERED TO）：集装箱要运往的目的地。发往地点是实施集装箱动态管理的重要栏目，船舶代理人通过计算机的统计分析能随时掌握海上、口岸的集装箱分布情况，为生产和箱管提供决策依据。填写时字体必须清楚，发往地点完整。

（4）返回/收箱地点（PLACE OF RETURN）：集装箱返回或者回收的地方。

（5）船名/航次（VESSEL/VOYAGE NO.）：船名是指装运出口货物的船舶名称；航次是指船舶在营运中完成一次运输生产任务的周期。此栏由船舶代理人填写。

（6）尺寸/类型（SIZE/TYPE）：装运出口货物的集装箱尺寸和类型，由船舶代理人填写。

（7）营运人（CNTR. OPTR.）：参与集装箱运输的承运人，由船舶代理人填写。“营运人”栏是港区、场/站对集装箱进行管理的主要依据。凡集装箱设备交接单签发后，营运人发生变更时必须由船舶代理人及时通知港区、场/站。

（8）提单号（B/L NO.）：一般列在提单右上角，由船舶代理人填写，以便于工作联系和查核。发货人向收货人发送装船通知（SHIPMENT ADVICE）时，也要列明船名和提单号码。

（9）免费期限（FREE TIME PERIOD）：集装箱免费使用的时间，由船舶代理人填写。出口货物使用的集装箱通常的免费使用期为十天，从提箱的日期开始计算，集装箱所属的班轮航次的开航日截止。

（10）出场目的/状态（PPS OF GATE-OUT/STATUS）：集装箱出堆场的目的以及出堆场的状态，由船舶代理人填写。

（11）进场目的/状态（PPS OF GATE-IN / STATUS）：集装箱进堆场的目的以及进堆场的状态，由船舶代理人填写。

（12）集装箱号（CONTAINER NO.）：装运出口货物的集装箱箱号。进口拆箱由船舶代理人填写；出口装箱除指定箱号外，由港区填写。

（13）铅封号（SEAL NO.）：铅封号是指货物装好之后，给集装箱加上一个锁其实是铅封，每个铅封上面都有一个号码，铅封只有破坏才可以打开。进口拆箱由船舶代理人填写；出口装箱由运箱人要求装箱点填写。

（14）运载工具牌号（TRUCK WAGON. BARG NO.）：集装箱车的车牌号码，由运箱人填写。

（15）出场日期（TIME-OUT）：集装箱出堆场的日期，由港区、场/站道口填写。

任务实施

步骤一：确认放舱，初步缮制集装箱设备交接单。

（1）船公司或其代理审核托运单信息，根据船舶装载情况，确认放舱。放舱信息见表3-13。

集装箱设备交接单的缮制

表3-13 放舱信息表

集装箱规格：40GP	船名 / 航次：CMA CGM VASCO/FLB74W
装货港：宁波港（NINGBO ）	卸货港：南安普敦港（SOUTHAMPTON）
提单号码：NBSOU1580051	标志和号码：N/M
货名：LADIES BOOTS	件数及包装种类：960 箱
毛重：7,392.00kg	体积：66m^3
提箱地点：宁波大港货柜有限公司	免费期限：2023-11-01 ～ 2023-11-10
进箱码头：北仑港三期码头	

（2）船公司或其代理根据托运单的内容以及本条航线的信息，初步缮制集装箱设备交接单，见表3-14中（1）～（11）栏。

表3-14 集装箱设备交接单缮制1

集装箱设备交接单

EQUIPMENT INTERCHANGE RECEIPT　　OUT 出场

（1）用箱人 / 运箱人（CONTAINER USER/HAULIER）		（2）提箱地点（PLACE OF DELIVERY）	
浙江顺达货运代理公司		宁波大港货柜有限公司	
（3）发往地点（DELIVERED TO）		（4）返回 / 收箱地点（PLACE OF RETURN）	
南安普敦港		北仑港三期码头	
（5）船名 / 航次（VESSEL/VOYAGE NO.）	集装箱号（CONTAINER NO.）	（6）尺寸 / 类型（SIZE/TYPE）	（7）营运人（CNTR. OPTR.）
CMA CGM VASCO/FLB74W		40GP	法国达飞海运
（8）提单号（B/L NO.）	铅封号（SEAL NO.）	（9）免费期限（FREE TIME PERIOD）	运载工具牌号（TRUCK WAGON. BARG NO.）
NBSOU1580051		2023-11-01 ～ 2023-11-10	
（10）出场目的 / 状态（PPS OF GATE-OUT/STATUS）		（11）进场目的 / 状态（PPS OF GATE-IN /STATUS）	出场日期（TIME-OUT）
空箱出场		空箱堆存	
出场检查记录（INSPECTION AT THE TIME OF INTERCHANGE）			
普通集装箱（GP CONTAINER）	冷藏集装箱（RF CONTAINER）	特种集装箱（SPECIAL CONTAINER）	发电机（GEN SET）
□ 正常 □ 异常	□ 正常 □ 异常	□ 正常 □ 异常	□ 正常 □ 异常

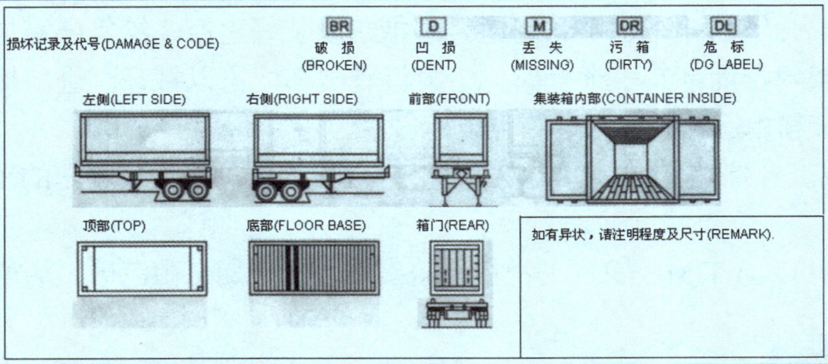

除列明者外，集装箱及设备交接是完好无损，铅封完好无损。

THE CONTAINER/ASSOCIATED EQUIPMENT INTERCHANGED IN SOUND CONDITION AND SEAL INTACT UNLESS OTHERWISE STATED.

用箱人 / 运箱人签署（CONTAINER USER/HAULIER'S SIGNATURE）　　码头 / 场站值班员签署（TERMINAL/DEPOT CLERK'S SIGNATURE）

步骤二：领取集装箱设备交接单，安排提箱装柜。

（1）货代得到放舱通知后，向船公司或其代理领取集装箱设备交接单。

（2）货代安排物流公司的拖车司机，于2023年11月2日到物流堆场提取空箱，提取集装箱的号码为GESU6541558，铅封号为D8304213，然后到工厂装柜。堆场工作人员根据具体信息完善集装箱设备交接单内容，见表3-15中（12）～（15）栏。

表3-15　集装箱设备交接单缮制2

集装箱设备交接单

EQUIPMENT INTERCHANGE RECEIPT　　OUT 出场

（1）用箱人/运箱人 （CONTAINER USER/HAULIER）		（2）提箱地点 （PLACE OF DELIVERY）	
浙江顺达货运代理公司		宁波大港货柜有限公司	
（3）发往地点（DELIVERED TO）		（4）返回/收箱地点（PLACE OF RETURN）	
南安普敦港		北仑港三期码头	
（5）船名/航次 （VESSEL/VOYAGE NO.）	（12）集装箱号 （CONTAINER NO.）	（6）尺寸/类型 （SIZE/TYPE）	（7）营运人 （CNTR. OPTR.）
CMA CGM VASCO/FLB74W	GESU6541558	40GP	法国达飞海运
（8）提単号（B/L NO.）	（13）铅封号 （SEAL NO.）	（9）免费期限 （FREE TIME PERIOD）	（14）运载工具牌号 （TRUCK WAGON. BARG NO.）
NBSOU1580051	D8304213	2023-11-01 ～ 2023-11-10	浙 B8J509
（10）出场目的/状态 （PPS OF GATE-OUT/STATUS）		（11）进场目的/状态 （PPS OF GATE-IN /STATUS）	（15）出场日期 （TIME-OUT）
空箱出场		空箱堆存	2023-11-02
出场检查记录（INSPECTION AT THE TIME OF INTERCHANGE）			
普通集装箱 （GP CONTAINER）	冷藏集装箱 （RF CONTAINER）	特种集装箱 （SPECIAL CONTAINER）	发电机 （GEN SET）
□ 正常 □ 异常	□ 正常 □ 异常	□ 正常 □ 异常	□ 正常 □ 异常

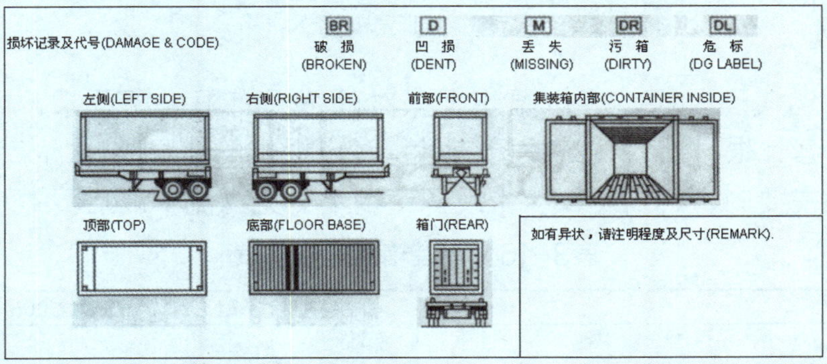

除列明者外，集装箱及设备交接是完好无损，铅封完好无损。

THE CONTAINER/ASSOCIATED EQUIPMENT INTERCHANGED IN SOUND CONDITION AND SEAL INTACT UNLESS OTHERWISE STATED.

用箱人/运箱人签署　　　　码头/场站值班员签署

（CONTAINER USER/HAULIER'S SIGNATURE）（TERMINAL/DEPOT CLERK'S SIGNATURE）

步骤三：将集装箱送至集装箱码头堆场，完成集装箱设备交接单的交接。

集装箱送至堆场后，经审核单证及查验箱体后，双方在设备交接单上签字。如果发现单箱不符或箱体残损，则需在设备交接单上批注。

随着业务的信息化、无纸化，提空箱、提重箱采用电子凭证，如图3-4和图3-5所示。

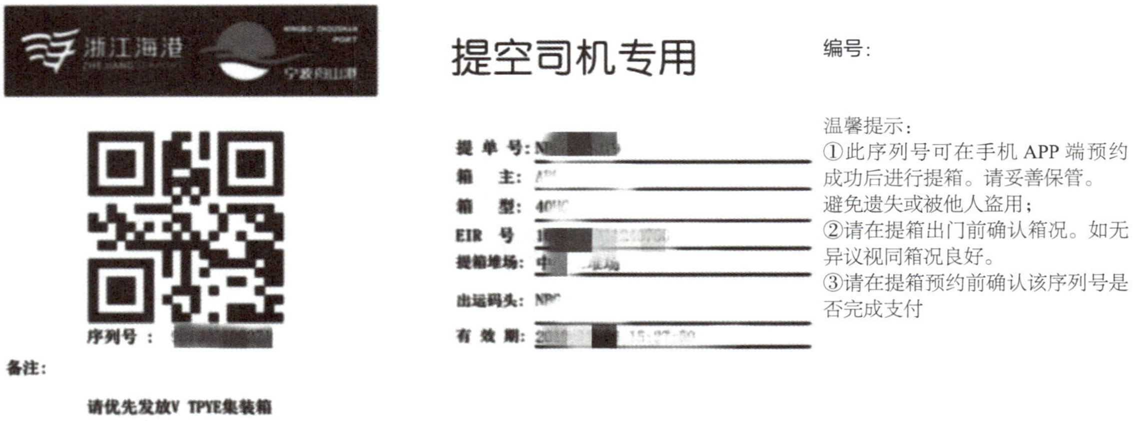

图3-4 提空电子凭证

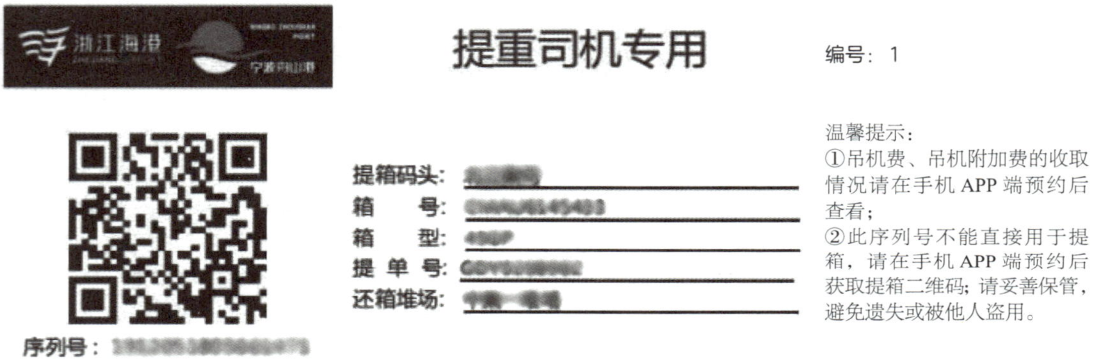

图3-5 提重电子凭证

巩固训练

浙江顺达货运代理公司按客户温州大兴对外贸易有限公司要求，委托东方海外船公司出运一批手套，根据船公司的放舱信息和客户提供的信息整理的集装箱运输信息表（见表3-16）的主要内容，缮制集装箱设备交接单（见物流单证活页附表3-3）。

表3-16 集装箱运输信息表

集装箱规格：40GP	船名 / 航次：ELLY MAERSK/1006
装货港：宁波港	卸货港：汉堡港
提单号码：APLU1580021	标志和号码：N/M
货名：手套	件数及包装种类：960 箱
毛重：7392.00kg	体积：66m^3
提箱地点：宁波大港货柜有限公司	免费期限：2023-11-10 ～ 2023-11-20
集装箱号码：APMU2820141	铅封号：8368933
出场日期：2023-11-11	进箱码头：北仑港三期码头
运载工具牌号：浙 B.88888	

任务评价

<table>
<tr><th>序号</th><th>评价任务</th><th>要素说明</th><th>分值</th><th>扣分小计</th><th>得分小计</th></tr>
<tr><td rowspan="3">1</td><td rowspan="3">准确表述出口集装箱设备交接单的流转步骤，了解集装箱设备交接单的含义、作用和操作要点（20 分）</td><td>介绍出口集装箱设备交接单的流转步骤</td><td>10</td><td></td><td></td></tr>
<tr><td>介绍集装箱设备交接单的作用</td><td>5</td><td></td><td></td></tr>
<tr><td>介绍集装箱设备交接单的操作要点</td><td>5</td><td></td><td></td></tr>
<tr><td>2</td><td>正确识记集装箱设备交接单的格式、主要内容及缮制要求（20 分）</td><td>介绍集装箱设备交接单相关栏目的含义、缮制要求（按空格计数）</td><td>20</td><td></td><td></td></tr>
<tr><td rowspan="2">3</td><td rowspan="2">根据所给任务情境正确完成集装箱设备交接单的缮制（40 分）</td><td>按课堂任务缮制集装箱设备交接单（按空格计数，每空 1 分）</td><td>20</td><td></td><td></td></tr>
<tr><td>按课后任务缮制集装箱设备交接单（按空格计数，每空 1 分）</td><td>20</td><td></td><td></td></tr>
<tr><td rowspan="2">4</td><td rowspan="2">素养（20 分）</td><td>培养风险意识和责任意识</td><td>10</td><td></td><td></td></tr>
<tr><td>培养岗位意识和认真严谨的制单态度</td><td>10</td><td></td><td></td></tr>
<tr><td>自我评价</td><td colspan="2"></td><td>总得分</td><td colspan="2"></td></tr>
</table>

任务四 集装箱装箱单的缮制

任务描述

温州捷利达鞋业有限公司与浙江顺达货运代理公司签订了长期合作协议。2023年9月30日温州捷利达鞋业有限公司提出有一批女靴需要出口到英国，委托浙江顺达为其办理全程托运，要求在2023年11月10日之前装船。顺达货运委托九通物流公司帮其办理托运装柜业务。装柜的司机是王刚，他所驾驶的集卡车车牌号是浙B8J509。

任务要求

顺达货代公司业务员张勤受理这批货物海运出口代理委托，请以其身份缮制2023年11月7日起航的集装箱装箱单。

任务目标

1. 知识目标：

（1）了解集装箱装箱单的含义、作用；

（2）准确表述出口货物运输集装箱装箱单的流转步骤；

（3）根据国家标准《国际货运单证缮制规范》（GB/T 28831—2012）中的相关规定，正确识记集装箱装箱单的格式、主要内容及缮制要求。

2. 能力目标：

能够根据所给任务情境正确完成集装箱装箱单的缮制。

3. 素养目标：

（1）通过引入电子装箱单的内容，感知数字化的发展趋势，提升信息素养；

（2）通过实践操作，提升学生的服务意识和精益求精的工作意识。

知识准备

一、集装箱装箱单概述

1. 集装箱装箱单的含义

集装箱装箱单（Container Load Plan）是指记载每一个集装箱内所装货物名称、数量、尺码、重量、标志和箱内货物积载情况的单证。它是集装箱运输的辅助货物舱单，对于特殊货物还应加注特定要求。

2. 集装箱装箱单的作用

在国际集装箱货物运输中，集装箱装箱单是一张极为重要的单证。其作用主要体现在以下几个方面：

（1）作为发货人、集装箱货运站与集装箱码头堆场之间货物交接的单证。

（2）是发货人向承运人提供集装箱内所装货物的明细清单。

（3）单据上所记载的货物与集装箱的总重量是计算船舶吃水差、稳性的基本数据。

（4）是装卸两港的集装箱作业区编制堆存计划及装卸船计划的依据。

（5）是在卸货地点办理集装箱保税运输手续和拆箱作业的重要单证。

（6）当发生货损时，是处理索赔事故的原始单据之一。

二、集装箱装箱单的流转程序

1. 纸质集装箱装箱单的流转程序

纸质集装箱装箱单的流转程序如图3-6所示。

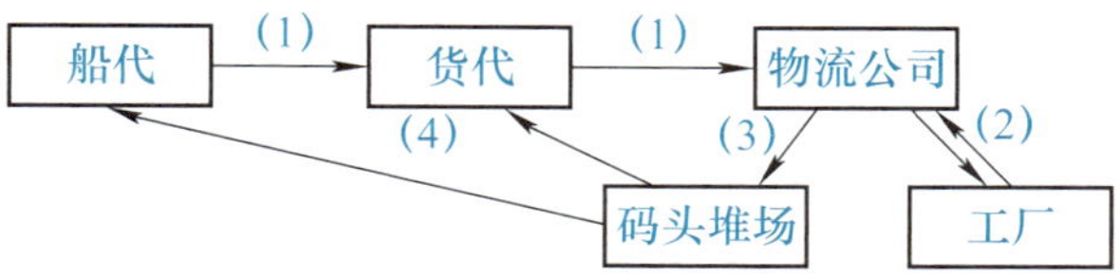

图3-6 纸质集装箱装箱单流转程序

（1）货代向船代领取装箱单后，安排物流公司去托运人指定工厂进行装柜作业。

（2）装箱人将货物装箱，完善装箱单，并在装箱单上签字，五联装箱单随同货物一起交付给拖车司机，在司机接箱时应要求司机在装箱单上签字并注明拖车号。

（3）司机将集装箱送至码头堆场后，应要求堆场收箱人员签字并写明收箱日期，以作为集装箱已进港的凭证。

（4）堆场收箱人在五联单上签章后，留下码头联、船代联和承运人联（码头联用以编制装船计划，船代联和承运人联分送给船代和承运人用以缮制积载计划和处理货运事故），并将发货人/装箱人联退还给发货人或货运站。

2. 无纸化电子装箱单的流转

无纸化电子装箱单的流转程序如图3-7所示。

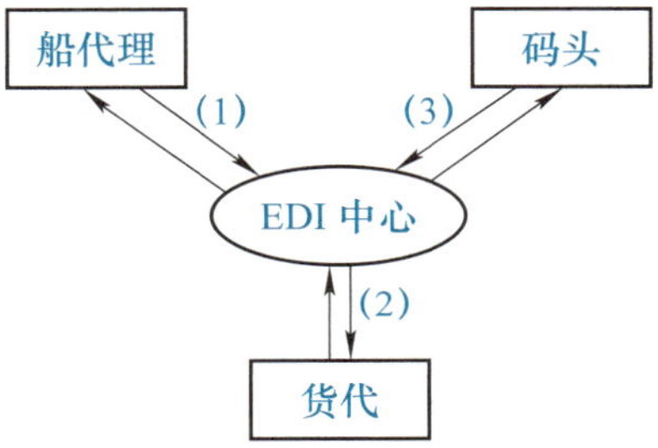

图3-7　无纸化电子装箱单流转程序

（1）船公司将出口船舶动态信息准确、及时、完整地提供给其船舶代理人。船舶代理人按照所代理船公司提供的船舶动态信息，在船舶开装7日前实时将此信息在EDI中心网站上公布。

（2）货运代理人可以从EDI中心找到本航次的电子装箱单信息，并安排装柜，并通过码头预录入系统录入完整的装箱单数据，通过EDI中心发送给相关方。

（3）载有出口重箱的集装箱车辆进港时，必须携带记载所载出口重箱的箱号的IC卡。集装箱码头道口在集装箱进港时，应当读取集装箱车辆所携IC卡中的箱号信息，当电子装箱单的箱号与IC卡上箱号相符，且电子装箱单其他相关内容准确无误后，道口准予放行。集装箱码头在集装箱进港后30min内，将该集装箱的进港信息通过EDI中心发送给相关方，并实时在EDI中心的网站上公布。

三、集装箱装箱单的内容及缮制要求

某货代企业的集装箱装箱单样表见表3-17。

表3-17 集装箱装箱单样表

装箱单 CONTAINER LOAD PLAN				(11)集装箱号 Container No.	(1)集装箱规格 Type of Container:	
				(12)铅封号 Seal No.	冷藏温度 Reefer Temp Required	
(2)船名 航次 Ocean Vessel Voy. No.	收货地点 Place of Receipt		(3)装货港 Port of Loading	(4)卸货港 Port of Discharge	交货地点 Place of Delivery	
(5)提单号码 B/L No.	(6)标志和号码 Marks & Numbers	(7)货名 Description of Goods	(8)件数及包装种类 No. & Kind of Pkgs.	(9)重量(千克) Weight kg.	(10)尺码(立方米) Measurement Cu. M	备注 Remarks
			总件数 Total Number of Packages 重量及尺码总计 Total Weight & Measurement			
重新铅封号 New Seal No.	开封原因 Reason for Breaking Seat		(13)装箱日期 Date of Vanning: (14)装箱地点 at: (地点及国名 Place & Country)		(17)皮重 Tare Weight	危险品要注明危险品标志分类及闪点 In case of dangerous goods, please enter the label classification and flash point of the goods
出口 Export	(15)驾驶员签收及车号 Received by Drayman	堆场签收 Received by CY	装箱人 Packed by: (16)发货人 货运站 (Shipper/CFS)		(18)总毛重 Gross Weight	
进口 Import	驾驶员签收及车号 Received by Drayman	货运站签收 Received by CFS	(签署)Signed			

集装箱装箱单的主要内容及缮制要求如下：

(1)集装箱规格(Type of Container)：装运本批货物的集装箱类型，填写格式为“集装箱尺寸(数字)”+“/”+“集装箱类型(英文缩写)”。

(2)船名、航次(Ocean Vessel，Voy. No.)：此处可依据报关单、放舱信息等内容直接填写订舱确认后的船名、航次。一般船名航次公布由“/”“V.”分隔，前半部分为船名，后半部分为航次。

(3)装货港(Port of Loading)：进口货物在运抵我国关境前的最后一个境外装运港，英文填写。

(4)卸货港(Port of Discharge)：买卖合同规定的最后卸货港口，英文填写。

(5)提单号码(B/L No.)：一般列在提单右上角，以便于工作联系和查核。发货人向收货人发送装船通知(SHIPMENT ADVICE)时，也要列明船名和提单号码。

(6)标志和号码(Marks & Numbers)：填写货物外包装上的运输标记。按提单、发票、装箱单、报关单上的内容填写，应与提单上所记载的标记一致，特别要同刷在货物外包装上的实际标记符号相同。若没有标记，则填写：N/M。

（7）货名（Description of Goods）：集装箱内所装货物名称，按照销售确认书填写商品的中文名称。

（8）件数及包装种类（No. & Kind of Pkgs.）：填写本批货物运输的实际包装件数及种类。填写标准为“商品数量”+“包装种类简写”。

（9）重量（Weight）：填写出运商品总毛重。填写时，若表头处有重量单位，则此处只填写重量数；若表头处无重量单位，则此处需填写重量数和单位。

（10）尺码（Measurement）：填写出运货物的总体积。填写时，若在表单表头处有体积单位，则此处只填写体积数；若表头处无体积单位，则此处需填写体积数和单位。

（11）集装箱号（Container No.）：车队到堆场提空后，填写实际集装箱号即可。

（12）铅封号（Seal No.）：由车队直接填写铅封号，通常为5～7位阿拉伯数字；与集装箱号码是一一对应的关系。

（13）装箱日期（Date of Vanning）：装箱的具体日期。

（14）装箱地点（at）：实际的货物装箱地点。如果是在工厂装箱则直接写工厂名称，如果是在堆场则写堆场名称。

（15）驾驶员签收及车号（Received by Drayman）：填写司机姓名及其所驾驶集装箱车的车牌号码。

（16）发货人、货运站（Shipper/CFS）：发货人英文名称和地址，可直接根据销售确认书填写。发货人即办理货物托运手续的办理人，可以是货主或受委托的代理人；货运站则是指集装箱货运站，即拼箱货物拆箱、装箱、办理交接的场所。一般情况下，此栏填写发货人。

（17）皮重（Tare Weight）：集装箱的空箱重量。

（18）总毛重（Gross Weight）：所有商品的毛重之和。若商品品类有两个或以上，则需要将所有不同品类商品的毛重相加得出总毛重。

目前各港口使用的装箱单大同小异，宁波港使用的集装箱装箱单一式五联，由码头、船代、承运人各一联，发货人/装箱人共二联组成。各个港口正在逐步实行无纸化电子装箱单。所谓电子装箱单，即是根据国家交通部规定格式，结合本港业务运作情况制订的出口装箱单电子单证。一个自然重箱的一份装箱单可以对应一份电子装箱单，也可以将同一船舶、航次的若干装箱单组成一份电子装箱单。电子装箱单上所载事项必须与纸面装箱单中相应事项完全一致。

集装箱装箱单的缮制

任务实施

步骤一：确认放舱，初步缮制集装箱装箱单。

（1）船公司或其代理审核托运单信息，根据船舶装载情况，确认放舱。放舱信息见表3-18。

表3-18 放舱信息表

集装箱规格：40GP	船名 / 航次：CMA CGM VASCO/FLB74W
装货港：宁波港（NINGBO）	卸货港：南安普敦港（SOUTHAMPTON）
提单号码：NBSOU1580051	标志和号码：N/M
货名：LADIES BOOTS	件数及包装种类：960 箱
毛重：7,392.00kg	体积：66m^3

（2）船公司或其代理根据托运单的内容及本条航线的信息，初步缮制集装箱装箱单，见表3-19中（1）～（10）栏。

表3-19 集装箱装箱单缮制1

<table>
<tr><td colspan="6" rowspan="2">装箱单
CONTAINER LOAD PLAN</td><td colspan="2">集装箱号
Container No.</td><td colspan="2">（1）集装箱规格
Type of Container：40/GP</td></tr>
<tr><td colspan="2">铅封号
Seal No.</td><td colspan="2">冷藏温度
Reefer Temp Required</td></tr>
<tr><td colspan="4">（2）船名 航次
Ocean Vessel Voy. No.
CMA CGM VASCO
/FLB74W</td><td>收货地点
Place of Receipt</td><td colspan="2">（3）装货港
Port of Loading
NINGBO</td><td>（4）卸货港
Port of Discharge
SOUTHAMPTON</td><td colspan="2">交货地点
Place of Delivery</td></tr>
<tr><td colspan="2">（5）提单号码
B/L No.</td><td colspan="2">（6）标志
和号码
Marks & Numbers</td><td>（7）货名
Description of Goods</td><td colspan="2">（8）件数及包装种类
No. & Kind of Pkgs.</td><td>（9）重量
（公斤）
Weight kg.</td><td>（10）尺码
（立方米）
Measurement Cu. M</td><td>备注
Remarks</td></tr>
<tr><td colspan="2" rowspan="2">NBSOU1580051</td><td colspan="2" rowspan="2">N/M</td><td rowspan="2">LADIES BOOTS</td><td colspan="2">960CTNS</td><td>7,392.00</td><td>66</td><td></td></tr>
<tr><td colspan="3">总件数
Total Number of Packages
重量及尺码总计
Total Weight & Measurement</td><td></td><td></td></tr>
<tr><td colspan="3">重新铅封号
New Seal No.</td><td colspan="2">开封原因
Reason for
Breaking Seat</td><td colspan="3">装箱日期 Date of Vanning：
装箱地点 at：
（地点及国名 Place & Country）</td><td>皮重
Tare Weight</td><td rowspan="3">危险品要注明危险品标志分类及闪点
In case of dangerous goods, please enter the label classification and flash point of the goods</td></tr>
<tr><td>出口
Export</td><td colspan="3">驾驶员签收及车号
Received by Drayman</td><td>堆场签收
Received by CY</td><td colspan="3" rowspan="2">装箱人
Packed by：
发货人 货运站
（Shipper/CFS）

（签署）Signed</td><td>总毛重
Gross Weight</td></tr>
<tr><td>进口
Import</td><td colspan="3">驾驶员签收及车号
Received by Drayman</td><td>货运站签收
Received by CFS</td><td></td></tr>
</table>

步骤二：领取集装箱装箱单，安排装箱。

（1）货代得到放舱通知后，向船公司或其代理领取集装箱装箱单，安排车队于2023年11月1日提取空箱，次日到工厂装柜。领取的集装箱号为GESU6541558，铅封号为D8304213，皮重为3,700kg。

（2）装箱人将货物装箱，完善集装箱装箱单内容，并在装箱单上签字。

（3）装箱单随同货物一起交付给拖车司机，并要求司机在装箱单上签字并注明拖车号。相关人员进一步完成集装箱装箱单的缮制，见表3-20中（11）～（18）栏。

表3-20　集装箱装箱单缮制2

<table>
<tr><td colspan="3" rowspan="2">装箱单
CONTAINER LOAD PLAN</td><td colspan="2">（11）集装箱号
Container No.
GESU6541558</td><td colspan="2">（1）集装箱规格
Type of Container：40GP</td></tr>
<tr><td colspan="2">（12）铅封号
Seal No.
D8304213</td><td colspan="2">冷藏温度
Reefer Temp Required</td></tr>
<tr><td colspan="2">（2）船名　航次
Ocean Vessel　Voy. No.
CMA CGM VASCO
/FLB74W</td><td>收货地点
Place of Receipt</td><td>（3）装货港
Port of Loading
NINGBO</td><td>（4）卸货港
Port of Discharge
SOUTHAMPTON</td><td colspan="2">交货地点
Place of Delivery</td></tr>
<tr><td>（5）提单号码
B/L No.</td><td>（6）标志和号码
Marks & Numbers</td><td>（7）货名
Description of Goods</td><td>（8）件数及包装种类
No. & Kind of Pkgs.</td><td>（9）重量（千克）
Weight kg.</td><td>（10）尺码（立方米）
Measurement Cu. M</td><td>备注
Remarks</td></tr>
<tr><td rowspan="2">NBSOU1580051</td><td rowspan="2">N/M</td><td rowspan="2">LADIES BOOTS</td><td>960CTNS</td><td>7,392.00</td><td>66</td><td></td></tr>
<tr><td colspan="2">总件数
Total Number of Packages
重量及尺码总计
Total Weight & Measurement</td><td></td><td></td></tr>
<tr><td>重新铅封号
New Seal No.</td><td colspan="2">开封原因
Reason for Breaking Seat</td><td colspan="2">（13）装箱日期 Date of Vanning：2023-11-02
（14）装箱地点 at：
（地点及国名 Place & Country）
温州捷利达鞋业有限公司</td><td>（17）皮重
Tare Weight
3,700KGS</td><td rowspan="3">危险品要注明危险品标志分类及闪点
In case of dangerous goods, please enter the label classification and flash point of the goods</td></tr>
<tr><td>出口
Export</td><td>（15）驾驶员签收及车号
Received by Drayman
王刚　浙 B8J509</td><td>堆场签收
Received by CY</td><td colspan="2" rowspan="2">装箱人
Packed by：
（16）发货人　货运站
（Shipper/CFS）

（签署）Signed</td><td>（18）总毛重
Gross Weight
7,392.00KGS</td></tr>
<tr><td>进口
Import</td><td>驾驶员签收及车号
Received by Drayman</td><td>货运站签收
Received by CFS</td><td></td></tr>
</table>

步骤三：将集装箱送至集装箱码头堆场，完成集装箱装箱单交接。

集装箱送至堆场后，司机应要求堆场收箱人员签字并写明收箱日期，以作为集装箱已进港的凭证。

堆场收箱人在五联单上签章后，留下码头联、船代联和承运人联（码头联用以编制装船计划，船代联和承运人联分送给船代和承运人用以缮制积载计划和处理货运事故），并将发货人/装箱人联退还给发货人或货运站。发货人或货运站除留一份发货人/装箱人联备查外，将另一份送交发货人，以便发货人通知收货人或卸箱港的集装箱货运站，供拆箱时使用。

巩固训练

浙江顺达货运代理公司按客户温州大兴对外贸易有限公司要求，委托东方海外船公司出运一批手套，根据船公司的放舱信息和客户提供的信息整理的集装箱运输信息表（见表3-21）的主要内容，缮制装箱单（见物流单证活页附表3-4）。

表3-21 集装箱运输信息表

集装箱规格：40GP	船名 / 航次：ELLY MAERSK/1006
装货港：宁波港（NINGBO）	卸货港：汉堡港（HAMBURG）
提单号码：APLU1580021	标志和号码：N/M
货名：GLOVES	件数及包装种类：960 箱
毛重：7,392.00kg	体积：66m^3
集装箱号码：APMU2820141	铅封号：8368933
运载工具牌号：浙 B.88888	皮重：3,700kg
装箱日期：2023-11-12	驾驶员：王刚

任务评价

序号	评价任务	要素说明	分值	扣分小计	得分小计
1	准确表述出口货物集装箱装箱单的流转步骤，了解集装箱装箱单的含义和作用（20分）	介绍出口货物集装箱装箱单的流转步骤	10		
		介绍集装箱装箱单的作用	5		
		介绍集装箱装箱单的含义	5		
2	正确识记集装箱装箱单的格式、主要内容及缮制要求（20分）	介绍集装箱装箱单相关栏目的含义、缮制要求（按空格计数）	20		
3	根据所给任务情境正确完成集装箱装箱单的缮制（40分）	按课堂任务缮制集装箱装箱单（按空格计数，每空1分）	20		
		按课后任务缮制集装箱装箱单（按空格计数，每空1分）	20		
4	素养（20分）	感知数字化的发展趋势，提升信息素养	10		
		提升服务意识和精益求精的工作意识	10		
自我评价			总得分		

任务五 报检委托书的缮制

任务描述

浙江兴发茶叶进出口公司（备案号：5189561589，联系人：王强，联系电话：0574-63818000）有一批茶叶（HS编码：0902401000）需要出口到意大利，公司于2023年9月30日填制报检委托书，委托浙江顺达货运代理公司（单位登记号：5189562316，联系人：张勤，联系电话：0574-66666666）代办货物出境报检事宜，连同海关所需要的单证（商业发票一式三份、合同一份、装箱清单一式三份），具体货品信息如下：

品名：中国绿茶。数量：1200纸袋。包装件数：300纸箱。规格：4纸袋/纸箱。

商业发票信息见表3-22。

表3-22 商业发票

ZHEJIANG XINGFA TEA IMP. & EXP. CORP.
浙江兴发茶叶进出口公司
NO. 29 JUXIAN ROAD, NINGBO, CHINA
TEL：86-0574-638***00
COMMERCIAL INVOCE

TO：SBS TRADING LTD. ITALY

INVOICE NO.：6001
DATE：SEP.25, 2023

Descript Of Good	Qty	Unit price（USD）	Amount （USD）
CHINA GREEN TEA PACKED IN 300 CTNS	1,200PCS	58.00	69,600

SHIPPING MARKS：N/M
CONTRACT NO.：RGCL/PI004（SPL-001）
L/C NO.：88696000825

任务要求

要求浙江兴发茶叶进出口公司王强于2023年9月30日缮制该批出口意大利茶叶的报检委托书给浙江顺达货运代理公司。

任务目标

1. 知识目标：

（1）准确表述出口报检含义、代理报检的含义及流程；

（2）根据国家标准《国际货运单证缮制规范》（GB/T 28831—2012）中的相关规定，正确识记报检委托书的格式、主要内容及缮制要求。

2. 能力目标:

能够根据所给任务情境正确完成报检委托书的缮制。

3. 素养目标:

(1)遵守职业道德准则和行为规范，明确报检委托书作为双方委托代理法律依据的重要性;

(2)体验职业角色，培养服务客户的岗位责任意识和精益求精的制单素养。

知识准备

一、出口报检及代理报检的含义

出口报检是指出口商品的发货人或其代理人，在检验检疫机构规定的时间和地点，向检验检疫机构提出对其出口商品申请检验、配合检验、支付费用、取得商检单证等手续的全过程。

代理报检是指代理报检单位根据国家法律接受出口商品发货人的委托，为其办理报检手续的行为。目前我国的报检企业主要有自理报检企业和代理报检企业，本任务主要讲述的是经国家检验检疫机构备案登记，取得相应代理报检资质的国际货运代理企业进行代理报检业务。

二、代理报检的流程

出口商品的生产企业或外贸公司向国际货运代理企业递交报检委托书，委托货代企业向检验检疫部门进行出境货物的报检工作。代理报检流程如图3-8所示。

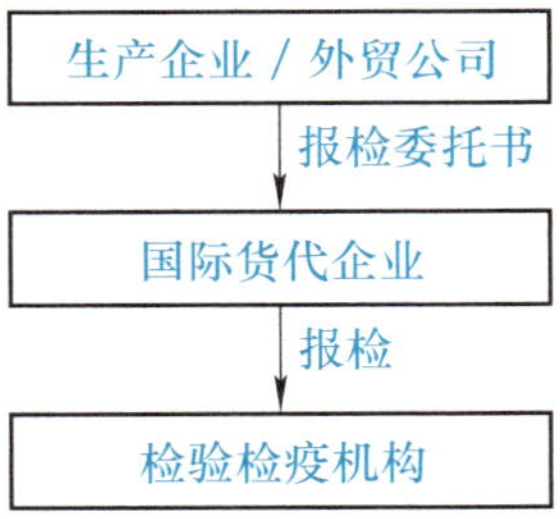

图3-8 代理报检流程

三、报检委托书的含义、内容及缮制要求

报检委托书是委托人向受托人做出的一种书面委托证明，是受托人(代理报检单位)办理出口货物检验检疫的重要依据之一，是一种法人与法人之间的委托，具有法律效力，其样表见表3-23。

表3-23　报检委托书样表

代理报检委托书

（1）编号：

（2）本委托人（企业备案号 / 统一社会信用代码 / 组织机构代码________）保证遵守国家有关检验检疫法律、法规的规定，保证所提供的委托报检事项真实、单货相符。否则，愿承担相关法律责任。具体委托情况如下：

本委托人将于________年____月间进口 / 出口如下货物：

（3）品名		（7）HS 编码	
（4）数（重）量		（8）包装情况	
（5）信用证 / 合同号		（9）许可文件号	
（10）出口货物收货单位及地址		（11）出口货物提 / 运单号	
（6）其他特殊要求			

（12）特委托________________________（企业备案号__________________），代表本委托人办理上述货物的下列出入境检验检疫事宜：

□1. 办理报检手续；

□2. 代缴纳检验检疫费；

□3. 联系和配合检验检疫机构实施检验检疫；

□4. 领取检验检疫证单。

□5. 其他与报检有关的相关事宜________________________________

联系人：__________________

联系电话：__________________

本委托书有效期至________年____月____日　　　　委托人（加盖公章）

年　　月　　日

受托人确认声明

（13）本企业完全接受本委托书。保证履行以下职责：

1. 对委托人提供的货物情况和单证的真实性、完整性进行核实；
2. 根据检验检疫有关法律法规规定办理上述货物的检验检疫事宜；
3. 及时将办结检验检疫手续的有关委托内容的单证、文件移交委托人或其指定的人员；
4. 如实告知委托人检验检疫部门对货物的后续检验检疫及监管要求。

如在委托事项中发生违法或违规行为，愿承担相关法律和行政责任。

联系人：__________________

联系电话：__________________　　　　受托人（加盖公章）

年　　月　　日

报检委托书的主要内容及缮制要求如下：

（1）编号：由代理报检企业根据年份流水号的规则进行填写。

（2）委托人声明及法律责任：委托人一般是指委托代理报检的出口商品生产企业或外贸企业，组织机构代码备案号是公司在质量技术监督局及工商局有过登记备案的代码，此处填写备案号即可；委托人声明及法律责任内容默认给出，不需要填写。

（3）报检商品品名：指该票货物的名称，并与发票上品名一致。若品名很多打印不下，可写“××等×项”。

（4）数（重）量：指该票货物的数量或重量，并与其他单据同项内容一致。

（5）信用证/合同号：指该票货物的信用证号码和合同号码。

（6）其他特殊要求：委托人在报检中必须达到的要求，若没有特殊要求则填写“无特殊要求”。

（7）HS编码：即海关规定的商品分类编码，须按照规则填写所出口货物的商品编号。

（8）包装情况：根据业务实际情况中有关货物包装情况进行填写。

（9）许可文件号：填写国务院商务主管部门及其授权发证机关签发的进、出口货物许可证的编号。

（10）出口货物收货单位及地址：通常是指进口商的公司名称和详细地址。

（11）出口货物提/运单号：通常指该批出口货物的提单号码。

（12）委托方名称、联系人、联系电话、委托书有效期、委托人签字、日期：根据业务实际情况填写委托代理报检企业的相关信息，委托人签字需由法人代表签字或手签名章，并加盖委托方公章有效。

（13）受托人名称、联系人、联系电话、受托人签字、日期：根据业务实际情况填写代理报检企业的相关信息，受托人签字需由法人代表签字或手签名章，并加盖委托方公章有效。

报检委托书现采用电子打印方式，委托书上不得随意涂改也不能留空，确实没有相关填制内容的应打印“***”。

根据2018年关检融合整合申报要求，口岸执法一个主体，职能管理一体统筹，申报时，涉及检验检疫的，只需同时提供报关委托书即可，无须填制报检委托书。

任务实施

报检委托书的缮制

步骤一：浙江兴发茶叶进出口公司王强与顺达货运代理公司张勤沟通，确定委托代理报检相关事宜，并准备好报检所需的各类单证。

步骤二：根据出口货物中国茶叶（HS编码：0902401000），浙江兴发茶叶进出口公司张勤制作报检委托书见表3-24：

表3-24 代理报检委托书缮制

代理报检委托书

（1）编号：

（2）本委托人（企业备案号 / 统一社会信用代码 / 组织机构代码 5189561589 ）保证遵守国家有关检验检疫法律、法规的规定，保证所提供的委托报检事项真实、单货相符。否则，愿承担相关法律责任。具体委托情况如下：

本委托人将于 2023 年 9 月间进口 / 出口如下货物：

（3）品名	中国绿茶	（7）HS 编码	0902401000
（4）数（重）量	1200 纸袋	（8）包装情况	***
（5）信用证 / 合同号	88696000825 RGCL/PI004（SPL-001）	（9）许可文件号	***
（10）出口货物收货单位及地址	意大利 SBS 贸易公司	（11）出口货物提 / 运单号	***
（6）其他特殊要求	无特殊要求		

（12）特委托 浙江顺达货运代理公司 （企业备案号 5189562316 ），代表本委托人办理上述货物的下列出入境检验检疫事宜：

☑1. 办理报检手续；

☐2. 代缴纳检验检疫费；

☐3. 联系和配合检验检疫机构实施检验检疫；

☐4. 领取检验检疫证单。

☐5. 其他与报检有关的相关事宜________________

联系人： 王强

联系电话： 0574-63818000

本委托书有效期至 2023 年 11 月 30 日　　委托人（加盖公章）浙江兴发茶叶进出口公司

2023 年 9 月 30 日

受托人确认声明

（13）本企业完全接受本委托书。保证履行以下职责：

1. 对委托人提供的货物情况和单证的真实性、完整性进行核实；
2. 根据检验检疫有关法律法规规定办理上述货物的检验检疫事宜；
3. 及时将办结检验检疫手续的有关委托内容的单证、文件移交委托人或其指定的人员；
4. 如实告知委托人检验检疫部门对货物的后续检验检疫及监管要求。

如在委托事项中发生违法或违规行为，愿承担相关法律和行政责任。

联系人： 张勤

联系电话： 0574-66666666　　受托人（加盖公章）浙江顺达货运代理公司

2023 年 9 月 30 日

巩固训练

2023年10月，宁波时新服装有限公司（备案号：5189660000，联系人：张顺，联系电话：86-0574-86150000）将有一批羊绒围脖（HS编码：6117101100）出口到美国，该公司委托浙江锦城货运代理有限公司（备案号：5564270000，联系人：廖秦，联系电话：0574-67561000）进行报检、报关，准备从宁波港出运。

委托方提供的单据有合同一份，商业发票一式三份，装箱清单一式三份，合同部分信息见表3-25。请缮制代理报检委托书（见物流单证活页附表3-5）。

表3-25 合同

SALES CONTRACT

NO：SD134258

Date：Oct.15, 2023

The Buyer： New Star IMP.& EXP. CORP. U.S

The Seller： Ningbo Shixin Clothing Company Limited, China

This contract is made by and between the Seller and the Buyer, whereby the Seller agrees to sell and the Buyer agrees to buy the under-mentioned goods according to the terms and conditions stipulated below：

（1）Name of Commodity： Cashmere collar（羊绒围脖）

（2）Quantity：2000 Pieces/100 Cartons

（3）Unit Price： USD 30/Piece

（4）Amount Total： USD 60,000

（5）Packing： In Cartons

（6）Port of Loading： NingBo Port

（7）Port of destination： LongBeach U.S

（8）Date of Shipment： Dec.15, 2023/by VESSEL

（9）Terms of Payment： L/C

（10）Shipping Mark： N/M

The Buyer： ________________ The Seller： ________________

任务评价

序号	评价任务	要素说明	分值	扣分小计	得分小计
1	准确表述出代理报检的含义、分类及流程（20分）	介绍代理报检及出口报检的含义	10		
		介绍代理报检的分类	5		
		介绍代理报检的一般流程	5		
2	正确识记报检委托书的格式、主要内容及缮制要求（20分）	介绍报检委托书的一般格式、主要内容及具体缮制要求	20		
3	根据所给任务情境正确完成报检委托书的缮制（40分）	按课堂任务缮制报检委托书	20		
		按课后任务缮制报检委托书	20		
4	素养（20分）	严格遵守职业道德准则和行为规范	10		
		养成服务客户的岗位责任意识和精益求精的制单态度	10		
自我评价			总得分		

任务六　出境货物报检单的缮制

任务描述

浙江兴发茶叶进出口公司有一批茶叶（HS编码：0902401000）需要出口到意大利，委托浙江顺达货运代理公司（报检单位注册登记号：5189562316）代办货物出境报检事宜，张勤（联系电话：0574-66666666）接受缮制出境货物报检单并完成货物出境工作，预订船名航次为WAGA/5877，1个20ft集装箱，箱号为HASU3562190，贸易方式为一般贸易，准备在2023年11月20日出发。浙江顺达货运代理公司于2023年11月4日向海关下属的检验检疫机构办理相关报检业务。浙江兴发茶叶进出口公司提交的随附单据包括合同、发票、信用证、装箱单；需要单证包括卫生证书（1正1副）、品质证书（1正1副）。其中销售确认书信息见表3-26。

表3-26　销售确认书

ZHEJIANG XINGFA TEA IMP. & EXP. CORP.

ADD：NO.29 JUXIAN ROAD, NINGBO, CHINA

SALES CONFIRMATION　　NO：RGCL/PI004（SPL-001）

TO：ABC TRADING LTD.　　DATE：20 SEP 2023

#120-8851 BECKWITH ROAD, RICHMOND, BC

WE HEREBY CONFIRM HAVING SOLD TO YOU THE FOLLOWING GOODS IN TERMS AND CONDITIONS AS SPECIFIED BELOW：

DESCRIPTION AND QUANTITY	UNIT PRICE	TOTAL AMOUNT
CHINA GREEN TEA 1,000PCS	USD58.00	FOB USD58,000
TOTAL：		USD58,000

THE ABOVE GOODS MAY BE ALLOWED WITH 5% MORE OR LESS BOTH IN QUANTITY AND AMOUNT AT THE SELLER'S OPTION

PACKING：500 CTNS

SHIPMENT DATE：BEFORE 10 NOV.2023

PORT OF LOADING&DESTINATION：FROM NINGBO TO GENOA

SHIPPING MARKS：N/M

INSURANCE：ALL RISK BY BUYER

TERMS OF PAYMENT：BY T/T AT SIGHT

THE BUYER：　　THE SELLER：

ABC TRADING LTD　　ZHEJIANG XINGFA TEA IMP. & EXP. CORP.

任务要求

浙江顺达货运代理公司的张勤负责这批出境货物的报检工作，当天检验检疫机构接受该项报检，请以张勤的身份根据要求缮制2023年11月20日准备出运的这批货物的报检单。

任务目标

1. 知识目标：

（1）准确表述出境货物的报检方式及出境货物的检验检疫工作含义；

（2）准确表述出境货物报检的流程；

（3）根据国家标准《国际货运单证缮制规范》（GB/T 28831—2012）中的相关规定，正确识记出境货物报检单的格式、主要内容及缮制要求。

2. 能力目标：

（1）能够根据所给任务情境正确完成出境货物报检单的缮制；

（2）能够根据“中国国际贸易单一窗口”平台出境检验检疫的申请流程进行全程操作。

3. 素养目标：

（1）具备适应产业数字化发展需求的基本数字技能；

（2）体验职业角色，明确出境货物通关单作为出口货物通关合法凭证的必要性，树立服务客户的岗位责任意识，养成认真严谨的制单习惯。

知识准备

一、出境货物的报检方式

出境货物的报检方式通常分为三类：出境一般报检、出境换证报检、出境预检报检。申请出境一般报检和出境换证报检的货物，其特点是已生产完毕、包装完好、堆码整齐、相关单据齐全，已具备出口条件；申请出境预检报检的货物，其特点是暂不具备出口条件。本业务中主要讲述的是出境一般报检。

二、出境货物的检验检疫工作

货物出境前必须先进行检验检疫，检验检疫合格的货物由检验检疫机构出具出境货物通关单；检验检疫不合格的则出具出境货物不合格通知单，待检验检疫合格后方可通关放行。换言之，发货人或其代理人将其需要进行法定检验检疫的或者合同规定需要检验检疫的出境货物向检验检疫机构报检，检验检疫机构受理该批货物报检工作以及计收费后，再转交给检验检疫部门实施检验检疫工作。申请人在申请报检时，应该缮制出境货物报检单。

三、出境货物报检的流程

出境货物检验检疫的流程一般包括以下几个环节：报检，施检部门接单、审单，实施检验检疫（包括抽样检验、检疫、鉴定、除害处理等），出具检验检疫结果、拟制证稿、审核，检务计费，财务收费，检务复核，出证手续。具体流程如图3-9所示。

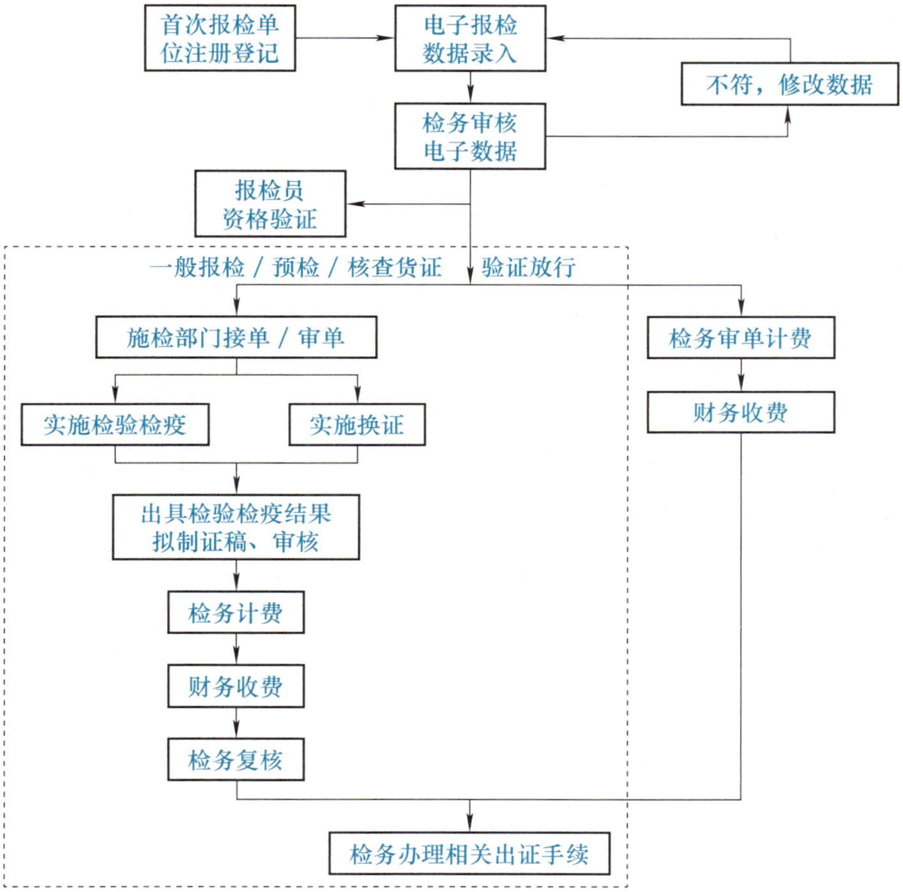

图3-9 出境货物报检流程

四、出境货物报检单的含义、内容及缮制要求

出境货物报检单是指报检人根据国家法律规定或合同规定向国家检验检疫机构提出的对出口货物进行检验检疫的书面文件，是货物得以出口的合法凭证。它关乎该批出口货物的检验检疫工作是否能够顺利进行，进而关乎货物的通关与否。出境货物报检单的缮制必须准确、完整、清晰，若无实际内容的需用“***”填写，不得留空。出境货物报检单样表见表3-27。

表3-27 出境货物报检单样表

中华人民共和国出入境检验检疫
出境货物报检单

（1）报检单位（加盖公章）： （6）* 编 号

（2）报检单位登记号： （3）联系人： （4）电话： （5）报检日期： 年 月 日

（7）发货人	（中文）				
	（外文）				
（8）收货人	（中文）				
	（外文）				
（9）货物名称（中/外文）	（10）H.S. 编码	（11）产地	（12）数/重量	（13）货物总值	（14）包装种类及数量
（15）运输工具名称号码		（16）贸易方式		（17）货物存放地点	
（18）合同号		（19）信用证号		（20）用途	
（21）发货日期		（22）输往国家（地区）		（23）许可证/审批号	
（24）启运地		（25）到达口岸		（26）生产单位注册号	
（27）集装箱规格、数量及号码					
（28）合同、信用证订立的检验检疫条款或特殊要求		（29）标记及号码		（30）随附单据（画“√”或补填）	
				□合同 □信用证 □发票 □换证凭单 □装箱单 □厂检单	□包装性能结果单 □许可/审批文件 □ □ □ □

（31）需要证单名称（画“√”或补填）				* 检验检疫费	
□品质证书	__正__副	□植物检疫证书	__正__副	总金额（人民币元）	
□重量证书	__正__副	□熏蒸/消毒证书	__正__副		
□数量证书	__正__副	□出境货物换证凭单	__正__副	计费人	
□兽医卫生证书	__正__副	□			
□健康证书	__正__副	□		收费人	
□卫生证书	__正__副	□			
□动物卫生证书	__正__副	□			

（32）报检人郑重声明： 1. 本人被授权报检。 2. 上列填写内容正确属实，货物无伪造或冒用他人的厂名、标志、认证标志，并承担货物质量责任。 签名：____________	（33）领取证单	
	日期	
	签名	

注：有“*”号栏由出入境检验检疫机构填写

出境货物报检单的主要内容及缮制要求如下：

（1）报检单位：向检验检疫机构提出检验、检疫申请的公司中文全称，同时加盖单位公章。

（2）报检单位登记号：报检单位在检验检疫机构的报检注册登记号。

（3）联系人：报检单位申请报检的相关联系人，必须填写。

（4）电话：报检单位申请报检的联系电话，任务中有涉及的必须填写。

（5）报检日期：检验检疫机构接受报检的日期，符合日期格式，用阿拉伯数字填写。按照规定，出口货物的最迟报检日期为装运前7天。

（6）编号：由检验检疫机构填写。

（7）发货人：一般是指该批出口货物的贸易合同中卖方或是信用证中受益人的具体中、英文全称，并且一致。

（8）收货人：一般是指该批出口货物的贸易合同中买方或是信用证中买方的具体中、英文全称，并且一致。

（9）货物名称（中/外文）：按贸易合同或发票所列货物名称所对应国家检验检疫机构制定公布的“检验检疫商品目录”所列的货物名称填写，中外文要一致，必须详细，不能笼统，也不能省略。

（10）H.S.编码：货物对应的海关H.S.编码。

（11）产地：指货物的生产/加工所在国家名称，比如“中国”。

（12）数/重量：填写报检货物的数量和重量，重量一般填写净重。若遇到多种货物对应多种H.S.编码的情况，则需分列对应填写。

（13）货物总值：根据贸易合同或发票上所列的货物的币种和总值填写，其中币种按中文填写，如“美元”。

（14）包装种类及数量：该批货物运输包装的种类及件数，如“纸箱”。

（15）运输工具名称号码：该批货物实际出境装载的运输工具的类别名称（如船舶、飞机）及运输工具编号，一般填写格式为“船名/航次”。若任务中没有涉及具体的船名航次，可笼统填写，如“船舶”。

（16）贸易方式：国际贸易中买卖双方所采用的各种交易的具体做法，根据海关规范填写，如一般贸易、来料加工、进料加工、其他贸易等。

（17）货物存放地点：本批货物的实际存放地点。

（18）合同号：贸易双方就本批出口货物而签订的合同（销售确认书）编号。

（19）信用证号：该批货物对应的信用证号码。

（20）用途：本批出境货物的实际用途，如种用、食用、奶用、观赏或演艺、伴侣、实验、药用、饲用、加工、其他等。

（21）发货日期：按照该批出境货物的运输工具办结出境的日期，若没有实际出境日期，考虑到货物检验必须在发货之前，所以此栏一般填写实际或大约装运日期。

（22）输往国家（地区）：出口货物的最终销售国家或地区。若涉及中转，则需要考虑该批货物是否在中转地发生交易或再加工。

（23）许可证/审批号：对国家出入境检验检疫机构已实施《出口商品质量许可证制度目录》下的出口货物和其他已实行许可制度、审批制度管理的货物，报检时填写安全质量许可证编号或审批单编号，一般商品可填写“***”。

（24）启运地：该批出境货物运载的交通工具的启运口岸/城市（地区）名称。

（25）到达口岸：该批出境货物运载的交通工具最终抵达目的地停靠的口岸名称，一般填写进口港的中文名称。

（26）生产单位注册号：生产/加工该批出境货物的单位在检验检疫机构的注册登记编号，如未涉及可填“***”。

（27）集装箱规格、数量及号码：运载本批出境货物的集装箱规格（如40ft、20ft等）以及分别对应的数量和集装箱号码全称，如“1*20'/集装箱号码”。

（28）合同、信用证订立的检验检疫条款或特殊要求：贸易合同或信用证中贸易双方对本批货物特别约定而订立的质量、卫生等条款和报检单位对本批出境货物的检验检疫的其他特别要求，若没有则填“***”。

（29）标记及号码：即该批出境货物的实际包装标志，应与贸易合同相一致。

（30）随附单据：按实际提供的单据在对应的框内打“✓”。需要注意的是对于出境货物，合同、信用证、发票、装箱单必须选择。

（31）需要证单名称：按需要检验检疫机构出具的证单，在对应的框内打“✓”，并应注明所需证单的正副本的数量。

（32）报检人郑重声明：必须由报检人亲笔签名。

（33）领取证单：报检人在领取证单时需填写的领证日期和签名。

任务实施

出境货物报检单的缮制

步骤一：接受浙江兴发茶叶进出口公司委托代理报检的浙江顺达货运代理公司向海关下属的检验检疫机构提出报检，检验检疫机构受理该项报检业务。

步骤二：浙江顺达货运代理公司的张勤根据浙江兴发茶叶进出口公司给定的单据信息，缮制出境货物报检单（见表3-28）。

表3-28 出境货物报检单缮制

中华人民共和国出入境检验检疫

出境货物报检单

（1）报检单位（加盖公章）：浙江顺达货运代理公司　　　　（6）* 编　号

（2）报检单位登记号：5189562316　　　　（3）联系人：张勤

（4）电话：0574-66666666　　　　（5）报检日期：2023 年 10 月 25 日

（7）发货人	（中文）	浙江兴发茶叶进出口公司
	（外文）	ZHEJIANG XINGFA TEA IMP. & EXP. CORP.
（8）收货人	（中文）	***
	（外文）	ABC TRADING LTD.

（9）货物名称（中/外文）	（10）H.S. 编码	（11）产地	（12）数/重量	（13）货物总值	（14）包装种类及数量
中国绿茶 CHINA GREEN TEA	0902401000	中国	1,000 件	58,000 美元	500 纸箱
（15）运输工具名称号码	WAGA/5877	（16）贸易方式	一般贸易	（17）货物存放地点	***
（18）合同号	RGCL/PI004 （SPL-001）	（19）信用证号	***	（20）用途	其他
（21）发货日期	2023-11-20	（22）输往国家（地区）	意大利	（23）许可证/审批号	***
（24）启运地	宁波	（25）到达口岸	热那亚	（26）生产单位注册号	***
（27）集装箱规格、数量及号码			1X20’ / HASU3562190		

（28）合同、信用证订立的检验检疫条款或特殊要求	（29）标记及号码	（30）随附单据（画“√”或补填）	
***	N/M	☑ 合同 ☑ 信用证 ☑ 发票 ☐ 换证凭单 ☑ 装箱单 ☐ 厂检单	☐ 包装性能结果单 ☐ 许可/审批文件 ☐ ☐ ☐ ☐

（31）需要证单名称（画“√”或补填）				* 检验检疫费	
☑ 品质证书	1 正 1 副	☐ 植物检疫证书	__ 正 __ 副	总金额（人民币元）	
☐ 重量证书	___正___副	☐ 熏蒸/消毒证书	__ 正 __ 副		
☐ 数量证书	___正___副	☐ 出境货物换证凭单	__ 正 __ 副	计费人	
☐ 兽医卫生证书	___正___副	☐			
☐ 健康证书	___正___副	☐			
☑ 卫生证书	1 正 1 副	☐		收费人	
☐ 动物卫生证书	___正___副	☐			

（32）报检人郑重声明：	（33）领取证单	
1. 本人被授权报检。 2. 上列填写内容正确属实，货物无伪造或冒用他人的厂名、标志、认证标志，并承担货物质量责任。	日期	
签名：张勤	签名	

注：有“*”号栏由出入境检验检疫机构填写

根据2018年关检融合整合申报要求，口岸执法一个主体，职能管理一体统筹，报关报检一份单证，最新报检信息无须填纸质版，只需在“中国国际贸易单一窗口”平台上根据报检内容填制即可，如图3-10所示。

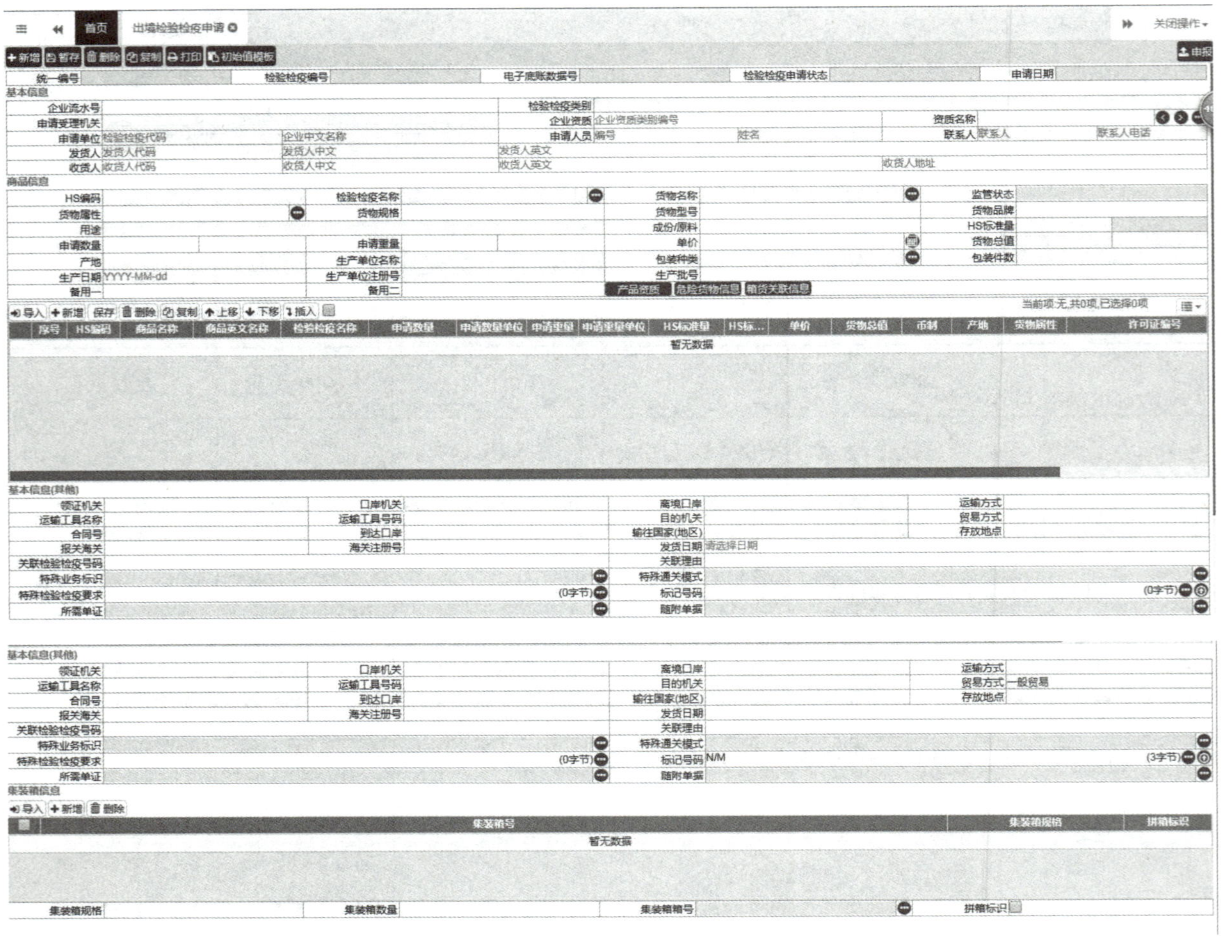

图3-10 出境检验检疫申请界面

巩固训练

浙江添乐木制品有限公司有一批木制相框（H.S.编码：4414009090）需要出口到加拿大温哥华木制品进出口有限公司，委托浙江凯顺货运代理公司（报检单位注册登记号：5467890023）代办货物出境报检事宜，王丽（联系电话：0574-86008888）接受缮制出境货物报检单并完成货物出境工作，预订船名航次为 ANSA V.16，从上海出发到温哥华，贸易方式为一般贸易，准备在2023年12月10日出发。浙江凯顺货运代理公司于2023年11月18日向检验检疫机构办理相关报检业务。浙江添乐木制品有限公司提交的随附单据包括合同、发票、信用证、装箱单；需要单证包括植物检验证书（1正2副）。发票信息见表3-29。

表3-29 商业发票

ZHEJIANG TIANLE WOODWARE CORP.

浙江添乐木制品有限公司

NO. 108 WUYI ROAD, HANGZHOU, CHINA

TEL：86-0571-69574000

COMMERCIAL INVOCE

TO：VANCOUVER WOODWARE
IMPORT & EXPORT CO. LTD.
NO.25 VAN
ROAD, VANCOUVER, CANADA

INVOICE NO.：2009
DATE：OCT.17,2023

Descript. of Good	Qty	Unit price（USD）	Amount （USD）
WOODEN FRAME	1,500PCS	7.50	11,250

SHIPPING MARKS：
WOODERN
Q'TY：1,500
MADE IN CHINA

CONTRACT NO.：PELA006/001

L/C NO.：13008976440

请根据上述给定资料缮制出境货物报检单（见物流单证活页附表3-6）。

任务评价

序号	评价任务	要素说明	分值	扣分小计	得分小计
1	准确表述出境货物的报检方式及检验检疫工作（10分）	介绍出境货物的报检方式	5		
		介绍出境货物的含义	5		
2	准确表述出境货物报检的流程（10分）	介绍出境货物报检的流程	10		
3	正确识记出境货物报检单的格式、主要内容及缮制要求（20分）	出境货物报检单的一般格式、主要内容及具体缮制要求	20		
4	根据所给任务情境正确完成出境货物报检单的缮制（40分）	按课堂任务缮制出境货物报检单	20		
		按课后任务缮制出境货物报检单	20		
5	素养（20分）	具备适应产业数字化发展需求的基本数字技能	10		
		树立服务客户的岗位责任意识，养成认真严谨的制单习惯	10		
自我评价			总得分		

任务七 报关委托书的缮制

任务描述

2023年11月13日，温州富达国际贸易有限责任公司委托浙江顺达货运代理公司代理报关。代理报关业务前，应先签署代理报关委托书，明确双方的责任、义务、费用以及服务要求等。一般情况下，代理报关委托书由客户制作，有时客户忘记准备代理报关委托书，则可由货代公司代为起草。

任务要求

浙江顺达货代公司业务员李锐根据报关资料的相关信息，替客户起草代理报关委托书。

任务目标

1. 知识目标：

（1）了解代理报关委托书的含义、责任；

（2）理解出口代理报关流程；

（3）根据国家标准《国际货运单证缮制规范》（GB/T 28831—2012）中的相关规定，正确识记代理报关委托书的格式、主要内容及缮制要求。

2. 能力目标：

能够根据所给任务情境正确完成代理报关委托书的缮制。

3. 素养目标：

（1）通过缮制报关委托书，理解职业行为规范的重要性；

（2）培养职业情感、岗位责任感。

知识准备

一、代理报关委托书的含义及双方责任

1. 代理报关委托书的含义

代理报关委托书是托运人委托承运人或其代理人办理报关等通关事宜，明确双方责任和义务的书面证明。委托方应及时提供报关报检所需的全部单证，并对单证的真实性、准确性和完整性负责。

2. 委托方责任

（1）及时提供报关所需的全部单证，并对单证的真实性、准确性和完整性负责，并保证没有侵犯他人知识产权的行为。

（2）负责在报关企业办结海关手续后，及时支付代理报关费用、垫支费用以及因委托方责任产生的滞报金、滞纳金和海关等执法单位依法处以的各种罚款。

（3）负责按照海关要求将货物运抵指定场所。

（4）负责与被委托方报关员一同协助海关进行查验，回答海关的询问，配合相关调查，并承担产生的相关费用。

（5）在被委托方无法做到报关前提取货样的情况下，承担单货相符的责任。

3. 被委托方责任

（1）负责解答委托方有关向海关申报的疑问。

（2）负责对委托方提供的货物情况和单证的真实性、完整性进行“合理审查”，审查内容包括：①证明进出口货物实际情况的资料，包括进出口货物的品名、规格、数（重）量、包装情况、用途、产地、贸易方式等；②有关进出口货物的合同、发票、运输单据、装箱单等商业单据；③进出口所需的许可证件及随附单证；④海关要求的加工贸易手册（纸质或电子数据的）及其他进出口单证。

（3）因确定货物的品名、归类等原因，经海关批准，可以看货或提取货样。

（4）在接到委托方交付齐备的随附单证后，负责依据委托方提供的单证，按照《中华人民共和国海关进出口报关单填制规范》认真填制报关单，承担“单单相符”的责任，在海关规定和本委托报关协议中约定的时间内报关，办理海关手续。

（5）负责及时通知委托方共同协助海关进行查验，并配合海关开展相关调查。

（6）负责支付因报关企业的责任给委托方造成的直接经济损失，所产生的滞报金、滞纳金和海关等执法单位依法处以的各种罚款。

（7）负责在本委托书约定的时间内将办结海关手续的有关委托内容的单证、文件交还委托方或其指定的人员，并如实告知委托方有关货物的后续检验检疫及监管要求。

二、出口代理报关流程

出口代理报关的流程主要包括：出口商向有报关资格的货运代理公司或报关行递交报关委托书，委托货代公司或报关行缮制出口货物报关单，向海关申报出口。具体流程如图3-11所示。

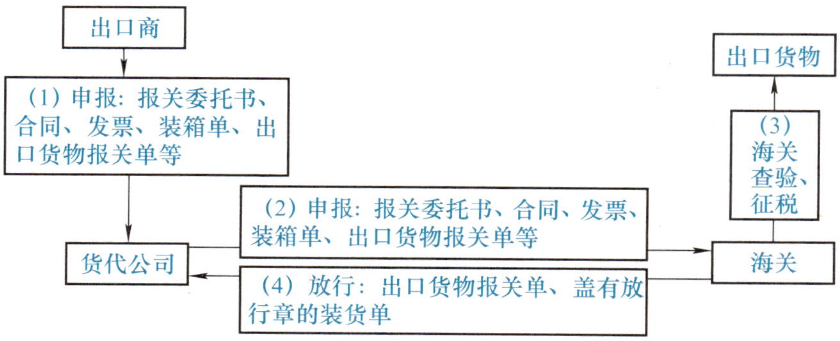

图 3-11 出口代理报关流程

三、代理报关委托书的内容及缮制要求

代理报关委托书样表见表3-30。

表3-30 代理报关委托书样表

代理报关委托书

（1）编号：

__________：

我单位现（2）______（A 逐票、B 长期）委托贵公司代理（2）______等通关事宜（A．填单申报；B．申请、联系和配合实施检验检疫；C．辅助查验；D．垫缴税款；E．设立手册（账册）；F．核销手册（账册）；G．领取海关相关单证；H．其他）。详见《委托报关协议》。

我单位保证遵守《中华人民共和国海关法》和国家有关法规，保证所提供的情况真实、完整、单货相符。否则，愿承担相关法律责任。

本委托书（3）有效期自签字之日起至______年______月______日止。

（4）委托方（盖章）：

法定代表人或其授权签署《代理报关委托书》人（4）（签字）×××

（4）____年____月____日

委托报关协议

为明确委托报关具体事项和各自责任，双方经平等协商签订协议如下：

（5）委托方	
（6）主要货物名称	
（7）H.S. 编码	
（8）进出口日期	
（9）提运单号	年 月 日
（10）贸易方式	
（11）数（重）量	
（12）包装情况	
（13）原产地 / 货源地	
（19）其他要求：	
背面所列通用条款是本协议不可分割的一部分，对本协议的签署构成了对背面通用条款的同意。	
（20）委托方业务签章： 经办人签章： 联系电话：　　　　年 月 日	

（14）被委托方		
（15）* 报关单编码	No.	
（16）收到单证日期	年 月 日	
（17）收到单证情况	合同□	发票□
	装箱清单□	提（运）单□
	加工贸易手册□	许可证件□
	其他	
（18）报关收费	人民币：　　元	
承诺说明：		
背面所列通用条款是本协议不可分割的一部分，对本协议的签署构成了对背面通用条款的同意。		
（21）被委托方业务签章： 经办人签章： 联系电话：　　　　年 月 日		

（白联：海关留存　黄联：被委托方留存　红联：委托方留存）　　中国报关协会监制

代理报关委托书的主要内容及缮制要求：

（1）编号：在海关购买的有固定编号，网上下载的无编号，无须填写

（2）逐票/长期、通关事宜：根据实际委托事宜选择填入。

（3）有效期：可写到距发件日期1个月的时间。

（4）委托方盖章、签字、日期：盖出口公司公章，签字，写清寄件日期。

（5）委托方：出口方名称及其在海关登记备案的10位注册码。

（6）主要货物名称：出口货物的中文名称。

（7）H.S.编码：出口货物的税则号，必填。

（8）进出口日期：出口时填出口日期，进口时填进口日期。

（9）提运单号：出口商一般不填，等配舱完成后，有了提单，货代公司再添加。

（10）贸易方式：填写一般贸易、进料加工、来料加工等。

（11）数（重）量：填写货物的数量或重量。

（12）包装情况：填写货物的包装。

（13）原产地/货源地：出口时填写货源地，进口时填写原产地。

（14）被委托方：货代公司或报关行的名称。

（15）报关单编码：出口商可以不填写，由货代公司报关时添加。

（16）收到单证日期：货代公司填写收到出口方报关单证的日期。

（17）收到单证情况：货代公司在收到的单证名称后的□内打√，如果出口方提供的单证名称没有在委托报关协议中列出，就在“其他”后面添加。

（18）报关收费：报关收费情况，尚未报关时留空。

（19）其他要求：是对被委托方服务内容的具体说明；被委托方“承诺说明”一栏，是被委托方对能否满足委托方“其他要求”的承诺。

（20）委托方业务签章：出口方盖章，并写上出口公司的联系人、联系电话与填写“委托报关协议”的日期。

（21）被委托方业务签章：货代公司盖章，写上货代公司报关员姓名，并签章，还需填写“委托报关协议”的日期。

随着业务的信息化、无纸化，报关委托书需凭电子口岸卡线上录入相关信息，如图3-12和图3-13所示。

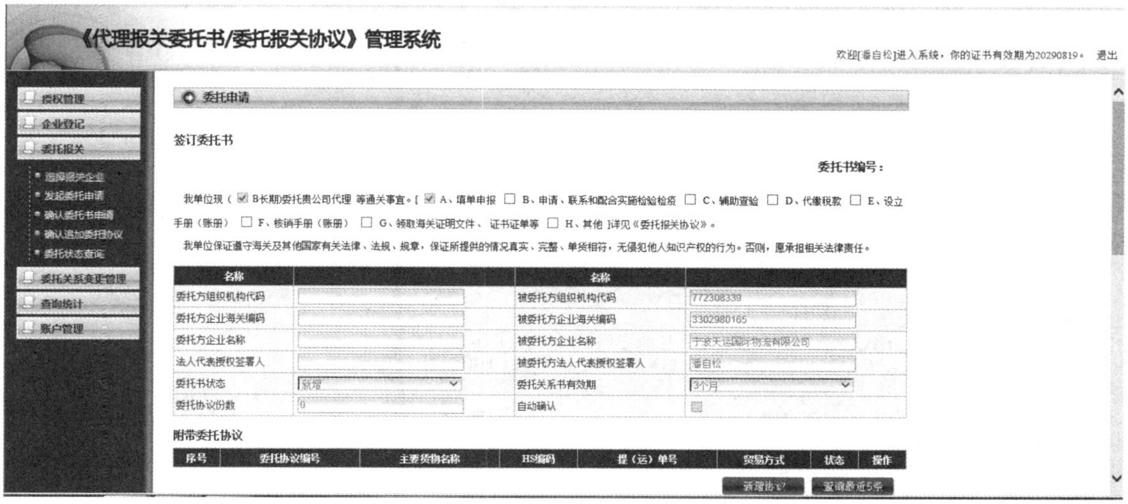

图3-12 《代理报关委托书/委托报关协议》管理系统

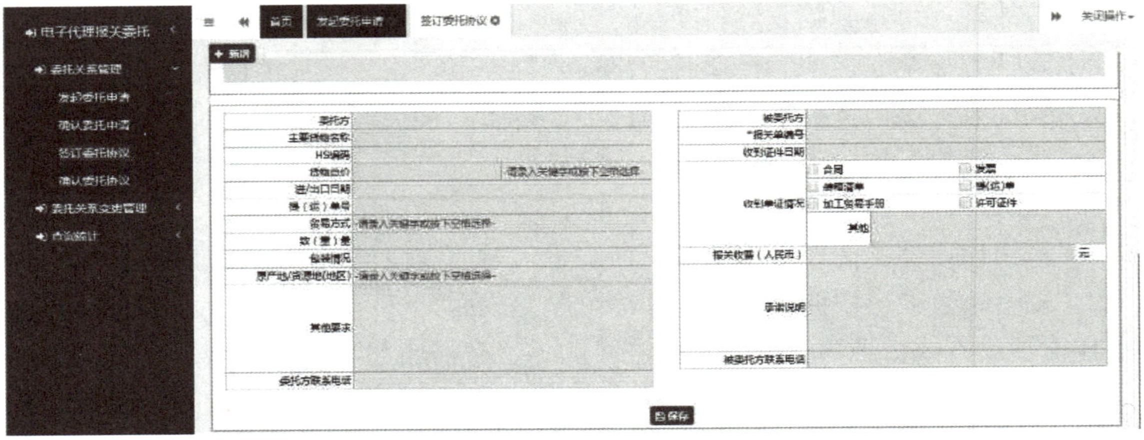

图3-13 代理报关委托书委托协议界面

任务实施

代理报关委托书的缮制

步骤一：与客户沟通，确定委托代理报关事宜。

李锐在将重箱交入码头前，需要准备好报关资料，其中必须有出口报关委托书及报关单，于是他与客户进行了沟通，要求客户提交代理报关委托书。

步骤二：要求客户准备齐全报关资料，由客户或代客户缮制代理报关委托书。

在与客户沟通以及收集了报关所需资料的基础上，李锐按照客户请求，帮助客户代为起草委托书。李锐找出此单合同（见表3-31）、发票（见表3-32）、装箱单（见表3-33）的相关信息。

表3-31 合同

WENZHOU FUDA INTERNATIONAL TRADE CO.,LTD.

ADD:12Floor, Jinkeda Building, No.17, Haishi Road, Wenzhou, China
FAX: 0577-462***83　　TEL:0577-264***31

SALES CONFIRMATION　　NO: MF-1303/20

TO:YOUTA ELECTRONIC CO., LTD.　　DATE: NOV.6, 2023
N2036 Feati Street Pampanga Philippines　　AT:WENZHOU

WE HEREBY CONFIRM HAVING SOLD TO YOU THE FOLLOWING GOODS IN TERMS AND CONDITIONS AS SPECIFIED BELOW:

DESCRIPTION AND QUANTITY	UNIT PRICE	TOTAL AMOUNT
BUILDER'S HARDWARE THREADING MACHINE WITH ACCESSORIES STYLE NO: MODEL NO.Z1T-50　60SETS MODEL NO.Z1T-100　5SETS TOTAL: 65SETS	 USD280.00 USD410.00	CFR SOUTH HARBOR USD16,800.00 USD2,050.00 USD18,850.00
SHIPMENT FROM NINGBO,CHINA TO MANILA,SOUTH HARBOR IN 1*20'FCL. ABOVE MENTIONED GOODS ARE ORIGIN OF CHINA AND 100PCT NEW.		
PACKING: 65 PLYWOOD CASES SHIPMENT DATE: ON OR BEFORE NOV.30, 2023 INSURANCE: BY BUYER TERMS OF PAYMENT: BY T/T BEFORE SHIPMENT	SHIPPING MARKS:YOUTA PAMPANGA NO.1-65	

THE BUYER:　　THE SELLER:
YOUTA ELECTRONIC CO., LTD.　　WENZHOU FUDA INTERNATIONAL TRADE CO., LTD.

表3-32　发票

WENZHOU FUDA INTERNATIONAL TRADE CO.,LTD.

温州富达国际贸易有限责任公司

12Floor, Jinkeda Building, No.17, Haishi Road, Wenzhou, China

FAX: 0577-462***83　　TEL:0577-264***31

COMMERCIAL　INVOICE

TO: YOUTA ELECTRONIC CO., LTD.
N2036 Feati Street Pampanga Philippines

INVOICE NO.: LHDA140109
DATE:NOV.12,2023
S/C NO.: MF-1303/20

SHIPPING MARKS	DESCRIPTION	QTY	UNIT PRICE	AMOUNT
YOUTA PAMPANGA NO.1-65	BUILDER'S HARDWARE THREADING MACHINE WITH ACCESSORIES			CFR SOUTH HARBOR
	MODEL NO.Z1T-50	60SETS	USD280.00	USD16,800.00
	MODEL NO.Z1T-100	5SETS	USD410.00	USD2,050.00
TOTAL: USD18,850.00 FREIGHT CHARGE: USD720.00				

SAY TOTAL:U.S.DOLLARS EIGHTEEN THOUSAND EIGHT HUNDRED AND FIFTY ONLY
SHIPMENT FROM NINGBO,CHINA TO MANILA,SOUTH HARBOR BY SEA
PACKED IN 65 PLYWOOD CASES
ORIGIN OF COUNTRY : CHINA

WENZHOU FUDA INTERNATIONAL TRADE CO., LTD.
王军

表3-33　装箱单

WENZHOU FUDA INTERNATIONAL TRADE CO.,LTD.

温州富达国际贸易有限责任公司

12Floor, Jinkeda Building, No.17, Haishi Road, Wenzhou, China

FAX: 0577-462***83　　TEL:0577-264***31

PACKING LIST

TO: YOUTA ELECTRONIC CO., LTD.
N2036 Feati Street Pampanga Philippines

INVOICE NO.: LHDA140109
DATE:NOV.12,2023
S/C NO.: MF-1303/20

MARK	DESC.	Q'TY	MEAS. (CM)	VOL (CBM)	N.W. (KGS)	G.W. (KGS)
YOUTA PAMPANGA NO.1-65	BUILDER'S HARDWARE THREADING MACHINE WITH ACCESSORIES MODEL NO.Z1T-50 MODEL NO.Z1T-100	60SETS	80*40*55 C/NO.1-60 (60CASES)	10.560	3,900.00	4,560.00
		5SETS	100*55*65 C/NO.61-65 (5CASES)	1.788	700.00	790.00
	TOTAL:	65SETS	65CASES	12.348CBM	4,600.00KGS	5,350.00KGS

SAY TOTAL:SIXTY-FIVE CASES ONLY
SHIPMENT FROM NINGBO,CHINA TO MANILA,SOUTH HARBOR BY SEA
PACKED IN 65 PLYWOOD CASES
ORIGIN OF COUNTRY : CHINA

WENZHOU FUDA INTERNATIONAL TRADE CO., LTD.
王军

随后，李锐根据报关资料缮制代理报关委托书（见表3-34）。

表3-34 代理报关委托书缮制

代理报关委托书

（1）编号：

浙江顺达货运代理公司 ：

我单位现（2） A （A. 逐票；B. 长期）委托贵公司代理（2） ABCD 等通关事宜（A. 填单申报；B. 申请、联系和配合实施检验检疫；C. 辅助查验；D. 垫缴税款；E. 设立手册（账册）；F. 核销手册（账册）；G. 领取海关相关单证；H. 其他）。详见《委托报关协议》。

我单位保证遵守《中华人民共和国海关法》和有关法规，保证所提供的情况真实、完整、单货相符。否则，愿承担相关法律责任。

本委托书（3）有效期自签字之日起至 2023 年 12 月 21 日止。

（4）委托方（盖章）：温州富达国际贸易有限责任公司

法定代表人或其授权签署《代理报关委托书》人（4）（签字）×××

（4）2023 年 11 月 13 日

委托报关协议

为明确委托报关具体事项和各自责任，双方经平等协商签订协议如下：

（5）委托方	温州富达国际贸易有限责任公司
（6）主要货物名称	电动套丝机
（7）H.S. 编码	8459700000
（8）进出口日期	2023 年 11 月 22 日
（9）提运单号	
（10）贸易方式	一般贸易
（11）数（重）量	65 台
（12）包装情况	65 胶合板箱
（13）原产地 / 货源地	浙江其他
（19）其他要求：	
背面所列通用条款是本协议不可分割的一部分，对本协议的签署构成了对背面通用条款的同意。	
（20）委托方业务签章： 经办人签章： 联系电话： 2023 年 11 月 13 日	

（14）被委托方	浙江顺达货运代理公司	
（15）* 报关单编码	No.	
（16）收到单证日期	2023 年 11 月 13 日	
（17）收到单证情况	合同 ☑	发票 ☑
	装箱清单 ☑	提（运）单 ☐
	加工贸易手册 ☐	许可证件 ☐
	其他	
（18）报关收费	人民币： 元	
承诺说明：		
背面所列通用条款是本协议不可分割的一部分，对本协议的签署构成了对背面通用条款的同意。		
（21）被委托方业务签章： 经办报关员签章： 联系电话： 2023 年 11 月 13 日		

（白联：海关留存 黄联：被委托方留存 红联：委托方留存） 中国报关协会监制

巩固训练

2023年3月23日，李锐接到客户浙江顶鲜贸易发展公司的请求，为一批干货代理出口报关业务事宜，准备从宁波出运。委托方提供：合同一份，商业发票一式三份，装箱单一式三份，商检证一份，受益人证明一份。

根据下列所提供的合同（见表3-35）、商业发票（见表3-36）、装箱单（见表3-37）的主要内容，缮制代理报关委托书（见物流单证活页附表3-7）。

表3-35 合同

SALES CONFIRMATION

S/C NO.: INVAC02
DATE: 15 MAR.,2023

THE SELLER:
ZHEJIANG DINGXIAN TRADE DEVELOPMENT Co., Ltd.
WEST LAKE SOUTH ROAD 106,
HANGZHOU CHINA

THE BUYER:
The American Trade Company
TOLL ROAD 144,
LOS ANGELES, USA

This CONTRACT is made by and between the Buyer, the Sellers and the Manufacturer; whereby it is agreed that the Buyer purchase and the Sellers supply the under mentioned goods according to the terms and conditions stipulated below:

ART. NO.	COMMODITY	QUANTITY	UNIT PRICE	AMOUNT
G7258 G3918	DRIED MUSHROOMS DRIED BLACK FUNGUS	16,500KGS 7,000KGS	CIF LOS ANGELES USD10.67/KG USD14.87/ KG	USD176,055.00 USD104,090.00
	TOTAL	23,500 KGS		USD280,145.00
TOTAL CONTRACT VALUE: SAY U.S. DOLLARS TWO HUNDRED AND EIGHTY THOUSAND ONE HUNDRED AND FORTY-FIVE ONLY				

PACKING: TO BE PACKED IN CARTONS OF 4KGS EACH ONLY
MARK: INVAC02
MADE IN CHINA
PAYMENT: L/C
PORT OF LOADING & DESTINATION: FROM NINGBO TO LOS ANGELES
TIME OF SHIPMENT: TO BE EFFECTED BEFORE THE END OF APRIL 2023 WITH PARTIAL SHIPMENT NOT ALLOWED AND TRANSSHIPMENT NOT ALLOWED

ZHEJIANG DINGXIAN TRADE DEVELOPMENT Co., Ltd. The American Trade Company

表3-36 商业发票

ZHEJIANG DINGXIAN TRADE DEVELOPMENT Co., Ltd.
INVOICE

The American Trade Company

NO.OF INVOICE: 89756254
DATE: On March 22, 2023

SHIPPED From NINGBO to Los Angeles
Sailing on or about 12 April 2023
TERMS OF PAYMENT: L/C

SALES CONFIRMATION: INVAC02

MARK	DESCRIPTION	QUANTITY	UNIT PRICE	AMOUNT
INVAC02 MADE IN CHINA	PACKAGES: 5,875CTNS DRIED MUSHROOMS DRIED BLACK FUNGUS	16,500KGS 7,000KGS	USD10.67/KG USD14.87/ KG	CIF LOS ANGELES USD280,145.00 F: USD300.00 I: USD0.27%

表3-37 装箱单

PACKING LIST

ZHEJIANG DINGXIAN TRADE DEVELOPMENT Co., Ltd.
WEST LAKE SOUTH ROAD 106, HANGZHOU CHINA
TEL:0571-633***89

MARK &NUMBERS
INVAC02
MADE IN CHINA
L/C NO.: 02010906114

INVOICE NO.: 89756254
DATE: On March 22, 2023

MARK	DESCRIPTION OF GOODS	QUANTITY	PACKAGES	G/WEIGHT	N/WEIGHT	MEASUREMENT
INVAC02 MADE IN CHINA	DRIED MUSHROOMS	16,500KGS	4,125CTNS	18,393KGS	16,500KGS	26.71CBM
	DRIED BLACK FUNGUS	7,000KGS	1,750CTNS	7,803KGS	7,000KGS	13.28CBM
	TOTAL	23,500PCS	5,875CTNS	26,196KGS	23,500KGS	39.99CBM

任务评价

序号	评价任务	要素说明	分值	扣分小计	得分小计
1	了解代理报关委托书的含义及双方责任（20分）	了解代理报关委托书的含义	10		
		了解代理报关委托书的双方责任	10		
2	正确识记代理报关委托书的格式、主要内容及缮制要求（20分）	介绍代理报关委托书相关栏目的中英文含义、缮制要求（按空格计数）	20		
3	根据所给任务情境正确完成代理报关委托书的缮制（40分）	按课堂任务缮制代理报关委托书（按空格计数，每空1分）	20		
		按课后任务缮制代理报关委托书（按空格计数，每空1分）	20		
4	素养（20分）	具有爱岗敬业的准员工意识	10		
		具备委托沟通的表达能力	10		
自我评价			总得分		

任务八 出口货物报关单的缮制

任务描述

2023年11月20日，浙江顺达货运代理公司李锐替客户温州富达国际贸易有限责任公司起草完代理报关委托书后，着手进行出口货物报关单的缮制。

任务要求

浙江顺达货代公司业务员李锐根据报关资料的相关信息，缮制报关单。

任务目标

1. 知识目标：

（1）了解进出口报关的含义、程序以及申报单证的准备；

（2）根据国家标准《国际货运单证缮制规范》（GB/T 28831—2012）中的相关规定，正确识记出口货物报关单的格式、主要内容及缮制要求。

2. 能力目标：

（1）能够根据所给任务情境正确完成出口货物报关单的缮制；

（2）具有使用智慧通关软件、“中国国际贸易单一窗口”平台等信息化手段规范采集报关业务数据的能力，能够于平台上准确缮制、审核报关单，开展“无纸化”通关服务。

3. 素养目标：

（1）具有适应产业数字化发展需求的基本数字技能，了解报关行业发展的新技术、新工艺、新规范，满足企业对于职业教育人才培养提出的新要求；

（2）遵守职业道德准则和行为规范，养成真诚服务客户的岗位责任意识、认真严谨的制单态度。

知识准备

一、进出口报关的含义及程序

1. 进出口报关的含义

我是出口代理人——出口代理报关流程

报关是指进出口货物收发货人、进出境运输工具负责人、进出境物品的所有人或者他们的代理人向海关办理货物、个人物品或运输工具进出境手续及相关海关事务的过程。进出口报关程序如图3-14所示。

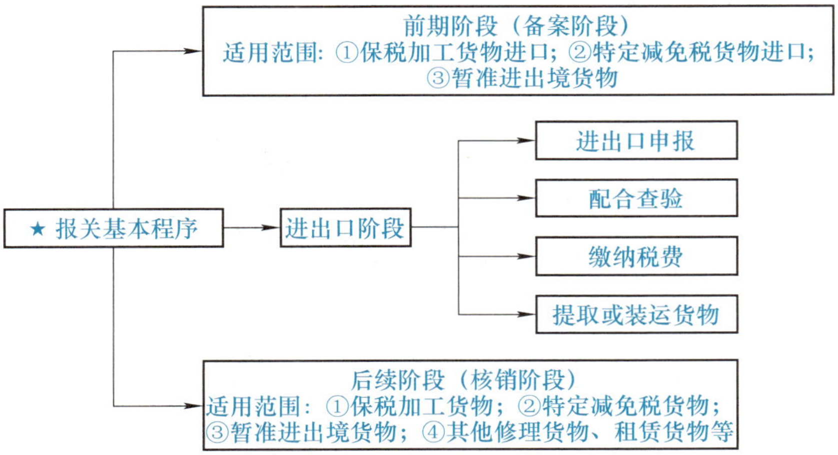

图3-14　进出口报关程序

2. 进出口报关的程序

货物类别不同，报关程序也存在差异，具体见表3-38。

表3-38 不同货物类别的报关程序详表

<table>
<tr><th colspan="2">报关程序</th><th>前期阶段
（货物在进境前办理）</th><th>进出口阶段
（货物在进出境时办理的四个环节）</th><th>后续阶段
（进出关境后需要办理才能接结关）</th></tr>
<tr><td rowspan="5">货物类别</td><td>一般进出口货物</td><td>不需要办理</td><td rowspan="5">申报（海关审单）
↓
配合查验（查验）
↓
缴纳税费（征税）
↓
提取、装运货物（放行）</td><td>不需要办理</td></tr>
<tr><td>保税进出口货物</td><td>备案、申请登记手册</td><td>办理申请核销手续</td></tr>
<tr><td>特定减免税货物</td><td>特定减免税申请和申领免税证明</td><td>办理解除海关监管手续</td></tr>
<tr><td>暂准进出境货物</td><td>展览品备案申请</td><td>办理销案手续</td></tr>
<tr><td>其他进出境货物</td><td>出料加工货物的备案加工贸易不作价设备备案</td><td>办理销案手续</td></tr>
</table>

一般进出口货物的报关程序如下：

（1）进出口申报。在一般情况下，进出口货物收发货人或其代理人应当先向海关系统发送电子数据报关单，接收到海关计算机系统发送的“接受申报”电子报文后，附必需的其他单证，提交海关。

（2）配合查验。海关查验是指海关为确定进出境货物收发货人向海关申报的内容是否与进出口货物的真实情况相符，或者为确定商品的归类、价格、原产地等，依法对进出口货物进行实际核查的执法行为。

（3）缴纳税费。进出口货物收发货人或其代理人应当自海关填发税款缴款书之日起15日内，向指定银行缴纳税款，也可以在网上向指定银行进行税费电子支付。

（4）提取或装运货物。海关进出境现场放行和货物结关，结关放行的前提是系统终端上显示单证已经齐全，税款和有关费用已经结清，报关未超过报关期限，实际货物与报关单证所列完全一致。

二、进出口申报单证准备

进出口货物需要准备的申报单证见表3-39。

表3-39 进出口申报单证

<table>
<tr><th colspan="2">分类</th><th>内容</th></tr>
<tr><td colspan="2" rowspan="2">报关单（证）</td><td>进出口货物报关单</td></tr>
<tr><td>带有进出口货物报关单性质的单或证，如保税区、出口加工区进出境备案清单，ATA单证册，转关运输申报单，快件报关单等</td></tr>
<tr><td rowspan="2">随附单证</td><td>基本单证</td><td>货运单据和商业单据，主要有进口提货单据、出口装货单据、商业发票、装箱单、装货单等</td></tr>
<tr><td>特殊单证</td><td>进出口许可证件、登记手册、征免税证明、出入境货物通关单、出口收汇核销单、原产地证明书等</td></tr>
</table>

三、出口货物报关单的含义、内容及缮制要求

出口货物报关单是由海关总署规定的统一格式和填制规范，并向海关提交的申报货物状况的法律文书，是海关依法监管货物出口、征收关税及其他税费、编制海关统计以及处理其他海关业务的重要凭证。

出口货物报关单（旧版）样表见表 3-40。

表3-40　出口货物报关单（旧版）样表

中华人民共和国海关出口货物报关单

（1）预录入编号：　　　　　　　　　　　　　（2）海关编号：

<table>
<tr><td colspan="2">（3）出口口岸</td><td>（4）备案号</td><td>（5）出口日期</td><td>（6）申报日期</td></tr>
<tr><td colspan="2">（7）经营单位</td><td>（8）运输方式</td><td>（9）运输工具名称</td><td>（10）提运单号</td></tr>
<tr><td colspan="2">（11）发货单位</td><td>（12）贸易方式</td><td>（13）征免性质</td><td>（14）结汇方式</td></tr>
<tr><td colspan="2">（15）许可证号</td><td>（16）运抵国（地区）</td><td>（17）指运港</td><td>（18）境内货源地</td></tr>
<tr><td>（19）批准文号</td><td>（20）成交方式</td><td>（21）运费</td><td>（22）保费</td><td>（23）杂费</td></tr>
<tr><td>（24）合同协议号</td><td>（25）件数</td><td>（26）包装种类</td><td>（27）毛重（千克）</td><td>（28）净重（千克）</td></tr>
<tr><td>（29）集装箱号</td><td colspan="3">（30）随附单据</td><td>（31）生产厂家</td></tr>
<tr><td colspan="5">（32）标记唛码及备注</td></tr>
<tr><td colspan="5">（33）项号　（34）商品编号　（35）商品名称、规格型号　（36）数量及单位　（37）最终目的国（地区）　（38）单价　（39）总价　（40）币制　（41）征免</td></tr>
<tr><td colspan="5">（42）税费征收情况</td></tr>
<tr><td colspan="2">录入员　　　　　录入单位</td><td>兹声明以上申报无讹并承担法律责任</td><td colspan="2">（45）海关审单批注及放行日期（签章）
审单　　　　审价</td></tr>
<tr><td colspan="3" rowspan="2">报关员
（43）申报单位（签章）
单位地址
邮编　　　　电话　　　　（44）填制日期</td><td colspan="2">征税　　　　统计</td></tr>
<tr><td colspan="2">查验　　　　放行</td></tr>
</table>

出口货物报关单的主要内容及缮制要求如下：

（1）预录入编号：申报单位或预录入单位对该单位填制录入的报关单的编号，用于该单位与海关之间引用其申报后尚未批准放行的报关单。由接受申报的海关决定编号规则，由计算机自动打印。

（2）海关编号：海关接受申报时生成的18位顺序编号。

（3）出口口岸：货物实际进（出）我国关境口岸海关的名称。本栏目填写载运货物的运输工具进出境地的隶属海关名称及四位代码，填写格式为：隶属海关中文名称+“（”+四位代码+“）”，如“北仑海关（3104）”。

（4）备案号：进出口企业在海关办理加工贸易合同备案或征、减、免税审批备案等手续时，海关给予“进料加工登记手册”“来料加工及中小型补偿贸易登记手册”“外商投资企业履行产品出口合同进口料件及加工出口成品登记手册”（以下均简称登记手册）以及“进出口货物征免税证明”（以下简称征免税证明）或其他有关备案审批文件的编号。一份报关单只允许填报一个备案号，无备案号的免填。备案号长度为12位。

第1位为标记代码，可以区分是何种贸易（见表3-41）。

表3-41 第1位标记代码的含义表

代码	含义	代码	含义
B	来料加工登记手册	G	加工贸易深加工结转分册
C	进料加工登记手册	H	出口加工区进出货物
D	外商免费提供的加工贸易不作价设备登记手册	Y	原产地证书
F	加工贸易异地进出口分册	Z	征免税证明

（5）出口日期：运载所申报货物的运输工具办结出境手续的日期。出口日期可免填。本栏目为8位数，顺序为年（4位）、月（2位）、日（2位），如“20230829”。

（6）申报日期：海关接受进（出）口货物的收、发货人或其代理人申请办理货物进（出）口手续的日期。以电子数据报关单方式申报的，申报日期为海关计算机系统接受申报时记录的日期。本栏目为8位数，格式同出口日期。出口货物申报日期不能晚于出口日期。

（7）经营单位：对外签订并执行进出口贸易合同的中国境内企业或单位。本栏目应填报经营单位名称及经营单位编码。经营单位编码为10位数字，遵循一定的编码规则（见表3-42）。

表3-42 经营单位编码规则表

第1～4位行政区划代码	第5位市内经济区划代码	第6位企业经济类型代码	第7～10位顺序编号
	1. 经济特区	1. 有进出口经营权的国有企业	
	2. 经济技术开发区	2. 中外合作企业	
	3. 高新技术产业开发区	3. 中外合资企业	
	4. 保税区	4. 外商独资企业	
	5. 出口加工区	5. 有进出口经营权的集体企业	
	6. 保税港区	6. 有进出口经营权的私营企业	
	7. 保税物流园区	7. 又进出口经营权的个体工商户	
		8. 有报关权没有进出口权的企业	
	9. 其他	9. 其他	

对已在海关注册、有进出口经营权的企业（包括三资企业），由主管海关分别设置代码，使每个企业有一个在全国范围内唯一的、始终不变的代码标识。

特殊情况下确定经营单位填报原则如下：

1）援助、赠送、捐赠的货物，填报直接接收货物的单位。

2）进出口企业之间相互代理进出口，或没有进出口经营权的企业委托有进出口经营权的企业代理进出口的填报代理方。

3）外商投资企业委托外贸企业进口投资设备、物品的，填报外商投资企业。

4）有代理报关权的进出口企业在本企业进出口或代理其他企业进出口时，填报本企业的经营单位编码；代理其他企业办理进出口报关手续时，填报委托方经营单位编码。

（8）运输方式：载运货物进出关境所使用的运输工具的分类。本栏目应根据实际运输方式按海关规定的运输方式代码表（见表3-43）选择填报相应的运输方式。

表3-43 运输方式代码表

运输方式代码	运输方式名称	运输方式代码	运输方式名称
0	非保税区	7	保税区
1	监管仓库	8	保税仓库
2 *	水路运输 *	9	其他运输
3 *	铁路运输 *	W	物流中心
4 *	汽车运输 *	X	物流园区
5 *	航空运输 *	Y	保税港区
6	邮件运输	Z	出口加工

出境货物按照离开我国关境最后一个口岸填报。

（9）运输工具名称：载运货物进出境的运输工具的名称或运输工具编号。一份报关单只允许填报一个运输工具名称。具体填报要求如下：

1）水路运输填报：船舶呼号（来往港澳小型船舶为监管簿编号）+“/”+航次号，如“COSCO SHANGHAI/016E”。

2）汽车运输填报：该跨境运输车辆的国内行驶车牌号+“/”+进出境日期（8位数字，即“年年年年月月日日”，下同）。

3）铁路运输填报：车次（或车厢号）+“/”+进出境日期。

4）航空运输填报：航班号，如CA45236。

5）邮政运输填报：邮政包裹单号+“/”+进出境日期。

6）进口转关运输填报：转关标志“@”及转关运输申报单编号，出口转关运输只需填报转关运输标志“@”（本关区内转关不列入此范围）。

7）其他运输填报具体运输方式名称，如“管道”“驮畜”等。

8）无实际进出境的加工贸易报关单按以下要求填报：

加工贸易深加工结转及料件结转货物，应先办理结转进口报关，并在结转出口报关单本栏目填报转入方关区代码（2位）及进口报关单号，即“转入××（关区代码）×××××××××（进口报关单号）”。按转关运输货物办理结转手续的，按上列第6项规定填报。

加工贸易成品凭征免税证明转为享受减免税进口货物的，应先办理进口报关手续，并在出口报关单本栏目填报进口方关区代码（2位）及进口报关单号。

上述规定以外无实际进出境的，本栏目为空。

（10）提运单号：进出口货物提单或运单的编号。一份报关单只允许填报一个提运单号，一票货物对应多个提运单时，应分单填报。具体填报要求如下：

1）水路运输：填报进出口提运单号。如有分提运单的，填报进出口提运单号+"*"+分提运单号。

2）汽车运输：免予填报。

3）铁路运输：填报运单号。

4）航空运输：填报总运单号+"_"（下划线）+分运单号，无分运单的填报总运单号。

5）邮政运输填报邮运包裹单号。

6）无实际进出境的，本栏目免予填报。

（11）发货单位：出口货物在境内的生产或销售单位。本栏目应填报发货单位的中文名称或其海关注册编码。

（12）贸易方式：本栏目应根据实际情况，并按海关规定的贸易方式代码表（见表3-44）选择填报相应的贸易方式简称或代码。一份报关单只允许填报一种贸易方式。

（13）征免性质：海关对进出口货物实施征、减、免税管理的性质类别。本栏目应按照海关核发的征免税证明中批注的征免性质填报，或根据实际情况按海关规定的征免性质代码表（见表3-45）选择填报。一份报关单只允许填报一种征免性质。

表3-44 常用贸易方式代码表（节选）

代码	贸易方式简称	贸易方式全称
0110	一般贸易	一般贸易
0130	易货贸易	易货贸易
0214	来料加工	来料加工装配贸易进口料件及加工出口货物
0255	来料深加工	来料深加工结转货物
0420	加工贸易设备	加工贸易项下外商提供的进口设备
0513	补偿贸易	补偿贸易
0615	进料对口	进料加工（对口合同）
0654	进料深加工	进料深加工结转货物
1215	保税工厂	保税工厂
1233	保税仓库货物	保税仓库进出境货物
2025	合资合作设备	合资合作企业作为投资进口设备物品
2215	三资进料加工	三资企业为履行出口合同进口料件和出口成品
2225	外资设备物品	外资企业作为投资进口的设备物品
3010	货样广告品A	有经营权单位进出口的货样广告品
3100	无代价抵偿	无代价抵偿货物

表3-45　常用征免性质代码表（节选）

征免性质代码	征免性质简称	征免性质全称
101*	一般征税 *	一般征税进出口货物
401	科教用品	大专院校及科研机构进口科教用品
501	加工设备	加工贸易外商提供的不作价进口设备
502*	来料加工 *	来料加工装配和补偿贸易进口料件及出口成品
503*	进料加工 *	进料加工贸易进口料件及出口成品
506	边境小额	边境小额贸易进口货物
601*	中外合资 *	中外合资经营企业进出口货物
602*	中外合作 *	中外合作经营企业进出口货物
603*	外资企业 *	外商独资企业进出口货物
789*	鼓励项目 *	国家鼓励发展的内外资项目进口设备
799*	自有资金 *	外商投资额度外利用自有资金进口设备、备件、配件
801	救灾捐赠	救灾捐赠进口物资
802	扶贫慈善	境外向我境内无偿捐赠用于扶贫慈善的免税进口物资

特殊情况下填报要求如下：

1）外商投资企业为加工内销产品而进口料件，填报“一般征税”。

2）加工贸易转内销货物，按实际应享受的征免性质填报（如一般征税、科教用品、其他法定等）。

3）料件退运出口、成品退运进口货物填报“其他法定”。

4）加工贸易结转货物本栏目为空。

（14）结汇方式：出口货物的发货人或其代理人收结外汇的方式。本栏目应按海关规定的结汇方式代码表（见表3-46）选择填报相应的结汇方式名称或代码。

表3-46　结汇方式代码表

代码	结汇方式	英文缩写	代码	结汇方式	英文缩写
1	信汇	M/T	6	信用证	L/C
2	电汇	T/T	7	先出后结	
3	票汇	D/D	8	先结后出	
4	付款交单	D/P	9	其他	
5	承兑交单	D/A			

（15）许可证号：一国根据其进出口管制法令由商务主管部门签发的允许管制商品进出口的证件编号。一份报关单只允许填报一个许可证号。

（16）运抵国（地区）：出口货物直接运抵的国家（地区）。应按海关规定的国别（地区）代码表（见表3-47）选择填报相应的运抵国（地区）中文名称或代码。

表3-47 常用国别（地区）代码表（节选）

代码	中文名称	原报关代码	代码	中文名称	原报关代码
HKG	中国香港 *	110*	ITA	意大利	307
JPN	日本 *	116*	CHE	瑞士	331
MAC	中国澳门	121	RUS	俄罗斯联邦	344
SGP	新加坡	132	CAN	加拿大	501
KOR	韩国	133	USA	美国 *	502*
CHN	中国 *	142*	AUS	澳大利亚 *	601*
TWN	中国台湾	143	NZL	新西兰	609
GBR	英国 *	303*	PHL	菲律宾	129
DEU	德国 *	304*	ZZZ	国（地）别不详的	701
FRA	法国 *	305*	ZUN	联合国及机构和国际组织	702

（17）指运港：出口货物运往境外的最终目的港，本栏目应根据实际情况按海关规定的港口代码表（见表3-48）选择填报相应的港口中文名称或代码。最终目的港不可预知的，可按尽可能预知的目的港填报。对于发生运输中转的货物，指运港不受中转港影响。

表3-48 部分港口代码表（节选）

代码	中文名称	原报关代码	代码	中文名称	原报关代码
CHN331	上海（中国）	142	USA066	波士顿（美国）	3104
CHN360	宁波（中国）	142	GBR375	伦敦（英国）	1974
CHN113	大连（中国）	142	FRA901	巴黎（法国）	2176
CHN181	天津（中国）	142	DEU063	汉堡（德国）	2110
CHN261	青岛（中国）	142	PHL114	马尼拉（菲律宾）	1441

（18）境内货源地：出口货物在国内的产地或原始发货地。填报相应的国内地区名称或代码。代码的编排内涵与经营单位代码前5位的含义相同。

（19）批准文号：仅指出口收汇核销单上的编号。

（20）成交方式：本栏目应根据实际成交价格条款按海关规定的成交方式代码表（见表3-49）选择填报相应的成交方式代码。无实际进出境的，进口填报CIF价，出口填报FOB价。

表3-49 成交方式代码表

成交方式代码	成交方式名称	成交方式代码	成交方式名称
1*	CIF *	4	C&I
2*	CFR/C&F/CNF *	5	市场价
3*	FOB *	6	垫仓

（21）运费：进出口货物从始发地至目的地的国际运输所需要的各种费用。本栏目应填报该份报关单所含全部货物的国际运输费用。可按运费单价、总价或运费率三种方式

之一填报，同时注明运费标记（见表3-50），并按海关规定的货币代码表（见表3-51）选择填报相应的币种代码。运保费合并计算的，运保费填报在本栏目。

表3-50 运费标记说明

运费标记	表示项目	填报方式	举例说明
1	运费率	运费率的数值	5% 的运费率填报“5/1”
2	运费单价	货币代码 / 单价数值 /2	24 美元的运费单价填报 502/24/2
3	运费总价	货币代码 / 运费总价 /3	7,000 美元的运费总价填报 502/7,000/3

表3-51 常用货币代码表（节选）

币制代码	币制符号	币制名称	币制代码	币制符号	币制名称	币制代码	币制符号	币制名称
110	HKD	港币	116	JPY	日本元	132	SGD	新加坡元
142	CNY	人民币	133	KRW	韩元	300	EUR	欧元
302	DKK	丹麦克朗	303	GBP	英镑	330	SEK	瑞典克朗
331	CHF	瑞士法郎	344	SUR	俄罗斯卢布	501	CAD	加拿大元
502	USD	美元	601	AUD	澳大利亚元	609	NZD	新西兰元

（22）保费：本栏目应填报该份报关单所含全部货物国际运输的保险费用。可按保险费总价或保险费率两种方式之一填报，同时注明保费标记（见表3-52），并按海关规定的货币代码表选择填报相应的币种代码。运保费合并计算的，运保费填报在运费栏中。

表3-52 保费标记说明

保费标记	表示项目	填报方式	举例说明
1	保费率	保费率的数值	0.27% 的保费率填报“0.27/1”
3	保费总价	货币代码 / 保费总价 /3	10,000 港元的保费总价填报“110/10,000/3”

成交方式栏和运费、保费栏填报与否的对应关系见表3-53。

表3-53 成交方式栏和运费、保费栏填报与否的对应关系

	成交方式	运费	保费
进口	CIF	不填	不填
	CFR	不填	填
	FOB	填	填
出口	FOB	不填	不填
	CFR	填	不填
	CIF	填	填

（23）杂费：成交价格以外的、应计入完税价格或应从完税价格中扣除的费用，如手续费、佣金、回扣等，可按杂费总价或杂费率两种方式之一填报，同时注明杂费标记，并按海关规定的货币代码表选择填报相应的币种代码。应计入完税价格的杂费填报为正值或正率，应从完税价格中扣除的杂费填报为负值或负率。杂费标记说明：“1”表示杂费率，“3”表示杂费总价。例如：应计入完税价格的1.5%的杂费率填报为“1.5”；应从完税价格中扣除的1%的回扣率填报为“-1”；应计入完税价格的500英镑杂费总价填报为“303/500/3”。

（24）合同协议号：本栏目应填报进（出）口货物合同（协议）全部字头和号码。

（25）件数：本栏目应填报有外包装的进（出）口货物的实际件数。本栏目不得填报为0。特殊情况下填报要求如下：

1）裸装、散装货物，“件数”栏填报为“1”。

2）有关单据仅列明托盘件数，或者既列明托盘件数又列明单件包装件数的，本栏填报托盘件数。

3）有关单据既列明集装箱个数，又列明托盘件数、单件包装件数的，按以上要求填报。如仅列明集装箱个数，填报集装箱个数。

（26）包装种类：包裹和捆扎货物用的内部或外部包装和捆扎物的总称。一般情况下，应以装箱单或提运单据所反映的货物处于运输状态时的最外层包装或称运输包装作为“包装种类”，按海关规定的包装种类代码表（见表3-54）选择相应的包装种类代码，并相应计算件数。

（27）毛重：货物及其包装材料的重量之和。本栏目填报进（出）口货物实际毛重，计量单位为公斤（kg），不足1kg的填报为1。

（28）净重：货物的毛重减去外包装材料后的重量，即商品本身的实际重量。本栏目填报进（出）口货物的实际净重，计量单位为公斤（kg），不足1kg的填报为1。

（29）集装箱号：每个集装箱号都是全球唯一的。本栏目集装箱数量四舍五入填报整数，非集装箱货物填报为0。在填制纸质报关单时，集装箱号以“集装箱号”+“/”+“规格”+“/”+“自重”的格式填报。多个集装箱的，第一个集装箱号填报在“集装箱号”栏中，其余的依次填报在“标记唛码及备注”栏中。

（30）随附单据：随进（出）口货物报关单一并向海关递交的单证或文件。但是发票、装箱单、许可证等必备的随附单证不在本栏目填报。本栏目应按海关规定的监管证件代码表（见表3-55）选择填报相应证件的代码。

表3-54 包装种类代码表-对原报关代码

代码	中文名称	原报关代码	原报关名称
00	散装	4	散装
01	裸装	7	其他
22	纸制或纤维板制盒 / 箱	2	纸箱
23	木制或竹藤等植物性材料制盒 / 箱	1	木箱
29	其他材料制盒 / 箱	7	其他
32	纸制或纤维板制桶	3	桶装
33	木制或竹藤等植物性材料制桶	3	桶装
39	其他材料制桶	3	桶装
04	球状罐类	7	其他
06	包 / 袋	6	包
92	再生木托	5	托盘
93	天然木托	5	托盘
98	植物性铺垫材料	7	其他
99	其他包装	7	其他

表3-55 常用监管证件代码表（节选）

代码	监管证件名称	代码	监管证件名称
1	进口许可证	O	自动进口许可证（新旧机电产品）
5	纺织品临时出口许可证	4	出口许可证
7	自动进口许可证	A	入境货物通关单
B	出境货物通关单	F	濒危物种允许进口证明书
E	濒危物种允许出口证明书	P	固体废物进口许可证
Y	原产地证明	t	关税配额证明

（31）生产厂家：出口货物的境内生产企业。

（32）标记唛码及备注：标记唛码是运输标志的俗称；备注是填制报关单时需要备注的事项。本栏目填报要求：

1）标记唛码中除图形以外的文字、数字。

2）受外商投资企业委托代理进口投资设备、物品的进出口企业名称。

3）关税备案号，如加工贸易结转货物及凭征免税证明转内销货物,其对应的备案号应填报在此栏，即“转至（自）××××××××××××手册”。

4）关联报关单号。

5）所申报货物涉及多个监管证件的，除第一个监管证件以外的其余监管证件和代码，格式为：监管证件代码+“：”+监管证件编号。

6）所申报货物涉及多个集装箱的，除第一个集装箱号以外的其余的集装箱号，格式为：“集装箱号”+“/”+“规格”+“自重”。

7）其他申报时必须说明的事项。

（33）项号：本栏目分两行填报。一张纸质报关单最多可打印5项商品。

第一行打印报关单中的商品排列序号。

第二行专用于加工贸易等已备案的货物，填报和打印该项货物在加工贸易手册中的项号。

（34）商品编号：按海关规定的商品分类编码规则确定的进（出）口货物的商品编号。

（35）商品名称、规格型号：本栏目分两行填报。第一行打印进（出）口货物规范的中文商品名称，第二行打印规格型号，必要时可加注原文。

（36）数量及单位：进（出）口商品的实际数量及计量单位。本栏目分三行填报及打印。具体填报要求如下：

1）法定第一计量单位及数量打印在本栏目第一行。

2）凡海关列明第二法定计量单位的，必须填报第一及第二法定计量单位及数量，第二法定计量单位填报在本栏目第二行；无第二计量单位的，本栏目第二行为空。

3）成交计量单位与海关法定计量单位不一致时，还需在第三行填报成交计量单位及数量；成交计量单位与海关法定计量单位一致时，本栏目第三行为空。

（37）最终目的国（地区）：填报已知的出口货物的最终实际消费、使用或进一步加工制造国家（地区）。本栏目应按海关规定的国别（地区）代码表选择填报相应的国家（地区）中文名称或代码。

（38）单价：本栏目应填报同一项号下进（出）口货物实际成交的商品单位价格。

（39）总价：本栏目应填报同一项号下进（出）口货物实际成交的商品总价。

（40）币制：进（出）口货物实际成交价格的币种。

（41）征免：海关对进（出）口货物进行征税、减税、免税或特案处理的实际操作方式。本栏目应按照海关核发的征免税证明或有关政策规定，对报关单所列每项商品选择填报海关规定的征减免税方式代码表（见表3-56）中相应的征减免税方式。

根据报关单填制规范，贸易方式为“一般贸易”时，对应的征免方式栏应为“照章征税”。贸易方式等栏目的对应关系见表3-57。

（42）税费征收情况：供海关批注出口货物税费征收及减免情况。

（43）申报单位：报关单左下方用于填报申报单位有关情况的总栏目。

（44）填制日期：报关单的填制日期。预录入和EDI报关单由计算机自动打印。

（45）海关审单批注栏：供海关内部作业时签注的总栏目，由海关关员手工填写在预录入报关单上。

表3-56 征减免税方式代码表

代码	名称	代码	名称
1	照章征税	6	保证金
2	折半征税	7	保函
3	全免	8	折半补税
4	特案	9	全额退税
5	随征免性质		

表3-57 贸易方式等栏目的对应关系

<table>
<tr><th>贸易方式</th><th>征免性质</th><th>用途</th><th>征免</th><th>备案凭证首位</th></tr>
<tr><td rowspan="4">一般贸易</td><td rowspan="2">一般征税</td><td>外贸自营内销</td><td rowspan="2">照章征税</td><td rowspan="2"></td></tr>
<tr><td>其他内销</td></tr>
<tr><td>科教用品</td><td rowspan="2">企业自用</td><td rowspan="2">全免</td><td rowspan="2">Z</td></tr>
<tr><td>鼓励项目（内）</td></tr>
<tr><td></td><td>自有资金</td><td></td><td></td><td></td></tr>
<tr><td>来料加工</td><td>来料加工</td><td rowspan="2">加工返销</td><td rowspan="2">全免</td><td>B</td></tr>
<tr><td>进料加工</td><td>进料加工</td><td>C</td></tr>
<tr><td rowspan="2">合资合作设备</td><td>中外合资
中外合作</td><td rowspan="2">企业自用</td><td rowspan="2">全免</td><td rowspan="2">Z</td></tr>
<tr><td>鼓励项目</td></tr>
<tr><td rowspan="2">外资设备物品</td><td>外资企业</td><td rowspan="2">企业自用</td><td rowspan="2">全免</td><td rowspan="2">Z</td></tr>
<tr><td>鼓励项目</td></tr>
<tr><td>不作价设备</td><td>加工设备</td><td>企业自用</td><td>全免</td><td>D</td></tr>
<tr><td>加工贸易设备（作价）</td><td>一般征税</td><td>企业自用</td><td>照章征税</td><td>/</td></tr>
</table>

任务实施

步骤一：报关前提。

船代需要预先向电子口岸系统发送预配舱单，码头也向电子口岸系统发送运抵报告，运抵报告的作用在于证明所申报的货物已经进入海关监管场地，只有在海关监管场地的货物申报才是可被有效核验的。在生成预配舱单和运抵报告的基础上，货代或报关行再向海关申报。

出口货物报关单的缮制

步骤二：报关程序。

一般出口货物报关程序由以下环节构成，即：报关单录入—审核并发送电子数据—海关审单—海关查验—支付税金—结关放行。其具体操作流程如下：

随堂记

（1）委托预录入单位进行报关单录入：由货代或报关行根据客户信息进行报关单的预录入。

李锐作为本货代企业的报关员，在录入前仔细地检查、核实了客户准备的全套报关资料（参照任务七表3-31至表3-33装箱单），并根据这些资料，于2023年11月20日开始填写出口货物报关单（见表3-58）。

从合同、发票、箱单、报关委托书等资料中可得知：温州富达国际贸易有限责任公司（3303956092）委托浙江顺达货运代理公司作为自己的报关代理，向宁波北仑海关（关区代码3104）申报出口电动套丝机一批，发货单位与经营单位相同，生产厂家为浙江机械设备有限公司。温州富达国际贸易有限责任公司的社会信用代码为913303007146368888。

在智慧通关软件上查阅商品编码：电动套丝机（HS CODE：8459700000），按编码确定法定计量单位为“台”。根据海关所列之监管条件点阅所缺乏报关要件：检验检疫类别“M”，海关监管条件为“A”。“M”表明该商品进口时，需进口商品检验；“A”表明该商品进口时，需提供入境货物通关单。本票货物属于出口，因此无须提供。贸易方式为“一般贸易”。

在配舱回单中摘取船名、航次、提单号信息。填写船名航次“SCIO SKY/846W”；提单号码“H76218316”；集装箱号“TGHU1655340”；自重“2,280KGS”。对应装箱单、发票所显示的毛重、净重、件数、包装种类、金额、体积，审核报关单的正确性（单证一致）。

表3-58 出口货物报关单（旧版）缮制

中华人民共和国海关出口货物报关单

（1）预录入编号：　　　　　　　　　　　　　　　　　　（2）海关编号：

<table>
<tr><td colspan="2">（3）出口口岸北仑海关（3104）</td><td>（4）备案号</td><td>（5）出口日期</td><td>（6）申报日期
20231120</td></tr>
<tr><td colspan="2">（7）经营单位
温州富达国际贸易有限责任公司（3303956092）</td><td>（8）运输方式
水路运输</td><td>（9）运输工具名称
SCIO SKY/846W</td><td>（10）提运单号
H76218316</td></tr>
<tr><td colspan="2">（11）发货单位
温州富达国际贸易有限责任公司（3303956092）</td><td>（12）贸易方式
一般贸易（0110）</td><td>（13）征免性质
一般征税（101）</td><td>（14）结汇方式
T/T</td></tr>
<tr><td colspan="2">（15）许可证号</td><td>（16）运抵国（地区）
菲律宾（129）</td><td>（17）指运港
马尼拉（1441）</td><td>（18）境内货源地
浙江其他（33909）</td></tr>
<tr><td>（19）批准文号</td><td>（20）成交方式
CFR</td><td>（21）运费
502/720/3</td><td>（22）保费</td><td>（23）杂费</td></tr>
<tr><td>（24）合同协议号
MF-1303/20</td><td>（25）件数
65</td><td>（26）包装种类
其他包装</td><td>（27）毛重（千克）
5,350</td><td>（28）净重（千克）
4,600</td></tr>
<tr><td>（29）集装箱号
TGHU1655340/20/2280</td><td colspan="3">（30）随附单据</td><td>（31）生产厂家
浙江机械设备有限公司</td></tr>
<tr><td colspan="5">（32）标记唛码及备注
YOUTA
PAMPANGA
NO.1-65</td></tr>
</table>

（33）项号	（34）商品编号	（35）商品名称、规格型号	（36）数量及单位	（37）最终目的国（地区）	（38）单价	（39）总价	（40）币制	（41）征免
1	8459700000	电动套丝机 3 |1|用于水管、煤气管、天然气管道攻丝专用机械	65台	菲律宾（129）	290.00	18,850.00	美元	照章征税

<table>
<tr><td colspan="3">（42）税费征收情况</td></tr>
<tr><td>录入员　　　　　　录入单位</td><td>兹声明以上申报无讹并承担法律责任</td><td>（45）海关审单批注及放行日期（签章）
审单　　　　审价</td></tr>
<tr><td colspan="2" rowspan="2">报关员
（43）申报单位（签章）
单位地址　　　　浙江顺达货运代理公司
邮编　　　电话　　　（44）填制日期 20231120</td><td>征税　　　　统计</td></tr>
<tr><td>查验　　　　放行</td></tr>
</table>

李锐从报关资料中提取缮制出口货物报关单的相关信息。具体如下：

1）预录入编号：不填。

2）海关编号：海关接受申报时决定，此处报关员可不填。

3）出口口岸：隶属海关中文名称+“（”+四位代码+“）”。由本票业务信息得知：向宁波北仑海关（关区代码3104）申报出口电动套丝机一批，因此填“北仑海关（3104）”。

4）备案号：有关备案审批文件的编号。由本票业务信息得知：贸易方式为一般贸易，征免性质属于一般征税，无备案凭证，因此本栏免填。

5）出口日期：运载所申报货物的运输工具办结出境手续的日期，可免填。

6）申报日期：本栏填实际申报日期“20231120”。

7）经营单位：从本票业务的销售合同、商业发票中得出，温州富达国际贸易有限责任公司与菲律宾YOUTA ELECTRONIC Co., Ltd.签订并执行出口贸易合同，属于经营单位，其在海关的注册代码为3303956092，因此填“温州富达国际贸易有限责任公司（3303956092）”。

8）运输方式：从本票业务的销售合同、商业发票中得出运输信息“SHIPMENT FROM NINGBO, CHINA TO MANILA, SOUTH HARBOR BY SEA”，此处填“水路运输”。

9）运输工具名称：船名+“/”+航次。根据本票业务信息，此处填“SCIO SKY/846W”。

10）提运单号：根据本票业务信息，此处填“H76218316”。

11）发货单位：从本票业务的销售合同、商业发票中得出，温州富达国际贸易有限责任公司是出口销售方，属于发货单位，其在海关的注册代码为3303956092，因此填“温州富达国际贸易有限责任公司（3303956092）”。

12）贸易方式：根据本票业务信息，此处填“一般贸易（0110）”。

13）征免性质：根据本票业务信息，此处填“一般征税（101）”。

14）结汇方式：从本票业务的销售合同得出结汇信息“TERMS OF PAYMENT: BY T/T BEFORE SHIPMENT”，结汇方式属于电汇，此处填“T/T”。

15）许可证号：根据本票业务信息，无许可证，此处不填。

16）运抵国（地区）：从本票业务的销售合同得出信息“SHIPMENT FROM NINGBO, CHINA TO MANILA, SOUTH HARBOR”，出口直接运抵的国家是菲律宾，因此填“菲律宾（129）”。

17）指运港：从本票业务的销售合同得出信息“SHIPMENT FROM NINGBO, CHINA TO MANILA, SOUTH HARBOR”，出口货物运往境外的最终目的港是马尼拉，因此填“马尼拉（1441）”。

18）境内货源地：根据本票业务信息，生产厂家为浙江机械设备有限公司，位于浙江某地，因此填“浙江其他（33909）”。

19）批准文号：根据本票业务信息，此题无收汇核销单，此处不填。

20）成交方式：从销售合同中得出信息“CFR SOUTH HARBOR”，因此填“CFR”。

21）运费：从本票业务的销售合同得出运费信息“FREIGHT CHARGE: USD720.00”，表示运费总价为720.00美元，填报方式为“货币代码/运费总价/运费标记”，因此填“502/720/3”（运费标记“3”表示运费总价）。

22）保费：成交方式为CFR，因此运费填，保费不填。

23）杂费：本票业务未涉及杂费，此处不填。

24）合同协议号：根据销售合同可知合同协议号（S/C NO.）为“MF-1303/20”。

25）件数：根据装箱单信息“SAY TOTAL:SIXTY-FIVE CASES ONLY.PACKED IN 65 PLYWOOD CASES”，本票业务有65个胶合板箱，因此填“65”。

26）包装种类：参考包装种类代码表得知，胶合板箱属于“其他包装”。

27）毛重：根据装箱单信息“G.W.: 5,350.00KGS”，此处填“5,350”。

28）净重：根据装箱单信息“N.W.:4,600.00KGS”，此处填“4,600”。

29）集装箱号：集装箱号+“/”+规格+“/”+自重。根据销售合同信息“IN 1*20’FCL”，可知货物由一个20ft整箱装运。根据本票业务信息，集装箱号为

TGHU1655340，自重2,280kg。因此填“TGHU1655340/20/2280”。

30）随附单据：本票货物电动套丝机（H.S.编码：8459700000）的检验检疫类别为“M”，海关监管条件为“A”。“M”表明该商品进口时，需进口商品检验；“A”表明该商品进口时，需提供入境货物通关单。本票为出口业务，因此无须提供，此栏不填。

31）生产厂家：根据本票业务信息，生产厂家为浙江机械设备有限公司。

32）标记唛码及备注：根据销售合同、商业发票、装箱单信息“SHIPPING MARKS: YOUTA PAMPANGA NO.1-65”，因此填“YOUTA PAMPANGA NO.1-65”。无备注事项。

33）项号：本票业务属于一般贸易、一般征税，无登记手册项号，因此第一行填“1”，第二行不填。

34）商品编号：本票货物中两种不同型号的电动套丝机的H.S.编码都是8459700000，可合并为一项，因此填“8459700000”。

35）商品名称、规格型号：本栏第一行填货物中文名称，第二行填规格型号，即：

电动套丝机

3 | 1 |用于水管、煤气管、

天然气管道攻丝专用机械

36）数量及单位：查阅商品编码可知，电动套丝机的海关法定计量单位为台；由商业发票信息“QTY：65SETS”可知，本票业务成交计量单位为台。海关法定计量单位与成交计量单位一致，因此本栏第一行填“65台”，第二行、第三行不填。

37）最终目的国（地区）：根据本票业务信息，此处填“菲律宾（129）”。

38）单价：从本票业务的商业发票中得出价格信息“电动套丝机（MODEL NO.Z1T-50）UNIT PRICE：USD280.00；电动套丝机（MODEL NO.Z1T-100）UNIT PRICE：USD USD410.00. TOTAL AMOUNT：USD18,850.00。QTY：65SETS”。两种不同型号的电动套丝机H.S.编码都是8459700000，可归到一个品名报，也可以分开报。分开报时单价按照发票中货物各自的单价填报。本票业务由于“商品编号”栏合并为一项，此处也合并为一项。用总金额除以数量，获得平均单价，即18,850.00/65= 290.00，因此填“290.00”。

39）总价：根据商业发票信息“TOTAL AMOUNT：USD18,850.00”，此处填“18,850.00”。

40）币制：本票业务填“美元”或“502”或“USD”。

41）征免：贸易方式“一般贸易”对应的征免方式栏应为“照章征税”。

42）税费征收情况：供海关批注出口货物税费征收及减免情况，此处制单人不填。

43）申报单位（签章）：此处填“浙江顺达货运代理公司”，并加盖报关专用章。

44）填制日期：此处填实际填制日期“20231120”。

45）海关审单批注及放行日期（签章）：海关关员手工填写，此处制单人不填。

（2）审核并发送电子数据：报关预录入单审核无误后，形成电子数据发送至海关，并将出口申报涉及的报关单据，包括合同、发票、装箱单、装货单、报关单、报关委托书以及其他需按具体品名H.S.编码海关要求的监管证件来提供的单据和文件等上传海关系统。

（3）海关审单：海关审单中心将集中审理该出口船舶所有货物的单据。

（4）海关查验（非必须环节）：海关对部分货物进行现场查验。

（5）支付税金：海关对出口货物，根据《中华人民共和国关税条例》的规定和《中华人民共和国海关进出口税则》规定的税率，征收出口税。

（6）结关放行：海关对核准报关的商品进行放行。

步骤三：报关后续。

通关后，装船前，船代还需向电子口岸系统发送正式舱单，系统自动核对报关单和舱单数据。如有数据不符，货物不允许装船；如数据相符，则可装运货物，即码头工作人员对完成报关的货物进行装船出运。

根据海关总署统一部署，海关进出口货物整合申报自2018年8月1日起实施，原报关报检申报系统整合为一个申报系统，通过录入一张报关单、上传一套随附单证、采用一组参数代码，实现“一次申报、一单通关”。

新版报关报检信息单统一录入“单一窗口”，在左侧菜单中单击“出口整合申报—出口报关单整合申报”，右侧显示录入界面，包括基本信息、商品信息、集装箱、随附单证、涉检商品信息等部分，如图3-15所示。

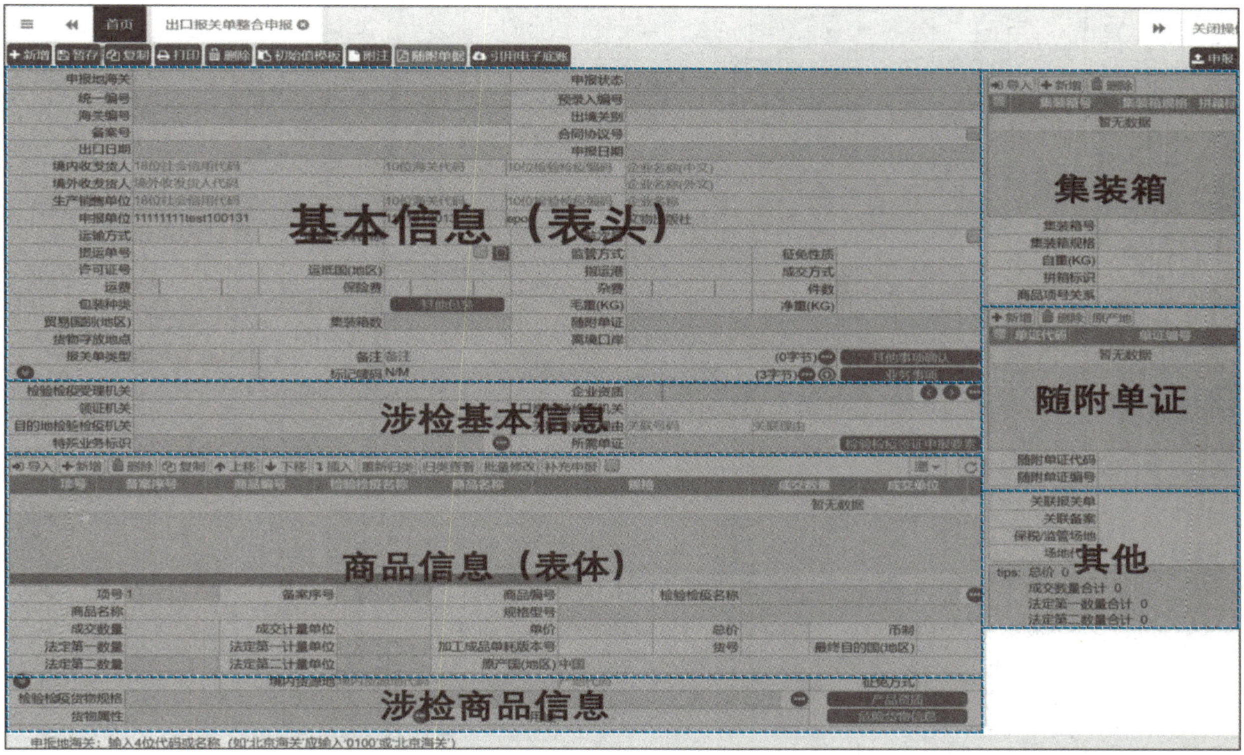

图3-15　出口报关单整合申报界面

涉检信息部分填制参考本项目任务六“出境货物报检单的缮制”。原涉及通关单的海关监管条件是A（进口）或B（出口）的货物，在报关的时候涉及通关的情况在单一窗口中如下录入：

进口使用A：检验检疫

。

出口使用B：电子底账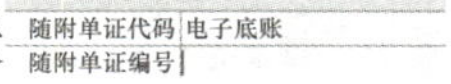

。

根据海关2018年提供的新版出口货物报关单格式，本票出口报关单填制见表3-59。

表3-59 出口货物报关单（2018新版）缮制

中华人民共和国海关出口货物报关单

（1）预录入编号：　　　　（2）海关编号：　　　　页码 / 页数：

<table>
<tr><td>（3）境内发货人（913303007146368888）
温州富达国际贸易有限责任公司</td><td colspan="2">（4）出境关别（3104）
北仑海关</td><td colspan="2">（5）出口日期</td><td>（6）申报日期
20231120</td><td colspan="2">（7）备案号</td></tr>
<tr><td>（8）境外收货人
YOUTA ELECTRONIC CO.,LTD.</td><td colspan="2">（9）运输方式（2）
水路运输</td><td colspan="2">（10）运输工具名称及航次号
SCIO SKY/846W</td><td colspan="3">（11）提运单号
H76218316</td></tr>
<tr><td>（12）生产销售单位（913303007146368888）
温州富达国际贸易有限责任公司</td><td colspan="2">（13）监管方式（0110）
一般贸易</td><td colspan="2">（14）征免性质（101）
一般征税</td><td colspan="3">（15）许可证号</td></tr>
<tr><td>（16）合同协议号
MF-1303/20</td><td colspan="2">（17）贸易国（地区）（PHL）
菲律宾</td><td colspan="2">（18）运抵国（地区）（PHL）
菲律宾</td><td colspan="2">（19）指运港
（PHL114）
马尼拉</td><td>（20）离境口岸
（380101）
宁波北仑港港区</td></tr>
<tr><td>（21）包装种类（99）
其他包装</td><td>（22）件数
65</td><td>（23）毛重（千克）
5,350</td><td>（24）净重（千克）
4,600</td><td>（25）成交方式
CFR（2）</td><td>（26）运费
502/720/3</td><td>（27）保费</td><td>（28）杂费</td></tr>
<tr><td colspan="8">（29）随附单证及编号
随附单证 1：合同；发票；装箱单；代理报关委托协议（纸质）</td></tr>
<tr><td colspan="8">（30）标记唛码及备注
备注：YOUTA　　集装箱标箱数及号码：1；TGHU1655340；
PAMPANGA
NO.1-65</td></tr>
<tr><td colspan="8">（31）项号（32）商品编码（33）商品名称及规格型号（34）数量及单位（35）单价 /（36）总价 /（37）币制（38）原产国（地区）（39）最终目的国（地区）（40）境内货源地（41）征免</td></tr>
<tr><td colspan="8">1　8459700000　电动套丝机　65 台　290.0000　中国　菲律宾　（33909）浙江其他　照章征税
999　3|1|用于水管、煤气管、天然气管道　18,850.00　（CHN）　（PHL）　（1）
攻丝专用机械　65 台　美元</td></tr>
<tr><td colspan="8"></td></tr>
<tr><td colspan="8"></td></tr>
<tr><td colspan="8"></td></tr>
<tr><td>（42）特殊关系确认：否</td><td colspan="2">（43）价格影响确认：否</td><td colspan="2">（44）支付特许权使用费确认：否</td><td colspan="3">（45）自报自缴：否</td></tr>
<tr><td colspan="8">报关人员　报关人员证号　电话　兹声明对以上内容承担如实申报、依法纳税之法律责任　（47）海关批注及签章
（46）申报单位（91330206632408819T）浙江顺达货运代理公司　申报单位（签章）</td></tr>
</table>

李锐从报关资料中提取缮制出口货物报关单（2018新版）的相关信息。具体如下：

（1）预录入编号：此处报关员可不填。

（2）海关编号：海关接受申报时由系统自动生成，此处报关员可不填。

（3）境内发货人：填报在海关备案的对外签订并执行出口贸易合同的中国境内法人、其他组织名称及编码。编码填报18位法人和其他组织统一社会信用代码，没有统一社会信用代码的，填报其在海关的备案编码。本票业务填“温州富达国际贸易有限责任公司 （913303007146368888）”。

（4）出境关别：根据货物实际出境的口岸海关，填报海关规定的关区代码表中相应口岸海关的名称及代码。本票业务填“北仑海关（3104）”。

（5）出口日期：同旧版出口报关单。出口日期可免填。

（6）申报日期：同旧版出口报关单。本票业务填“20231120”。

（7）备案号：同旧版出口报关单。本票业务无。

（8）境外收货人：境外收货人通常指签订并执行出口贸易合同中的买方或合同指定的收货人，填报境外收货人的名称及编码。名称一般填报英文名称，检验检疫要求填报其他外文名称的，在英文名称后填报，以半角括号分隔；对于AEO互认国家（地区）企业的，编码填报AEO编码，填报样式为“国别（地区）代码+海关企业编码”，例如“新加坡AEO企业SG123456789012”（新加坡国别代码+12位企业编码）；非互认国家（地区）AEO企业等其他情形，编码免予填报。特殊情况下无境外收货人的，名称及编码填报“NO”。本票业务填“YOUTA ELECTRONIC CO., LTD”。

（9）运输方式：同旧版出口报关单，但须参照新代码表。本票业务填“水路运输（2）”。

（10）运输工具名称及航次号：同旧版出口报关单。本票业务填“SCIO SKY/846W”。

（11）提运单号：此栏同旧版出口报关单。本票业务填“H76218316”。

（12）生产销售单位：

1）生产销售单位填报出口货物在境内的生产或销售单位的名称，包括：①自行出口货物的单位；②委托进出口企业出口货物的单位；③免税品经营单位经营出口退税国产商品的，填报该免税品经营单位统一管理的免税店。

2）减免税货物报关单的生产销售单位应与“中华人民共和国海关进出口货物征免税证明”（以下简称征免税证明）的“减免税申请人”一致；保税监管场所与境外之间的进出境货物，消费使用单位/生产销售单位填报保税监管场所的名称，即保税物流中心（B型）填报中心内企业名称。

3）海关特殊监管区域的生产销售单位填报区域内经营企业（“加工单位”或“仓库”）。

4）编码填报要求：①填报18位法人和其他组织统一社会信用代码；②无18位统一社会信用代码的，填报“NO”。

5）出口货物在境内的生产或销售的对象为自然人的，填报身份证号、护照号、台胞证号等有效证件号码及姓名。

本票业务填“温州富达国际贸易有限责任公司（913303007146368888）”。

（13）监管方式：同旧版出口报关单，但须参照新代码表。本票业务填“一般贸易（0110）”。

（14）征免性质：同旧版出口报关单。本票业务填“一般征税（101）”。

（15）许可证号：同旧版出口报关单。本票业务无。

（16）合同协议号：同旧版出口报关单。本票业务填“MF-1303/20”。

（17）贸易国（地区）：发生商业性交易的进口填报购自国（地区），出口填报售予国（地区）；未发生商业性交易的填报货物所有权拥有者所属的国家（地区）。按海关规定的国别（地区）代码表选择填报相应的贸易国（地区）中文名称及代码。本票业务涉及出口，填报售予国“菲律宾（PHL）”。

（18）运抵国（地区）：同旧版出口报关单，但须参照新代码表。本票业务填“菲律宾（PHL）”。

（19）指运港：同旧版出口报关单，但须参照新代码表。本票业务填“马尼拉（PHL114）”。

（20）离境口岸：填报装运出境货物的跨境运输工具离境的第一个境内口岸的中文名称及代码。按海关规定的国内口岸编码表选择填报相应的境内口岸名称及代码。本票业务填“宁波北仑港港区（380101）”。

（21）包装种类：同旧版出口报关单，但须参照新代码表。本票业务填“其他包装（99）”。

（22）件数：同旧版出口报关单。本票业务填“65”。

（23）毛重：同旧版出口报关单。本票业务填“5,350”。

（24）净重：同旧版出口报关单。本票业务填“4,600”。

（25）成交方式：同旧版出口报关单。本票业务填“CFR（2）”。

（26）运费：同旧版出口报关单。本票业务填“502/720/3”。

（27）保费：同旧版出口报关单。本票业务无。

（28）杂费：同旧版出口报关单。本票业务无。

（29）随附单证及编号：同旧版出口报关单。本票业务无其他监管证件，只有合同、发票、装箱单。

（30）标记唛码及备注：基本同旧版出口报关单，但须修改“暂时进出货物（2600）”和“展览品（2700）”的填报要求；删除“预归类”和“预审价”的填报要求，明确“预裁定决定”的填报要求；增加已经在进入特殊监管区时完成检验的货物在出区入境申报时、进口直接退运的货物、企业提供ATA单证册的货物、不含动物源性低风险生物制品、货物自境外进入境内特殊监管区或者保税仓库的、海关特殊监管区域与境内区外之间采用分送集报方式进出的等11种对应具体填报规则的情况。将集装箱信息填报要求纳入本栏目，新版报关单没有集装箱号一栏，因此所有集装箱信息填在此栏。需填报集装箱体信息，包括集装箱号、集装箱规格、集装箱自重、拼箱标识、集装箱商品项号关系。其中，集装箱商品项号关系信息填报单个集装箱对应的商品项号，半角逗号分隔。本票业务填报如下：

备注：YOUTA 集装箱标箱数及号码：1；TGHU1655340；
PAMPANGA
NO.1-65

（31）项号：同旧版出口报关单。本票业务填“1”。

（32）商品编码：填报由13位数字组成的商品编码。前8位为《中华人民共和国进出口税则》和《中华人民共和国海关统计商品目录》确定的编码；第9、10位为监管附加编码，第11～13位为检验检疫附加编码，界面显示附加码对应名称。本票业务申报出口商品“电动套丝机”，需先在“商品编号”栏录入“8459700000”10位数编号，再在“检验检疫编码”栏下拉菜单的选项中，选择“999切削金属的其他攻丝机床”，界面显示检验检疫名称，系统保存检验检疫附加编码，因此此栏填“8459700000999”。

（33）商品名称及规格型号：同旧版出口报关单。本票业务填报如下：

电动套丝机
3 | 1 | 用于水管、煤气管、
天然气管道攻丝专用机械

（34）数量及单位：同旧版出口报关单。本票业务填“65台”。

（35）单价：同旧版出口报关单。本票业务填“290.00”。

（36）总价：同旧版出口报关单。本票业务填“18,850.00”。

（37）币制：同旧版出口报关单，但须参照新代码表。本票业务填“美元”。

（38）原产国（地区）：依据《中华人民共和国进出口货物原产地条例》《中华人民共和国海关关于执行〈非优惠原产地规则中实质性改变标准〉的规定》以及海关总署关于各项优惠贸易协定原产地管理规章规定的原产地确定标准填报。按海关规定的国别（地区）代码表选择填报相应的国家（地区）名称及代码。本票业务填“中国（CHN）”。

（39）最终目的国（地区）：同旧版出口报关单。本票业务填“菲律宾（PHL）”。

（40）境内货源地：填报出口货物在国内的产地或原始发货地。按海关规定的国内地区代码表选择填报相应的国内地区名称及代码。本票业务填“浙江其他（33909）”。

（41）征免：同旧版出口报关单。本票业务填“照章征税（1）”。

（42）特殊关系确认：确认进出口行为中买卖双方是否存在特殊关系。本票业务填“否”。

（43）价格影响确认：确认纳税义务人是否可以证明特殊关系未对进口货物的成交价格产生影响。本票业务填“否”。

（44）支付特许权使用费确认：确认买方是否存在向卖方或者有关方直接或者间接支付与进口货物有关的特许权使用费，且未包括在进口货物的实付、应付价格中。本票业务填“否”。

（45）自报自缴：进出口企业、单位采用“自主申报、自行缴税”（自报自缴）模式向海关申报时，填报“是”；反之则填报“否”。本票业务填“否”。

（46）申报单位：自理报关的，填报进出口企业的名称及编码；委托代理报关的，填报报关企业名称及编码。编码填报18位法人和其他组织统一社会信用代码。本票业务填“（91330206632408819T）浙江顺达货运代理公司”。

（47）海关批注及签章：供海关作业时签注，制单人不填。

巩固训练

出口货物报关单的缮制（请扫码下载使用）

李锐接到客户浙江顶鲜贸易发展公司的请求，为一批干货代理出口报关业务事宜，准备从宁波出运。浙江顶鲜贸易发展公司（3301953754）于2023年3月23日委托浙江顺达货运代理公司作为自己的报关代理，向宁波北仑海关（关区代码3104）申报出口该批干货，发货单位与经营单位相同，生产厂家为浙江嘉和农产品有限公司。境内货源地为“浙江其他（33909）”。公司要求李锐负责本次业务。

干制香菇DRIED MUSHROOMS（H.S. CODE 07123910.00），法定计量单位为千克，检验检疫类别“P.R/Q.S”，海关监管条件为“A/B”。

干制黑木耳DRIED BLACK FUNGUS（H.S. CODE 07123200.00），法定计量单位为千克，检验检疫类别“P.R/Q.S”，海关监管条件为“A/B”。

出境货物通关单B：312910405261。核销单号89F818322。贸易方式为一般贸易。运输工具名称SU YUE V.9802。配舱回单上的提单号码为CSLMJ180181。集装箱号为CCLU4230875（20’）、CCLU1141680（20’），集装箱自重都是2,280kg。

委托方提供：合同一份，商业发票一式三份，装箱单一式三份，商检证一份，受益人证明一份。请根据任务七“巩固训练”表3-35销售合同、表3-36商业发票、表3-37装箱单所提供的主要内容，缮制出口货物报关单（旧版见物流单证活页附表3-8，新版见物流单证活页附表3-9）。

任务评价

序号	评价任务	要素说明	分值	扣分小计	得分小计
1	了解进出口报关程序及申报单证、出口货物报关单的含义，了解出口报关业务流程（20分）	了解进出口报关程序、申报单证、出口货物报关单的含义	10		
		了解出口报关业务流程	10		
2	正确识记出口货物报关单的格式、主要内容及缮制要求（20分）	介绍出口货物报关单相关栏目的中英文含义、缮制要求（按空格计数，每空0.5分）	20		
3	根据所给任务情境正确完成出口货物报关单的缮制（40分）	按课堂任务缮制出口货物报关单（按空格计数，每空 0.5 分）	20		
		按课后任务缮制出口货物报关单（按空格计数，每空 0.5 分）	20		
4	素养（20分）	具有适应产业数字化发展需求的基本数字技能	10		
		养成真诚服务客户的岗位责任意识、认真严谨的制单态度	10		
自我评价			总得分		

任务九 保险单的缮制

任务描述

宁波捷利达鞋业有限公司与浙江顺达货运代理公司签订了长期合作协议。2023年7月20日宁波捷利达鞋业有限公司提出有一批女靴需要出口到巴西，委托浙江顺达为其办理保险业务。

任务要求

顺达货代公司业务员张勤受理客户的要求，帮其办理这批货物的保险业务，并根据保险公司的要求，制作投保单。

任务目标

1. 知识目标：

（1）了解保险单据含义、分类；

（2）准确表述出口货物保险业务的办理步骤；

（3）根据国家标准《国际货运单证缮制规范》（GB/T 28831—2012）中的相关规定，正确识记投保单的含义、主要内容及缮制要求。

2. 能力目标：

能够根据所给任务情境正确完成投保单的缮制。

3. 素养目标：

（1）树立学生的风险防范意识，培养学生的抗风险能力；

（2）遵守职业道德准则和行为规范，养成真诚服务客户的岗位责任意识和认真严谨的工作态度。

知识准备

一、保险单据的含义和分类

保险单据是保险公司签发的承保凭证，是保险人与被保险人之间订立的保险合同。它是赔偿的证明文件，若被保险货物发生投保责任范围内的损失，被保险人可以凭保险单要求赔偿，获得经济上的补偿。保险单必须完整地记载保险合同双方当事人的权利、义务及责任，其所记载的内容是合同双方履行的依据。保险单据可以分为如下五种：

随堂记

（1）保险单（Insurance Policy）：俗称大保单，是一种正规的保险合同，除载明被保险人（投保人）的名称、被保险货物（标的物）的名称、数量或重量、唛头、运输工具、保险的起讫地点、承保险别、保险金额、出单日期等项目外，还在保险单的背面列有保险人的责任范围，以及保险人与被保险人各自的权利、义务等方面的详细条款，它是最完整的保险单据。保险单可由被保险人背书，随物权的转移而转让，它是一份独立的保险单据。

（2）保险凭证（Insurance Certificate）：俗称小保单，它有保险单正面的基本内容，但没有保险单反面的保险条款，是一种简化的保险单。保险凭证与保险单具有同等的法律效力，但在实际工作中较少使用。

（3）联合保险凭证（Combined Insurance Certificate）：俗称承保证明（RISK NOTE），它是我国保险公司特别使用的一种更为简化的保险单据，由保险公司在出口公司提交的发票上加上保险编号、承保险别、保险金额、装载船只、开船日期等，并加盖保险公司印章即可，这种单据不能转让。

（4）预约保险单（Open Policy 或 Open Cover）：它是一种长期性的货物保险合同。预约保险单上载明保险货物的范围、险别、保险费率、每批运输货物的最高保险金额以及保险费的结付、赔款处理等项目，凡属于此保险单范围内的进出口货物，一经起运，即自动按保险单所列条件承保。这种事先预约的保险合同在我国的货物进出口中广泛运用。

（5）保险批单（Endorsement）：它是专门用于修改保险单的一种修改书。保险单出具后，如需变更其内容，可由保险公司另出的凭证注明更改或补充的内容，这种凭证称为保险批单。保险批单须粘在保险单上并加盖骑缝章，作为保险单不可分割的一部分。

二、投保单的含义、内容及缮制要求

投保单又称“投保书”或“要保书”，即投保人向保险人申请订立保险合同的书面要约。投保单是由保险人事先准备、具有统一格式的单据。投保人必须依其所列项目逐项如实填写，以供保险人决定是否承保或以何种条件、何种费率承保。

投保单本身并非正式合同的文本，但一经保险人接受后，即成为保险合同的一部分。投保单只是投保人一个要约的申请，还需经过保险公司的核保。保险公司在审核无误后签发保险单据。保险单据通常在签发后的次日零时起正式生效。投保单样表见表 3-60。

表 3-60　投保单样表

货物运输投保单

APPLICATION FORM FOR CARGO TRANSPORTATION INSURANCE

（1）被保险人 Insured					
（2）发票号 Invoice No.		（3）合同号 Contract No.		（4）信用证号 L/C No.	
（5）发票金额 Invoice Amount		（6）投保加成 Plus			
兹有下列物品向 ×× 保险公司投保（Insurance is required on the following commodities）:					
（7）标记 Marks & Ncs.	（8）包装及数量 Quantity	（9）保险货物项目 Description of Goods	（10）保险金额 Amount Insured		
（11）启运日期 Date of Commencement		（12）装载运输工具 Per Conveyance			
（13）起运港 From		中转港 Via		（14）目的港 To	
（15）提单号 B/L No.		（16）赔款偿付地点 Claim Payable at			
（17）投保险别 Please Indicate the Conditions &/or Special Coverages					
（18）投保日期 Date		（19）投保人（签名盖章）Applicant's Signature			
费率 Rate		保费 Premium			
备注 Remarks					

投保单的主要内容及其缮制要求如下：

（1）被保险人（Insured）：被保险人亦称“保户”，是受保险合同保障的人，在保险事故发生时或保险期满时有权按保险合同向保险人请求损失赔偿或领取保险给付金。被保险人可以是法人，也可以是自然人。在财产保险中，被保险人通常就是投保人。

此栏按合同或信用证的规定填写，一般情况下填出口商名称。信用证项下的按信用证要求填制：如信用证规定“TO ORDER”，此栏填写“TO ORDER”，受益人还要在保险单背面做空白背书；如信用证要求“TO ORDER OF…”，或“IN FAVOR OF …”，此栏应写成“TO ORDER OF”+被保险人名称，并做记名背书；如信用证对此无具体规定，受益人应视为被保险人，并做空白背书。

（2）发票号（Invoice No.）：发票，也称商业发票，是卖方开立的载有货物名称、数量、价格等内容的清单，作为买卖双方交接货物和结算货款的主要单证，是进口国确定征收进口关税的依据，也是买卖双方索赔、理赔的依据。发票号是商业发票的号码，由出口商自行编制，既便于出口商的查寻，同时又代表了全套单据的号码和某批货物。

（3）合同号（Contract No.）：出口合同是进口商、出口商双方当事人依照法律通过协商就各自在贸易上的权利和义务所达成的具有法律约束力的协议。出口合同是出口商为销售产品而订立的合同，因此它也被称为销售确认书或销售合同。合同号即出口合同的编码。

（4）信用证号（L/C No.）：信用证是指银行根据进口商（买方）的请求，开给出口商（卖方）的一种保证承担支付货款责任的书面凭证。信用证号是进出口双方签订的信用证的号码。

（5）发票金额（Invoice Amount）：商业发票上的总金额。

（6）投保加成（Plus）：在国际贸易买卖中，凡按照CIF、CIP等由卖方负责投保的贸易术语达成的合同，一般买卖双方会约定保险金额，而且保险金额通常是在发票金额的基础上增加一定的百分率，即所谓的“投保加成率”，这部分增加的金额就是买方进行这笔交易所支付的费用和预期利润。如果合同未做约定，根据国际贸易术语通则，最低保险金额须为合同规定的价款加10%（即合同总金额的110%），并以合同货币投保。

（7）标记（Marks & Nos.）：货物运输标志，即唛头，应与提单相同。

（8）包装及数量（Quantity）：包装指在流通过程中为保护产品、方便储运、促进销售，按一定的技术方法所用的容器、材料和辅助物等的总体名称；也指为达到上述目的在采用容器、材料和辅助物的过程中施加一定技术方法等的操作活动。

包装及数量是指最大包装的总件数，按发票、装箱单和销售确认书相关内容填写。裸装货物填写货物本身件数，散装货物填写货物净重，有包装但以重量计价的应同时填写总件数和计价总重量。

（9）保险货物项目（Description of Goods）：投保货物的总称，但不同类别的多种货物应注明不同类别的各自总称。本栏按发票、装箱单和销售确认书相关内容填写。

（10）保险金额（Amount Insured）：一个保险合同项下保险公司承担赔偿或给付保险金责任的最高限额，即投保人对保险标的的实际投保金额，同时又是保险公司收取保险费的计算基础。一般按CIF发票总值的110%填写。

（11）启运日期（Date of Commencement）：货物保险的生效日期。一般填写本批货物运输单据的签发日期，或填写“AS PER B/L”。

（12）装载运输工具（Per Conveyance）：装载所保货物的运输工具。海运即填写装载船的船名+“BY SEA”。当运输由两程运输完成时，应分别填写一程船名和二程船名。例如：一程船名为“MAYER”，二程船名为“DONGFENG”，则该栏填写“MAYER/DONGFENG”。如转运到内陆还须加“OTHER CONVEYANCE”。

（13）起运港（From）：起运港又称装货港，是货物起始装运的港口。

（14）目的港（To）：目的港又称卸货港，是指买卖合同规定的最后卸货港口。目的港一般由买方提出，经卖方同意后确定。

（15）提单号（B/L No.）：进出口货物提单或运单的编号。

（16）赔款偿付地点（Claim Payable at）：所保货物需要赔款的时候的赔付地点。如无具体规定，一般将目的地作为赔付地点。如买方指定理赔代理人，理赔代理人必须在货物到达目的港的所在国内，便于到货后检验。

（17）投保险别（Please Indicate the Conditions &/or Special Coverages）：运输货物保险条款所承保的险别和相应的保险条款。中国保险条款是各种涉外保险条款的总称，一般分为主险（基本险）、一般附加险和特别附加险。

本栏应按合同或信用证规定的保险险别填写，并注明依据的保险条款名称及其颁布年份，如“COVERING ALL RISKS AS PER CIC OF PICC DATED 01/01/1981”。

（18）投保日期（Date）：填写投保单的日期。

（19）投保人（签名盖章）（Applicant's Signature）：投保人也称要保人，是与保险人订立保险合同并按照保险合同赋有支付保险费义务的人。此栏填出口商全称、地址和电话，由经办人签名。

任务实施

步骤一：确认保险业务，接收并审核投保资料。

投保单的缮制

（1）接收客户的保险业务委托。根据客户签订的贸易术语，查看各保险公司的情况和保险险别。通过双方进一步商谈，确定中国人民财产保险股份有限公司宁波市分公司作为投保的保险公司。

（2）得到客户确认后，整理投保需要的资料（销售确认书见表3-61），将其他相关资料整理成表（见表3-62）。

表3-61　销售确认书

宁波捷利达鞋业有限公司

NINGBO JIELIDA SHOES CO., LTD.

ADD：NO.9, CANGXI ROAD, NO.17, WEST AREA, ECONOMIC DEVELOPMENT ZONE, NINGBO, CHINA.

销售确认书

SALES CONFIRMATION

To:
SANTOS TRADE COMPANY LIMITED
355 SAN JOSE BOULEVARD
RIO DE JANEIRO
BRAZIL

No.: SEA180620
Date: 20 JUN. 2023

The undersigned Sellers and Buyers have agreed to close the following transaction according to the terms and conditions stipulated below:

Art. No.	Name of commodity and specifications	Quantity	Unit Price	Amount
			CIF RIO DE JANEIRO	
2108	LADIES BOOTS	7,680PRS	USD9.8	USD75,264.00
	SAY U. S. DOLLARS SEVENTY-FIVE THOUSAND TWO HUNDRED AND SIXTY-FOUR ONLY.			

Time of shipment: ON OR BEFORE 05 AUG 2023

Shipping Marks: S.T.C. / SEA080620 / RIO DE JANEIRO / NO. 1-360

Means of shipment: SEA FREIGHT FROM NINGBO TO RIO DE JANEIRO ALLOWING PARTIAL SHIPMENTS AND TRANSSHIPMENT

Packing: EIGHT PAIRS IN ONE CARTON, TOTAL 960 CARTONS ONLY.

Insurance: TO BE EFFECTED BY THE SELLERS AT 110 PERCENT OF THE INVOICE VALUE COVERING ALL RISKS AS PER CIC OF PICC DATED 01/01/1981.

Terms of payment: 90 DAYS AFTER THE SHIPMENT BY T/T.

Documents requite:
1. SIGNED COMMERCIAL INVOICE IN TRIPLICATE
2. FULL SET CLEAN ON BOARD BILL OF LADING MADE OUT TO ORDER BLANK ENDOURSED NOTIFY THE BUYER
3. INSURANCE POLICY IN DUPLICATE
4. CERTIFICATE OF ORIGIN IN DUPLICATE
5. SIGNED PACKING LIST IN TRIPLICATE
6. CERTIFICATE OF QUALITY ISSUED BY CIQ IN DUPLICATE

The Buyer:
SANTOS TRADE COMPANY LIMITED.
Roberto Jose
Signature

The Seller:
NINGBO JIELIDA SHOES CO., LTD.
徐运迪
签署

表3-62　其他相关信息表

发票号码：18SEA0718	发票日期：2023 年 7 月 18 日
提单号码：SHRIO6730	提单日期：2023 年 7 月 31 日
投保日期：2023 年 7 月 30 日	船名：ZHEN HUA V. 004E

步骤二：缮制投保单，办理保险手续。

（1）张勤依据销售确认书和其他相关信息缮制投保单（见表3-63）。

表3-63　货物运输投保单的缮制

中国人民财产保险股份有限公司宁波分公司
PICC PROPERTY AND CASUALTY COMPANY LIMITED NIINGBO BRANCH
货物运输投保单
APPLICATION FORM FOR CARGO TRANSPORTATION INSURANCE

<table>
<tr><td colspan="2">（1）被保险人
Insured</td><td colspan="4">NINGBO JIELIDA SHOES CO., LTD.</td></tr>
<tr><td>（2）发票号
Invoice No.</td><td>18SEA0718</td><td>（3）合同号
Contract No.</td><td>SEA180620</td><td>（4）信用证号
L/C No.</td><td></td></tr>
<tr><td>（5）发票金额
Invoice Amount</td><td>USD75,264.00</td><td colspan="2">（6）投保加成
Plus</td><td colspan="2">10%</td></tr>
<tr><td colspan="6">兹有下列物品向中国人民保险财产股份有限公司宁波市分公司投保
（Insurance is required on the following commodities）：</td></tr>
<tr><td>（7）标记
Marks & Nos.</td><td>（8）包装及数量
Quantity</td><td colspan="2">（9）保险货物项目
Description of Goods</td><td colspan="2">（10）保险金额
Amount Insured</td></tr>
<tr><td>S.T.C. / SEA080620 / RIO DE JANEIRO / NO. 1-360</td><td>960CTNS</td><td colspan="2">LADIES BOOTS</td><td colspan="2">USD82,790.40</td></tr>
<tr><td>（11）启运日期
Date of Commencement</td><td>2023-07-31</td><td colspan="2">（12）装载运输工具
Per Conveyance</td><td colspan="2">ZHEN HUA V. 004E BY SEA</td></tr>
<tr><td>（13）起运港
From</td><td>NINGBO</td><td>中转港
Via</td><td></td><td>（14）目的港
To</td><td>RIO DE JANEIRO</td></tr>
<tr><td>（15）提单号
B/L No.</td><td colspan="2">SHRIO6730</td><td>（16）赔款偿付地点
Claim Payable at</td><td colspan="2">RIO DE JANEIRO</td></tr>
<tr><td>（17）投保险别
Please Indicate the Conditions &/or Special Coverages</td><td colspan="5">COVERING ALL RISKS AS PER CIC OF PICC DATED 01/01/1981</td></tr>
<tr><td>（18）投保日期
Date</td><td colspan="2">2023-07-30</td><td>（19）投保人（签名盖章）
Applicant's Signature</td><td colspan="2">NINGBO JIELIDA SHOES CO., LTD.
NO.9,CANGXI ROAD,NO.17,WEST AREA,ECONOMIC DEVELOPMENT ZONE,NINGBO,CHINA</td></tr>
<tr><td>费率
Rate</td><td colspan="2"></td><td>保费
Premium</td><td colspan="2"></td></tr>
<tr><td>备注
Remarks</td><td colspan="5"></td></tr>
</table>

（2）张勤缮制投保单后，将投保单发给中国人民财产保险股份有限公司宁波分公司进行投保。

步骤三：审核保险单，完成保险业务。

（1）保险公司接受了投保，即根据投保单出具一份承保凭证即保险单（见表3-64），发送给张勤确认。

表3-64 保险单缮制

THE PEOPLE'S INSURANCE COMPANY OF CHINA

总公司设于北京一九四九创立

Head office：BEIJING Established 1949

保险单 保险单号次

LNSURANCE POLICY PISH86005789

中国人民财产保险股份有限公司（以下简称本公司）

THIS POLICY OF INSURANCE WTINESSE THAT PICC PROPERTY AND CASUALTY COMPANY LIMITED (HEREINAFTER CALLED THE COMPANY)

根据

AT THE REQUEST OF (CORPORATION) NINGBO JIELIDA SHOES CO., LTD.

（以下简称被保险人）的要求，由被保险人向本公司缴付约定的保险

（HEREINAFTER CALLED "THE INSURED"）AND IN CONSIDERATION OF THE AGREED PREMIUM PAID TO THE COMPANY

按照本保险单承担险别和背面所载条款以及下列特款

BY THE INSURED UNDERTAKES TO INSURE THE UNDERMENTIONED GOODS IN TRANSPORTATION SUBUECT TO THE CONDTTIONS OF THIS

承保下述货物运输保险，特立本保险单

AS PER THE CLAUSES PRINTED OVERLEAF AND OTHER SPECLAL CLAUSES ATTACHED HEREON

标记 MARKS&NOS	包装及数量 QUANTITY	保险货物项目 DESCRIPTION OF GOODS	保险金额 AMOUNT INSURED
S.T.C. / SEA080620 / RIO DE JANEIRO / NO. 1-360	960CTNS	LADIES BOOTS	USD82,790.40

总保险金额：SAY US DOLLARS EIGHTY TWO THOUSAND SEVEN HUNDRED AND NINETY ONLY

TOTAL AMOUNT

INSURED：

保费 AS ARRANGED 费率 AS ARRANGED 装载运输工具 ZHEN HUA V. 004E BY SEA（运输工具名称）

开航日期 AS PER B/L 自 NINGBO 至 RIO DE JANEIRO

SLG ON OR ABT AS PER BILL OF LADING FROM TO

承保险别：

COVERING ALL RISKS AS PER CIC OF PICC DATED 01/01/1981

所保货物，如遇出险，本公司凭本保险单及其他有关证件给付赔款

IF ANY,PAYABLE ON SURRENDER OF THIS POLICY TOGETHER WITH OTHER RELEVANT DOCUMENTS

所保货物，如发出本保险单项下负责赔偿的损失或事故

IN THE EVENT OF ACCIDENT WHEREBY LOSS OR DAMAGE MAY RESULT IN A CLAIM UNDER THIS POLICY IMMEDLATE NOTICE

应立即通知本公司下述代理人查勘

APPLYING FOR SURVEY MUST BE GIVEN TO THE COMPANYS AGENT AS MENTIONED HEREUNDER：

中国人民保险公司

THE PEOPLE'S INSURANCE CO. OF CHINA

赔款偿付地点

CLAIMPAYABLE AT/IN

RIO DE JANEIRO IN USD

日期

DATE 2023-07-30

（2）张勤审核保险单的内容，确认无误后，保险公司签发保险单。

巩固训练

张勤按客户温州大兴对外贸易有限公司要求，委托MSC船公司出运一批棉毛巾，根据其所提供的销售确认书（见表3-65）和其他相关信息（见表3-66）的主要内容，缮制货物运输投保单（见物流单证活页附表3-10）。

表3-65 销售确认书

温州大兴对外贸易有限公司

WENZHOU DAXING FOREIGN TRADE CO., LTD.

ADD：NO.52, WUXING STREET, YONGJIA COUNTY, ZHEJIANG, CHINA.

销售确认书

SALES CONFIRMATION

To:

GIFI DIFFUSION　　　　No.: L0831

ZI LA BARBIERE　　　　Date: 20 AUG. 2023

47300 VILLENEUVE LOT FRANCE

The undersigned Sellers and Buyers have agreed to close the following transaction according to the terms and conditions stipulated below:

Art. No.	Name of commodity and specifications	Quantity	Unit Price	Amount
2108			CIF FOS SUR MER	
	PLASTIC KITCHEN PRODUCTS	4,800PCS	USD3.50	USD16,800.00
	SAY U. S. DOLLARS SIXTEEN THOUSAND EIGHT HUNDRED ONLY.			

Time of shipment: ON OR BEFORE 05 OCT 2023

Shipping Marks: N/M

Means of shipment: SEA FREIGHT FROM NINGBO TO FOS SUR MER,FRANCE ALLOWING PARTIAL SHIPMENTS AND TRANSSHIPMENT

Packing: SIX PCS IN ONE CARTON, TOTAL 800 CARTONS ONLY.

Insurance: TO BE EFFECTED BY THE SELLERS AT 110 PERCENT OF THE INVOICE VALUE COVERING ALL RISKS AS PER CIC OF PICC DATED 01/01/1981.

Terms of payment: 90 DAYS AFTER THE SHIPMENT BY T/T.

Documents requite:
1. SIGNED COMMERCIAL INVOICE IN TRIPLICATE
2. FULL SET CLEAN ON BOARD BILL OF LADING MADE OUT TO ORDER BLANK ENDOURSED NOTIFY THE BUYER
3. INSURANCE POLICY IN DUPLICATE
4. CERTIFICATE OF ORIGIN IN DUPLICATE
5. SIGNED PACKING LIST IN TRIPLICATE
6. CERTIFICATE OF QUALITY ISSUED BY CIQ IN DUPLICATE

The Buyer:　　　　The Seller:

GIFI DIFFUSION　　　　WENZHOU DAXING FOREIGN TRADE CO., LTD.

Roberto Jose　　　　*王晓明*

Signature　　　　签署

表3-66　其他相关信息

发票号码：NGT15003-HYWH11	发票日期：2023 年 9 月 18 日
提单号码：10NGB000367	提单日期：2023 年 9 月 31 日
投保日期：2023 年 9 月 30 日	船名：MSC LISA V. 004E

任务评价

序号	评价任务	要素说明	分值	扣分小计	得分小计
1	准确表述出口货物保险业务的办理步骤，了解保险单据含义和分类及投保单的含义（20 分）	介绍出口货物保险业务的办理步骤	10		
		了解保险单据含义和分类	5		
		介绍投保单的含义	5		
2	正确识记投保单的格式、主要内容及缮制要求（20 分）	介绍投保单相关栏目的含义、缮制要求（按空格计数）	20		
3	根据所给任务情境正确完成投保单的缮制（40 分）	按课堂任务缮制投保单（按空格计数，每空 1 分）	20		
		按课后任务缮制投保单（按空格计数，每空 1 分）	20		
4	素养（20 分）	树立风险防范意识，培养保险操作能力	10		
		养成真诚服务客户的岗位责任意识和认真严谨的工作态度	10		
自我评价			总得分		

任务十　海运提单的缮制

任务描述

南京新科贸易有限公司出口一批蘑菇罐头到沙特阿拉伯的达曼港（DAMMAM PORT, SAUDI ARABIA），委托浙江顺达货运代理公司作为国际货运代理。业务员张勤接到订舱编号（业务编号）为NGB20230301的客户传真过来的相关信息后，将其交给操作部林彤进行操作。林彤根据收到的信息成功获得船公司舱位，并于2023年4月28日装船出运。

任务要求

浙江顺达货运代理公司操作员林彤需要根据合同、发票等信息填制提单样本并要求船公司签发正本已装船提单。请以林彤的身份，根据新科贸易有限公司提供的相关信息并结合以下填制说明填制提单。

任务目标

1. 知识目标：

（1）了解海运提单的含义、分类；

（2）准确表述海运提单确认的程序；

（3）根据国家标准《国际货运单证缮制规范》（GB/T 28831—2012）中的相关规定，正确识记海运提单的格式、主要内容及缮制要求。

2. 能力目标：

能够根据所给任务情境正确完成海运提单的缮制。

3. 素养目标：

（1）遵守职业道德准则和行为规范，明确海运提单在海运业务中的重要作用；

（2）体验职业角色，培养规范制单的岗位责任意识。

知识准备

一、海运提单的含义及分类

1. 海运提单的含义

海运提单（Bill of Lading，B/L）是船方或其代理人在收到其承运的货物时签发给托运人的货物收据，也是承运人和托运人直接运输契约证明，在法律上具有物权证书作用，收货人在目的港提取货物时必须提交正本提单。

2. 海运提单的分类

提单可从不同角度进行分类，常见的提单主要有以下几类。

（1）根据货物是否已经装船进行分类：

1）已装船提单（Shipped B/L或On Board B/L），指货物装船后签发给托运人的提单。

2）收货待运提单（Received for Shipment B/L），是在收货后等待装船签发的一种提单。当货物装船后，在提单上加注装运船名和装船日期并签字盖章，待运提单即成为已装船提单。

（2）根据提单上对货物外表有无不良批注进行分类：

1）清洁提单（Clean B/L），是指在装船时货物外表状态良好，承运人在签发提单时未加注任何有关货物残损、包装不良、件数、重量和体积等其他影响结汇的批注的提单。

2）不清洁提单（Unclean B/L或Foul B/L），是指在货物装船时，承运人发现货物有残破、玷污、标识不清、包装不牢等现象，大副在收货单上加以批注，并将此批注转移到提单上，这种提单称为不清洁提单。

（3）根据提单收货人的抬头进行分类：

1）记名提单（Straight B/L），又称收货人抬头提单，是由托运人指定收货人的提单，这种提单的收货人栏内填写具体的收货人名称。

2）不记名提单（Bearer B/L或Open B/L），是指收货人一栏内不指明任何收货人，也不填指示、凭某人指示，而是直接填“TO BEARER”（交与持有人）。谁持有提单，谁就可以提货。

3）指示提单（Order B/L），分为空白指示和记名指示。①空白指示：如来证要求“FULL SET OF B/L MADE OUT TO ORDER”，则在提单收货人栏填“TO ORDER”（凭指示）。②记名指示：如来证要求“B/L ISSUED TO ORDER OF APPLICANT”，而此时APPLICANT 是指ABC COMPANY,则此栏则填“TO （THE）ORDER OF ABC COMPANY”。

二、海运提单的内容及缮制要求

海运提单样表见表3-67。

表3-67　海运提单样表

<table>
<tr><td colspan="2">（1）Shipper</td><td rowspan="12">（21）B/L No.

BILL OF LADING</td></tr>
<tr><td colspan="2"></td></tr>
<tr><td colspan="2">（2）Consignee</td></tr>
<tr><td colspan="2"></td></tr>
<tr><td colspan="2">（3）Notify Party</td></tr>
<tr><td colspan="2"></td></tr>
<tr><td>（4）Pre-carriage by</td><td>（5）Place of Receipt</td></tr>
<tr><td></td><td></td></tr>
<tr><td>（6 ）Ocean Vessel Voy. No.</td><td>（7）Port of Loading</td></tr>
<tr><td></td><td></td></tr>
<tr><td>（8）Port of Discharge</td><td>（9）Place of Delivery</td></tr>
<tr><td></td><td></td></tr>
</table>

<table>
<tr><td>(10)Container No.</td><td>（11）Seal No. Marks & No.</td><td>（12）No. of Containers or Packages</td><td>(13)Kind of Packages; Description of Goods</td><td>(14) Gross Weight</td><td>(15) Measurement</td></tr>
<tr><td colspan="6">（16）Total Number of Containers or Packages(in words):</td></tr>
</table>

<table>
<tr><td>Freight and Charges</td><td>Revenue Tons</td><td>Rates</td><td>Per</td><td>（18）Prepaid</td><td>（18）Collect</td></tr>
<tr><td></td><td></td><td></td><td></td><td></td><td></td></tr>
</table>

<table>
<tr><td rowspan="4">Ex. Rate</td><td>Prepaid at</td><td>Payable at</td><td>（19）Place and Date of Issue</td></tr>
<tr><td></td><td></td><td></td></tr>
<tr><td>Total Prepaid</td><td>（17）No. of Original B(s)L</td><td>（20）Signed for the Carrier</td></tr>
<tr><td></td><td></td><td></td></tr>
</table>

随堂记

对应的填制要求如下：

（1）Shipper（发货人）：一般情况下填写出口公司的名称和地址。货代以自己的名义托运时，填写货代公司的名称和地址。

（2）Consignee（收货人）：一般情况下填写进口公司的名称和地址。但是在实际操作中客户可能会有特殊的要求，严格按照客户需要（信用证规定）填写。记名提单填写买方名称和地址；指示提单填写TO ORDER 或TO ORDER OF ×××。

（3）Notify Party（通知人）：此栏填写被通知人名称。被通知人是货物到达目的港时船方发送到货通知的对象，他通常是指进口人或其代理。若通知人与收货人相同，在实际操作中经常填写为：SAME AS CONSIGNEE。

（4）Pre-carriage by（前程运输）：如货物需要转运，此处填写一程船名，如无须转运，此处留空。

（5）Place of Receipt（货物接收地）：如需转运，此处填写货物接收地名称，如无须转运，此处留空。

（6）Ocean Vessel Voy. No.（船名　航次）：填写装运货物的船名及航次。若是已装船提单，必须填写船名；如是待运提单，待货物实际装船完毕后记载船名（一般实际操作中签发已装船提单）。

（7）Port of Loading（装货港）：此栏填写装运港的名称。

（8）Port of Discharge（卸货港）：此栏应填写实际卸下货物的港口具体名称。如需转船，第一程提单上的卸货港填转船港（中转港）。填写此栏还要注意同名港口问题。

（9）Place of Delivery（交货地点）：若Port of Discharge为目的港，则Place of Delivery为目的地/目的港。如果为场—场（CY-CY），目的地即目的港，此栏留空。此栏一般在多式联运方式下填写，表明承运人交付货物的地点，其运输条款可以是门—门、场—门、站—门。

（10）Container No.（集装箱号）：填写实际装载货物的集装箱箱号。

（11）Seal No.（铅封号）：填写实际铅封号，一般一个集装箱对应一个箱封号。

Marks & No.（唛头）：信用证上有规定的，必须按规定填写；否则可按发票上的唛头填写。如无唛头，则填“N/M”。

（12）No. of Containers or Packages（箱数或件数）：本栏按照货物实际装船情况填写总外包装件数以及包装情况。一张提单有几种不同包装应分别列明，在总数和大写部分可以使用“Packages（件）”。托盘与集装箱也可以作为包装填写，裸装有Bundle（捆）、Packages（件）等，散装货应注明“IN BULK”字样。

（13）Kind of Packages; Description of Goods（包装种类与货名）：此栏填写货物品名。通常运费支付方式也可填在这一栏。

（14）Gross Weight（毛重）：实际毛重，一般以KGS（千克）为单位列出。

（15）Measurement（尺码）：实际尺码，一般以CBM（立方米）为单位列出。

（16）Total Number of Containers or Packages (in words)（包装件数大写）：本栏用英文大写填写集装箱或件数的合计，格式为“SAY…（CARTONS）ONLY”。

（17）No. of Original B(s)/L（提单的签发的份数）：提单份数一般按信用证要求出具，如“FULL SET OF”，一般理解为正本提单一式三份，每份都有同等效力，收货人凭其中一份提取货物后，其他各份自动失效。副本提单的份数可视托运人的需要而定。

（18）Prepaid/Collect（运费预付/到付）：按实际填写。如成交方式为CIF或CFR，应填“FREIGHT PREPAID”（运费预付）；如成交方式为FOB，应填“FREIGHT COLLECT”（运费到付）。

（19）Place and Date of Issue（提单签发的地点和时间）：提单签发的地点原则上是装货地点，一般是在装货港或货物集中地签发。提单的签发日期应该是提单上所列货物实际装船完毕的日期，也应与收货单上大副所签发的日期一致。如果是在跟单信用证项下结汇，提单上所签发的日期必须与信用证或合同上所要求的最后装船期一致或先于装船期。如果卖方估计货物无法在信用证规定的期限内装船，应尽早通知买方，要求修改信用证，而不应该利用“倒签提单”“预借提单”等欺诈行为取得货款。

（20）Signed for the Carrier（承运人或船长，或由其授权的人签字或盖章）：签发人签字。

（21）B/L No.（提单号）：填写船公司提供的提单号。

随堂记

任务实施

步骤一：缮制提单样本，与货主进行提单确认。由货代单证员根据自己手中的基础单据（表3-68销售合同、表3-69信用证、表3-70实际装运信息、表3-71商业发票、表3-72装箱单）制作提单样本（1），该样本经货主确认无误后，形成“提单确认”。

海运提单的缮制

步骤二：根据货主提单确认录入EDI系统。由货代公司的单证员将“提单确认”录入EDI系统形成提单样本（2）。

步骤三：再次确认出单前船公司发来的提单样本。船公司接收并确认后形成新的提单样本（3），再经由货代公司单证员再次确认，最终船公司签发正本提单，货物发运。

表3-68 销售合同

<table>
<tr><td colspan="4">销售合同
SALES CONTRACT</td></tr>
<tr><td rowspan="3">卖方
SELLER:</td><td rowspan="3">KKK TRADING CO., LTD.
HUARONG MANSION RM2901 NO.85 GUANJIAQIAO, NANJING 210005, CHINA
TEL: 0086-25-471××04
FAX: 0086-25-471××63</td><td>编号 NO.:</td><td>NEO20220116</td></tr>
<tr><td>日期 DATE:</td><td>Nov. 8, 2022</td></tr>
<tr><td>地点
SIGNED IN:</td><td>NANJING, CHINA</td></tr>
<tr><td rowspan="2">买方
BUYER:</td><td rowspan="2">NEO GENERAL TRADING CO.
P.O. BOX 99552, RIYADH 22766, KSA
TEL: 00966-1-465××20 FAX: 00966-1-465××13</td><td></td><td></td></tr>
<tr><td></td><td></td></tr>
<tr><td colspan="4">买卖双方同意以下条款达成交易：
This contract is made by and agreed between the BUYER and SELLER , in accordance with the terms and conditions stipulated below:</td></tr>
<tr><td>1. 品名及规格
Commodity & Specification</td><td>2. 数量
Quantity</td><td>3. 单价及价格条款
Unit Price & Trade Terms</td><td>4. 金额
Amount</td></tr>
<tr><td colspan="4">CFR DAMMAM PORT, SAUDI ARABIA</td></tr>
<tr><td>CANNED MUSHROOMS PIECES & STEMS 24 TINS X</td><td>1,750CARTONS</td><td>USD7.80 /CTN</td><td>USD13,650.00</td></tr>
<tr><td>Total:</td><td>1,750CARTONS</td><td></td><td>USD13,650.00</td></tr>
<tr><td>允许
With</td><td></td><td colspan="2">溢短装，由卖方决定
More or less of shipment allowed at the sellers’ option</td></tr>
<tr><td>5. 总值
Total Value</td><td colspan="3">SAY U.S. DOLLARS THIRTEEN THOUSAND SIX HUNDRED FIFTY ONLY</td></tr>
<tr><td>6. 包装
Packing</td><td colspan="3">EXPORTED BROWN CARTON</td></tr>
<tr><td>7. 唛头
Shipping Marks</td><td colspan="3">NEO
NEO20220116
DAMMAM PORT, SAUDI ARABIA
C/N.1-1750</td></tr>
<tr><td>8. 装运期及运输方式
Time of Shipment & means of Transportation</td><td colspan="3">Not Later Than MAY 15, 2023 BY VESSEL</td></tr>
<tr><td>9. 装运港及目的地
Port of Loading & Destination</td><td colspan="3">From : SHANGHAI PORT, CHINA
To : DAMMAM PORT, SAUDI ARABIA</td></tr>
<tr><td>10. 保险
Insurance</td><td colspan="3">TO BE COVERED BY THE BUYER</td></tr>
<tr><td>11. 付款方式
Terms of Payment</td><td colspan="3">The Buyer shall open through a bank acceptable to the Seller an Irrevocable Letter of Credit payable at sight of reach the seller 30 days before the month of shipment, valid for negotiation in China until the 15th day after the date of shipment.</td></tr>
<tr><td>12. 备注
Remarks</td><td colspan="3"></td></tr>
<tr><td colspan="2">The Buyer</td><td colspan="2">The Seller</td></tr>
<tr><td colspan="2">NEO GENERAL TRADING CO.</td><td colspan="2">KKK TRADING CO., LTD.</td></tr>
<tr><td colspan="2">(signature)</td><td colspan="2">(signature)</td></tr>
</table>

表3-69 信用证

MT S700			ISSUE OF A DOCUMENTARY CREDIT
APPLICATION HEADER			RJHISARIAXXX *ALRAJHI BANKING AND INVESTMENT *CORPORATION *RIYADH *(HEAD OFFICE)
SEQUENCE OF TOTAL	*	27	1 / 1
FORM OF DOC. CREDIT	*	40 A	IRREVOCABLE
DOC. CREDIT NUMBER	*	20	0011LC123756
DATE OF ISSUE		31 C	20230110
APPLICABLE RULES		40 E	UCP LATEST VERSION
DATE/PLACE EXP.	*	31 D	DATE 20230620 PLACE CHINA
APPLICANT	*	50	NEO GENERAL TRADING CO. P.O. BOX 99552, RIYADH 22766, KSA TEL: 00966-1-465xx20 FAX: 00966-1-465xx13
BENEFICIARY	*	59	KKK TRADING CO., LTD. HUARONG MANSION RM2901 NO.85 GUANJIAQIAO, NANJING 210005, CHINA TEL: 0086-25-471xx04 FAX: 0086-25-471xx63
AMOUNT	*	32 B	CURRENCY USD AMOUNT 13,650.00
PERCENTAGE CREDIT AMOUNT TOLERANCE		39 A	10/10
AVAILABLE WITH/BY	*	41 D	ANY BANK IN CHINA, BY NEGOTIATION
DRAFTS AT ...		42 C	SIGHT
DRAWEE		42 A	RJHISARI *ALRAJHI BANKING AND INVESTMENT *CORPORATION *RIYADH *(HEAD OFFICE)
PARTIAL SHIPMENTS		43 P	NOT ALLOWED
TRANSSHIPMENT		43 T	NOT ALLOWED
PORT OF LOADING		44 E	CHINESE MAIN PORT, CHINA
PORT OF DISCHARGE		44 F	DAMMAM PORT, SAUDI ARABIA
LATEST SHIPMENT		44 C	20230515
GOODS DESCRIPT.		45 A	1,750 CARTONS CANNED MUSHROOMS PIECES & STEMS 24 TINS × 227 GRAMS NET WEIGHT (G.W. 425 GRAMS) AT USD7.80 PER CARTON. ROSE BRAND.

（续）

MT S700		ISSUE OF A DOCUMENTARY CREDIT
DOCUMENTS REQUIRED:	46 A	+ SIGNED COMMERCIAL INVOICE IN TRIPLICATE ORIGINAL AND MUST SHOW BREAK DOWN OF THE AMOUNT AS FOLLOWS: FOB VALUE, FREIGHT CHARGES AND TOTAL AMOUNT CFR. + FULL SET CLEAN ON BOARD BILL OF LADING MADE OUT TO THE ORDER OF AL RAJHI BANKING AND INVESTMENT CORP, MARKED FREIGHT PREPAID AND NOTIFY APPLICANT. + PACKING LIST IN ONE ORIGINAL PLUS 5 COPIES, ALL OF WHICH MUST BE MANUALLY SIGNED. + INSPECTION (HEALTH) CERTIFICATE FROM C.I.Q. (ENTRY-EXIT INSPECTION AND QUARANTINE OF THE PEOOPLES REP. OF CHINA) STATING GOODS ARE FIT FOR HUMAN BEING. + CERTIFICATE OF ORIGIN DULY CERTIFIED BY C.C.P.I.T. STATING THE NAME OF THE MANUFACTURERS OF PRODUCERS AND THAT GOODS EXPORTED ARE WHOLLY OF CHINESE ORIGIN. + THE PRODUCTION DATE OF THE GOODS NOT TO BE EARLIER THAN HALF MONTH AT TIME OF SHIPMENT. BENEFICIARY MUST CERTIFY THE SAME. + SHIPMENT TO BE EFFECTED BY CONTAINER AND BY REGULARE LINE. SHIPMENT COMPANY'S CERTIFICATE TO THIS EFFECT SHOULD ACCOMPANY THE DOCUMENTS.
ADDITIONAL CONDITION	47 A	A DISCREPANCY FEE OF USD50.00 WILL BE IMPOSED ON EACH SET OF DOCUMENTS PRESENTED FOR NEGOTIATION UNDER THIS L/C WITH DISCREPANCY. THE FEE WILL BE DEDUCTED FROM THE BILL AMOUNT. PAYMENT UNDER THE GOODS WAS APPROVED BY SAUDI GOVERNMENT LAB.
CHARGES	71 B	ALL CHARGES AND COMMISSIONS OUTSIDE KSA ON BENEFICIARIES' ACCOUNT INCLUDING REIMBURSING, BANK COMMISSION, DISCREPANCY FEE (IF ANY) AND COURIER CHARGES.
CONFIRMAT INSTR	* 49	WITHOUT
REIMBURS. BANK	53 D	AL RAJHI BANKING AND INVESTMENT CORP RIYADH (HEAD OFFICE)
INS PAYING BANK	78	DOCUMENTS TO BE DESPATCHED IN ONE LOT BY COURIER. ALL CORRESPONDENCE TO BE SENT TO ALRAJHI BANKING AND INVESTMENT COPRORATION RIYADH (HEAD OFFICE)
SEND REC INFO	72	REIMBURSEMENT IS SUBJECT TO ICC URR 525

表3-70 实际装运信息

1. PACKING: 1,750CTNS
2. SIZE OF CARTON：20CM × 25CM × 30CM
3. INVOICE NO: 2023SDT001 INVOICE DATE: APR.12, 2023
4. SHIPPING MARKS: NEO NEO20220116 DAMMAM PORT, SAUDI ARABIA C/N.1-1750
5.FREIGHT: USD1,000.00
6. SHIPPED IN 1 × 20'FCL
7. DATE OF SHIPMENT: APR. 28, 2023
8. BILL OF LADING NO: COSUNGB2934848
9. VESSEL NAME VOY NO.: COSCO SHANGHAI 31/E
10.CONTAINER NO./SEAL NO.: COSU49920994/87746

表3-71 商业发票

<table>
<tr><td colspan="6">KKK TRADING CO., LTD.
HUARONG MANSION RM2901 NO.85 GUANJIAQIAO,
NANJING 210005, CHINA
TEL: 0086-25-471xx04
FAX: 0086-25-471xx63</td></tr>
<tr><td colspan="6">COMMERCIAL INVOICE</td></tr>
<tr><td rowspan="4">To:</td><td colspan="3" rowspan="4">NEO GENERAL TRADING CO.
P.O. BOX 99552, RIYADH 22766, KSA</td><td>Invoice No.:</td><td>2023SDT001</td></tr>
<tr><td>Invoice Date:</td><td>APR. 12, 2023</td></tr>
<tr><td>S/C No.:</td><td>NEO20220116</td></tr>
<tr><td>S/C Date:</td><td>NOV. 8, 2022</td></tr>
<tr><td>From:</td><td colspan="2">SHANGHAI PORT, CHINA</td><td>To:</td><td colspan="2">DAMMAM PORT, SAUDI ARABIA</td></tr>
<tr><td>Letter of Credit No.:</td><td colspan="2">0011LC123756</td><td>Issued By:</td><td colspan="2">AL RAJHI BANKING AND INVESTMENT CORP.</td></tr>
<tr><td></td><td colspan="5"></td></tr>
<tr><td>Marks and Numbers</td><td colspan="2">Number and Kind of Package
Description of Goods</td><td>Quantity</td><td>Unit Price</td><td>Amount</td></tr>
<tr><td rowspan="2">NEO
NEO20220116
DAMMAM PORT, SAUDI ARABIA
C/N.1-1750</td><td colspan="5">CFR DAMMAM PORT, SAUDI ARABIA</td></tr>
<tr><td colspan="2">CANNED MUSHROOMS
PIECES & STEMS 24 TINS X 227 GRAMS NET WEIGHT (G.W. 425 GRAMS)
ROSE BRAND

PACKED IN 1,750CTNS, SHIPPED IN 1 × 20'FCL.

FOB:USD12,650.00
FREIGHT CHARGE: USD1,000.00.</td><td>1,750CTNS</td><td>USD7.80/CTN</td><td>USD13,650.00</td></tr>
<tr><td colspan="3">TOTAL:</td><td>1,750CTNS</td><td></td><td>USD13,650.00</td></tr>
<tr><td>SAY TOTAL:</td><td colspan="5">SAY U.S.DOLLARS THIRTEEN THOUSAND SIX HUNDRED FIFTY ONLY</td></tr>
<tr><td colspan="6">
KKK TRADING CO., LTD.</td></tr>
</table>

表3-72 装箱单

KKK TRADING CO., LTD.

HUARONG MANSION RM2901 NO.85 GUANJIAQIAO,

NANJING 210005, CHINA

TEL: 0086-25-471××04

FAX: 0086-25-471××63

PACKING LIST

To:	NEO GENERAL TRADING CO. P.O. BOX 99552, RIYADH 22766, KSA	Invoice No.:	2023SDT001
		Invoice Date:	APR. 12, 2023
		S/C No.:	NEO20220116
		S/C Date:	NOV. 8, 2022
From:	SHANGHAI PORT, CHINA	To:	DAMMAM PORT, SAUDI ARABIA
Letter of Credit No.:	0011LC123756	Date of Shipment:	APR. 28, 2023

Marks and Numbers	Number and Kind of Package Description of Goods	Quantity	Package	G.W.	N.W.	Meas.
NEO NEO20220116 DAMMAM PORT, SAUDI ARABIA C/N.1-1750	CANNED MUSHROOMS SHIPPED IN 1×20'FCL.	1,750CTNS	1,750CTNS	17,850KGS	9,534KGS	26.25CBM
TOTAL:		1,750CTNS	1,750CTNS	17,850KGS	9,534KGS	26.25CBM
SAY TOTAL:	SAY U.S.DOLLARS ONE THOUSAND SEVEN HUNDRED FIFTY CARTONS ONLY					

KKK TRADING CO., LTD.

林彤根据以上基础信息填制海运提单的相关信息，缮制海运提单（见表3-73）。

表 3-73　缮制海运提单

<table>
<tr><td colspan="2">（1）Shipper</td><td rowspan="14">（21）B/L No. COSUNGB2934848

BILL OF LADING</td></tr>
<tr><td colspan="2">KKK TRADING CO., LTD.
HUARONG MANSION RM2901 NO.85 GUANJIAQIAO,
NANJING 210005, CHINA
TEL: 0086-25-471xx04　FAX: 0086-25-471xx63</td></tr>
<tr><td colspan="2">（2）Consignee</td></tr>
<tr><td colspan="2">TO THE ORDER OF AL RAJHI BANKING AND INVESTMENT CORP.</td></tr>
<tr><td colspan="2">（3）Notify Party</td></tr>
<tr><td colspan="2">NEO GENERAL TRADING CO.
P.O. BOX 99552, RIYADH 22766, KSA
TEL: 00966-1-465xx20　FAX: 00966-1-465xx13</td></tr>
<tr><td>（4）Pre-carriage by</td><td>（5）Place of Receipt</td></tr>
<tr><td></td><td></td></tr>
<tr><td>（6）Ocean Vessel Voy. No.</td><td>（7）Port of Loading</td></tr>
<tr><td>COSCO SHANGHAI 31/E</td><td>SHANGHAI PORT, CHINA</td></tr>
<tr><td>（8）Port of Discharge</td><td>（9）Place of Delivery</td></tr>
<tr><td>DAMMAM PORT, SAUDI ARABIA</td><td></td></tr>
</table>

<table>
<tr><td>(10)Container No.

COSU49920994
1*20GP</td><td>（11）Seal No.
Marks & No.

87746
NEO
NEO20190116
DAMMAM PORT,
SAUDI ARABIA
C/N.1-1750</td><td>（12）No. of Containers or Packages

1,750CARTONS</td><td>(13)Kind of Packages; Description of Goods

CANNED MUSHROOMS</td><td>(14)
Gross Weight

17,850KGS</td><td>(15)
Measurement

26.25CBM</td></tr>
<tr><td colspan="6">（16）Total Number of Containers or Packages(in words):
SAY ONE THOUSANDS SEVEN HUNDRED AND FIFTY CARTIONS ONLY</td></tr>
</table>

<table>
<tr><td>Freight and Charges</td><td>Revenue Tons</td><td>Rates</td><td>Per</td><td>（18）Prepaid</td><td>（18）Collect</td></tr>
<tr><td></td><td></td><td></td><td></td><td>FREIGHT PREPAID</td><td></td></tr>
</table>

<table>
<tr><td rowspan="4">Ex. Rate</td><td>Prepaid at</td><td>Payable at</td><td>（19）Place and Date of Issue</td></tr>
<tr><td></td><td></td><td>SHANGHAI PORT, CHINA　APR 28,2023</td></tr>
<tr><td>Total Prepaid</td><td>（17）No.of Original B(s)L</td><td>（20）Signed for the Carrier</td></tr>
<tr><td></td><td>THREE</td><td>ZHEJIANG SHUNDA FREIGHT FORWARDING COMPANY AS CARRIER</td></tr>
</table>

巩固训练

海运提单的缮制
（请扫码下载使用）

2023年8月12日捷达国际物流有限公司小林按客户南京丽华出具的订舱委托书要求，向中远订舱，配载了一个20ft的集装箱，并于2023年8月12日收到船代公司的订舱确认凭证，航期为2023年8月28日，船名航次DANLBHUM V.S009，提单号为HACB122145。提供小箱一个，箱号为COSU1234057。根据下列所提供的信用证（见表3-74）和补充资料缮制海运提单（见物流单证活页附表3-11）。

表3-74 信用证

HSBC 汇丰

NANJING LIHUA TEXTILES IMP.&EXP.CORP. 88, LIHUA ROAD, TIANNING DISRICT
NANJING, JIANGSU, CHINA

DEAR SIRS

IN ACCORDANCE WITH THE TERMS OF ARTICLE 7(A) OF UCP500 WE ADVISE HAVING RECEIVED THE FOLLOWING TELETRANSMISSION FROM HSBC BANK CANADA

27	SEQ OF TOTAL:	1/1
40A	FORM OF DC:	IRREVOCABLE TRANSFERABLE
20	DC NO. :	DC HMN 60283
31C	DATE OF ISSUE:	6 JUNE 2023
31D	EXPIRY DATE AND PLACE:	16 SEP 2023 IN COUNTRY OF APPLICANT
50	APPLICANT:	PARMIX SPORTSWEAR INC 591 EAST LAMEN STREET, TORONTO, CANADA
59	BENEFICIARY:	NANJIN LIHU TEXTILES IMPORT&EXPORT CORP. 88, LIHUA ROAD, TIANNING DISTRICT NANJING, JIANGSU, CHINA
32B	DC AMT:	USD9,000.00
39A	PCT CR AMT TOLERANCE:	05/05
41D	AVAILABEL WITH/BY	ANY BANK BY NEGOTIATION
42C	DRAFTS AT:	SIGHT FOR FULL INVOICE VALUE
42D	DRAWEE:	ISSUING BANK
43P	PARTIAL SHIPMENTS:	ALLOWED
43T	TRANSHIPMENT:	ALLOWED
44A	LADING/DISPATCHAT/FROM:	SHANGHAI PORT CHINA
44B	FOR TRANSPORTATION TO:	VANCOUVER, CANADA
45A	GOODS:	FOB SHANGHAI PORT P.O.585 WOVEN LADIES 2PCE SUIT-JACKET STYLE 167C/168C TIL500 SETS AT USD 10/SET LADIES 2PC WAISTCOAT/SKIRT STYLE 585A/169C TTL500 SETS AT USD8/SET LATEST SHIP DATE 30 AUG 2023
46A	DOCUMENT REQUIRED:	

+COMMERCIAL INVOICE IN TRIPLICATE.

+FULL SET CLEAN MARINE BILL OF LOADING,ISSUED BY WELLSTAR FREIGHT SYS TEMS INC. SHANGHAI,SHOWING ON BOARD BOTATION, MADE TO THE ORDER OF HSBC BANK CANADA,MARKED FRIGHT COLLECT AND NOTIFY PARMIX SPORTSWEAR INC.591 EAST

LAMEN STREET, TORONTO, CANADA.
+PACKING LIST IN TRIPLICATE.
+BENEFICIARY'S CERTIFICATE CERTIFYING THAT WOODEN CRATED OR PALLETS WERE NOT USED.
+ORIGINAL GSP CERTIFICATE OF ORININ FORM A ON OFFICIAL FORM PLUS ONE COPY.

47A ADDITIONAL CONDITIONS:
ALL DOCUMENT MUST BE IN ENGLISH. THE DRAFTS AND INVOICE MUST QUOTE THIS DOC. CREDIT NO. DC HMN60283，USD60/CAD85(OR EQUIVALENT)PER SET OF DOCUMENTS/PER SHIPMEMT PLUS ALL RELEVANT CABLE CHARGES WILL BE DEDUCTED FROM EACH NEGOTIATION OF DISCREPANT DOCUMENT UNDER THIS DOCUMENT CREDIT. NOTHWITHSTANDING ANY INSTRUCTIONS TO THE CONTRARY, THESE CHARGES SHALL BE FOR THE ACCOUNT TO THE BENFICIARY.
ALL DOCUMENT SHOULD BE FORWARDED IN ONE LOT BY COURIER AT BENEFICIARY'S EXPENSE TO HSBC BANK CANADA, TORONTO, ONTARIO , CANADA H4Z 6W1.
INSUANCE TO BE COVERED BY APPLICANT.
5 PERCENT MORE OR LESS IN QUANTITY AND DC AMOUNT ACCEPTABLE.
MARKS AND NUMBERS ARE AS FOLLOWS:
PARMIX. TORONTO, P.O.NO., CTN NO.

57D ADVISE THRU: THE INDUSTRIAL AND COMMERCIAL BANK OF CHINA HANJING BRANCH
CHINA SWIFT:ICBKCNBJCZU

补充资料：GROSS WEIGHT:1,200KGS NET WEIGHT:1,120KGS
MEASUREMENT:10 CBM PACKED IN:1,000HANGERS
NO. OF ORIGINAL B(S)/L: THREE

任务评价

序号	评价任务	要素说明	分值	扣分小计	得分小计
1	缮制提单样本，与货主进行提单确认（25 分）	了解海运提单的含义、分类	10		
		正确识记海运提单的格式、掌握内容及缮制要求	15		
2	准确表述海运提单确认的程序（15 分）	掌握海运提单确认的三步骤	15		
3	根据所给任务情境规范掌握海运提单的缮制（40 分）	按课堂任务缮制海运提单（按空格计数，每空 1 分）	20		
		按课后任务缮制海运提单（按空格计数，每空 1 分）	20		
4	素养（20 分）	遵守职业道德准则和行为规范	10		
		培养规范制单的岗位责任意识	10		
自我评价			总得分		

项目二 海运进口单证

项目概述

国际海运货物进口代理业务流程包括接受委托、签订委托代理合同、货运代理人租船订舱、代办保险、掌握船舶动态，收集整理单证、报关报检、卸船交接、代运交货、费用结算等环节。

本项目梳理了海运进口代理业务涉及的主要物流单证，内容包括单证应用的业务背景、制的参照标准、制单的规范要求等。项目包括两个教学任务：入境货物报检单的缮制、进口货物报关单的缮制。

为了全面贯彻党的教育方针，落实立德树人根本任务，本项目在各任务实施及评价过程中，传授基础知识与培养专业能力并重，着力将专业精神、职业精神和工匠精神融入人才培养的全过程。

项目目标

- 准确描述海运货物出口代理业务流程。
- 掌握海运出口单证的缮制方法。
- 正确描述海运出口货运代理单据的流转过程。
- 根据任务情境正确完成海运出口单证的缮制。
- 了解出口国际货运代理业务文化，具备社会责任感和担当精神；养成真诚服务客户的岗位责任意识、认真严谨的制单态度。

知识储备

一、海运货物进口代理业务流程

海运货物进口代理业务流程如图3-16所示。

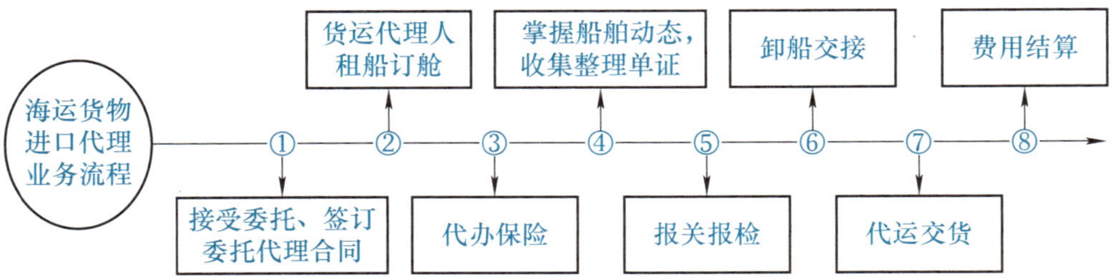

图3-16 海运货物进口代理业务流程

1. 接受委托、签订委托代理合同

根据“进口订舱联系单”的要求，货运代理人落实船舶后，签订委托代理合同。

随堂记

2. 货运代理人租船订舱

根据进口货物的数量和性质、装货港、装运期以及班轮航班和航运市场租船行情，确定采用班轮订舱还是租船运输。订舱或租船确定后，货运代理人通知卖方和装货港代理人，准备装船。

3. 代办保险

货物在装运港装船后，装船代理人发出装船通知。货运代理人除准备接卸外，需要买方办理保险的（FOB、CFR条件下），首先要尽快对货物办理海运货物保险。

4. 掌握船舶动态，收集整理单证

货运代理人通过多种渠道掌握船舶动态，关心运输中的货物，重点掌握转船二程船的到港时间。同时从国外发货人、装货港代理人、银行、到港船务代理人处收集各种商务和船务单证，准备进口货物的交接。

5. 报关报检

货运代理人接到进口通知单后，属法定商检货物，需动植物检疫或药检的货物，先申请检验，取得检验合格证书或商检在进口货物报关单上盖放行章后，凭进口货物报关单，并随提单、发票等有关单据申请报关。海关查验、征税后，予以放行。

6. 卸船交接

货运代理人在卸船过程中，派人现场监卸，组织好衔接运输工具；对特殊货物的运输尽量组织船边接运；对入库货物做好交接；对卸船过程中的残损和溢短货物做好记录，作为索赔的依据。

7. 代运交货

在海关对到港货物进行验收，并在提货单上加盖海关放行章后，将该提货单交给货主，即为交货完毕。货主可以在卸货船船边提货，对入库货物可从港口库场提货。

对港口没有转运机构的进口商，可委托货运代理人办理交接，并安排运力，将货物转运到收货人指定地点，即为进口代运。代理人将货物发放后，以提货通知通知委托人提货。

海外来物——海运货物进口代理业务流程与单据流转

随堂记

8. 费用结算

货运代理人将货物发运后，审核账单，对委托人租船订舱的海运费账单进行审核，确认无误后，对港口费用进行计算，按委托代理合同的规定向委托人结算。

航次结束后，及时记入台账，按船名、航次将委托代理合同副本、有关单证副本进行整理，归档备查。

二、集装箱货物进口代理业务流程与单证流转

集装箱货物进口代理业务流程与单证流转如图3-17所示。

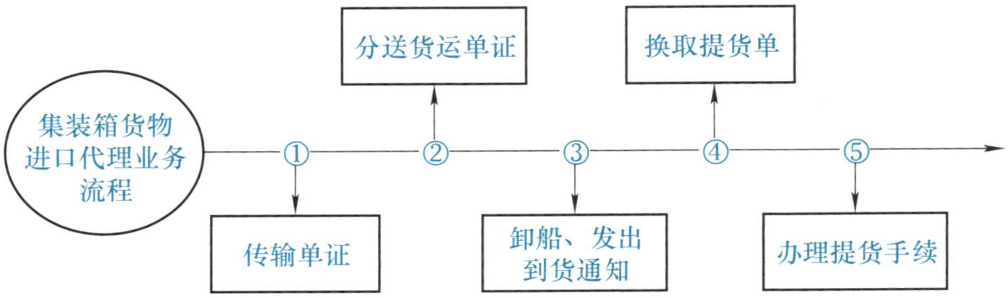

图3-17 集装箱货物进口业务流程与单证流转

1. 传输单证

集装箱出口港在船舶开航后，将有关业务单证及货运资料（如舱单、提单副本、集装箱清单、场站收据副本、冷藏箱清单、特殊货清单、危险品准运单等）通过EDI传输或航空邮寄给进口港船公司。

2. 分送货运单证

进口港船公司在收到业务单证及货运资料后，应立即分别送交进口港船舶代理和进口港码头。根据我国有关规定，对进口集装箱货物，海上承运人应在船舶抵港前一定时间向卸货港的船舶代理人提供完整准确的提单副本、舱单、集装箱装箱单、场站收据副本、积载图、危险货物集装箱清单、危险货物说明书、冷藏集装箱清单等必要的卸船资料，于24h内制作船舶预计到港通知书、交货通知、集装箱舱单等单证，并将这些资料分送港口、外轮理货、海关等单位，同时向收货人发送提货通知。

3. 卸船、发出到货通知

进口港船舶代理人接到船公司送来的相关资料后，在船舶抵港前，应及时为卸船接货工作做好准备；一旦将货物卸下船舶且做好交货准备后，船舶代理人即向收货人发出到货通知。

4. 换取提货单

收货人在向银行付款赎单后，即可凭正本提单和到货通知书到进口港

船舶代理人处换取提货单。船舶代理人根据收货人提供的正本提单，经与货运进口舱单核对无误后，则应签发提货单，并做好交货记录。

5. 办理提货手续

收货人持进口许可证及相应报关单证，到港区所在海关、“三检”处办理进口货物的通关手续，然后持提货单及相应的海关放行单证，到码头办理提箱提货手续。

随堂记

任务一 入境货物报检单的缮制

任务描述

2023年6月15日，宁波国际进出口贸易公司收到提单号为SOCO72588的进口货物到货通知，计划6月20日卸货。公司委托浙江顺达货运代理公司（单位登记号：5124785379，联系人：王平，电话：137****3889）代办入境货物报检事宜。6月18日，该批货物到达宁波港口。6月20日，顺达公司业务员王平持入境货物报检单，随附合同、发票、装箱单及提单向海关下属的检验机构申请检验。进口商品为长毛绒玩具（PLUSH TOY），海关编码9503002100，用于外贸自营内销，其提单号为MU689789235，其中该批货物索赔有效期为两年。本次运输的船名航次为EAST DRAGON V.256，用2个20ft集装箱装运，现存放于宁波市第一码头，另附合同一张。

任务要求

请根据所给资料，缮制入境货物报检单。

任务目标

1. 知识目标：

（1）准确表述入境货物报检的步骤；

（2）了解入境货物报检的范围、时限、地点及单据；

（3）根据国家标准《国际货运单证缮制规范》（GB/T 28831—2012）中的相关规定，正确识记入境货物报检单的格式、主要内容及缮制要求。

2. 能力目标：

能够根据所给任务情境正确完成入境货物报检单的缮制。

3. 素养目标：

（1）具有适应产业数字化发展需求的基本数字技能，了解报检行业发展的新技术、新工艺、新规范，满足企业对于职业教育人才培养提出的新要求；

（2）遵守职业道德准则和行为规范；在自己工作岗位能够有大局意识，做到认真、严谨、细心和准确。

知识准备

一、入境货物报检

1. 入境货物报检的一般程序（见图3-18）

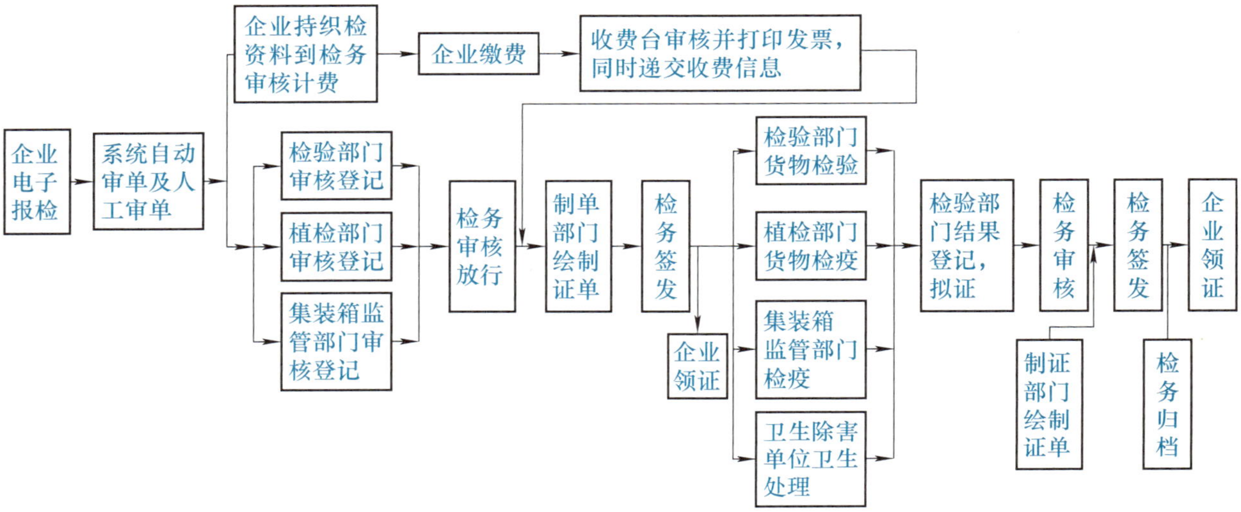

图3-18 入境货物报检的一般程序

2. 入境货物报检的范围

（1）国家法律和行政法规规定必须由出入境检验检疫机构实施检验检疫的。

（2）对外贸易合同约定须凭检验检疫机构签发的证书进行结算的。

（3）有关国际条约规定必须经检验检疫的。

（4）国际贸易关系人申请的其他检验检疫和鉴定工作。

3. 入境货物报检的时限

（1）入境货物需对外索赔出证的，应在索赔有效期前不少于20天内向到货口岸或到达地检验检疫机构报检。

（2）输入微生物、人体组织、生物制品、血液及其制品或种畜、禽及其精液、胚胎、受精卵，应在入境前30天报检。

（3）输入其他动物的，应在入境前15天报检。

（4）输入植物、种子、种苗及其他繁殖材料的，应在入境前7天报检。

4. 入境货物报检的地点

（1）审批、许可证等政府有关批文中规定检验检疫地点的，必须在规定地点报检。

（2）大宗散货商品、易腐烂变质商品、废旧物品、在卸货时发现包装破损或残缺的货物必须在卸货口岸检验检疫机构报检。

（3）需要结合安装调试进行检验的成套设备和机电仪器产品以及在口岸开件后难以恢复包装的商品，应在收货人所在地报检并检验。

（4）其他货物应在入境前或入境时向报关地检验检疫机构办理报检手续。

5. 入境货物报检应提供的单据

（1）填写入境货物报检单，并提供外贸合同、发票、装箱单、提（运）单等有关单证。

（2）实施安全质量许可、卫生注册、强制性产品认证、民用商品验证或其他需经审批审核的货物，应提供审批文件。

（3）申报品质检验的，应提供国外品质证书或质量保证书、产品使用说明书及有关标准和技术资料；凭样品成交的，必须加附成交样品；以品级或公量计价结算的，应同时申请重量鉴定。

（4）报检入境废物的，应提供国家环保部门签发的进口废物批准证书、废物利用风险报告和经认可的检验检疫机构签发的装运前检验合格证书等。

（5）入境旧机电产品的，应提供与进口旧机电产品相符的进口许可证明。

（6）申请残损鉴定的，应提供理货残损单、铁路商务记录、空运事故记录或海事报告等证明货损情况的有关证单。

（7）申请重（数）量鉴定的，应提供重量明细单、理货清单等。

（8）货物经收、用货部门验收或其他部门检测的，应随附验收报告或检测结果及重量明细单等。

（9）入境动植物及其产品的，在提供贸易合同、发票、产地证书的同时，必须提供输出国家或地区官方的检疫证书；需办理入境审批手续的，还应提供入境动植物检疫许可证。

（10）报检过境动植物及其产品的，应持分配单和输出国家或地区官方出具的检疫证书；运输动物过境时还应提供国家质检总局签发的动植物过境许可证。

（11）入境食品报检时，应提供进出口食品标签审核证书或标签审核受理证明。

（12）入境化妆品报检时，应提供进出口化妆品标签审核证书或标签审核受理证明。

（13）来自美国、欧盟、日本、韩国的入境货物报检时应提供有关包装情况的证书和声明。

（14）因科研等特殊需要输入禁止入境物的，必须提供有关部门签发的特许审批文件等。

二、入境货物报检单的内容及缮制要求

入境货物报检单样表见表3-75。

表3-75 入境货物报检单样表

中华人民共和国出入境检验检疫

入境货物报检单

（1）报检单位（加盖公章）：　　　　　　　　　　　　（6）* 编 号

（2）报检单位登记号：　　（3）联系人：　　（4）电话：　　（5）报检日期：　年　月　日

（7）收货人	（中文）		企业性质（画“√”）		□合资□合作□外资
	（外文）				
（8）发货人	（中文）				
	（外文）				
（9）货物名称（中/外文）	（10）H.S. 编码	（11）原产国（地区）	（12）数/重量	（13）货物总值	（14）包装种类及数量
（15）运输工具名称号码				（16）合同号	
（17）贸易方式		（18）贸易国别（地区）		（19）提单/运单号	
（20）到货日期		（21）启运国家（地区）		（22）许可证/审批号	
（23）卸毕日期		（24）启运口岸		（25）入境口岸	
（26）索赔有效期至		（27）经停口岸		（28）目的地	
（29）集装箱规格、数量及号码					
（30）合同订立的特殊条款以及其他要求				（31）货物存放地点	
				（32）用途	
（33）随附单据（画“√”或补填）		（34）标记及号码		* 外商投资财产（画“√”）	□是□否
□合同 □发票 □提/运单 □兽医卫生证书 □植物检疫证书 □动物检疫证书 □卫生证书 □原产地证 □许可/审批文件	□到货通知 □装箱单 □质保书 □理货清单 □磅码单 □验收报告			（35）* 检验检疫费	
				总金额（人民币元）	
				计费人	
				收费人	
（37）报检人郑重声明： 1. 本人被授权报检。 2. 上列填写内容正确属实。 签名：________				（36）领取证单	
				日期	
				签名	

注：有“*”号栏由出入境检验检疫机构填写

入境货物报检单的主要内容及缮制要求如下：

（1）报检单位（加盖公章）：此栏填写报检单位的中文名称并加盖与名称一致的公章，自理报检时为收货企业，代理报检时为代理报检企业。

（2）报检单位登记号：报检单位在检验检疫机构的报检注册登记号。

（3）联系人：报检人员的姓名。

（4）电话：报检人员的联系电话。

（5）报检日期：检验检疫机构接受报检当天的日期，用阿拉伯数字表示。

（6）编号：由检验检疫机构受理人指定15位报检单编号。

（7）收货人：按进口合同中的买方（进口商）名称填写，分别用中、英文对照分行填写收货人名称，根据企业实际在对应位置处勾选企业性质。

（8）发货人：按进口合同中的卖方（出口商）名称填写，分别用中、英文对照分行填写发货人名称，无中文名称的，可用“- - -”或“* * *”表示。

（9）货物名称（中/外文）：按合同、商业发票中所列商品名称、规格、型号、成分等填写。注意名称不得填写笼统的商品类，应填写具体的类别名称；废旧物资须在此栏内注明。

（10）H.S.编码：按商品名称及编码协调制度填写入境货物的编码，并以当年海关公布的商品税则编码为准。

（11）原产国（地区）：此栏填写该进口货物的原产国或地区名称。

（12）数/重量：按实际申请检验检疫货物的数/重量填写，并注明数/重量单位，一般填写净量，如以毛重作净重则需注明。

（13）货物总值：按合同或发票所列货物总值填写，须注明币种。

（14）包装种类及数量：按照实际运输外包装的种类及对应数量填写，如果是木质包装应注明材质和尺寸。

（15）运输工具名称号码：货物实际装载的运输工具的名称及编号，如船名、航次等。

（16）合同号：贸易双方就本批货物所签订的贸易合同、订单或形式发票的号码。

（17）贸易方式：该批货物进口的贸易方式。

（18）贸易国别（地区）：该批进口货物的国家或地区名。

（19）提单/运单号：该批货物海运提单/空运单的编号，有二程提单的应同时填写。

（20）到货日期：进口货物到达目的口岸的日期。

（21）启运国家（地区）：进口货物的启运国家或地区名称。

（22）许可证/审批号：对实施许可证制度管理或者审批制度管理的货物，此栏填写许可证编号或审批单编号，没有则以“* * *”表示。

（23）卸毕日期：货物在目的口岸实际卸毕日期。

（24）启运口岸：进口货物的启运口岸。

（25）入境口岸：进口货物的入境口岸名称，如“天津”。

（26）索赔有效期至：进口合同中约定的索赔期限填写，没有则以“* * *”表示。

（27）经停口岸：本批货物在启运后，到达目的地前中途停靠的口岸名称，没有则以“* * *”表示。

（28）目的地：货物的最终境内目的地，如“天津市滨海新区”。

（29）集装箱规格、数量及号码：装载本批货物进口的集装箱规格（如20ft、40ft等），以及分别对应的数量和集装箱号码，若集装箱太多，可用附单形式填报。

（30）合同订立的特殊条款以及其他要求：根据贸易合同中双方对本批货物特别约定而订立的质量、卫生等条款和报检单位对本批货物检验检疫的特别要求填写，对需要证单的，在此注明所需证单名称，没有则以“* * *”表示。

（31）货物存放地点：本批货物卸货时存放的地点。

（32）用途：根据实际情况从以下九种用途中选填：①种用或繁殖；②食用；③奶用；④观赏或演艺；⑤伴侣动物；⑥试验；⑦药用；⑧饲用；⑨其他或“* * *”。

（33）随附单据：根据报检时随附单据的实际情况在对应的框内打“√”或补填随附单据。

（34）标记及号码：货物的标记及号码，应与合同、发票等单据保持一致，没有则填写“N/M”。

（35）检验检疫费：由检验检疫机构计费人员核定费用后填写。

（36）领取证单：由报检人在领取证单时填写领证日期及领证人姓名。

（37）报检人郑重声明：由持有报检员证的报检人员手签姓名。

入境货物报检单的缮制

任务实施

步骤一：接受宁波国际进出口贸易公司（其外贸合同见表3-76）委托代理报检的浙江顺达货运代理公司向海关下属的检验检疫机构提出报检，检验检疫机构受理该项报检业务。

表3-76 外贸合同

CONTRACT

卖方（The Seller）：	Contract No.:	AB44001
A.B.C. TRADING CO. LTD.	Date:	JUN. 12, 2023
P.O.BOX8935, NEW TERMINAL, LATA. VISTA, OTTAWA, CANADA	Signed at:	NINGBO

买方（The Buyer）：

NINGBO FOREIGN TRADE IMP. AND EXP. GRANDTON

267 RENMIN ROAD NINGBO, CHINA

TEL: 86-20-31872588

兹经买卖双方同意按下列条款成交：

The undersigned seller and buyer have agreed to close the following transactions according to the terms and conditions stipulated below:

（续）

货号 Art. No.	品名及规格 Description	数量 Quantity	单价 Unit Price	金额 AMOUNT
	PLUSH TOY			FOBC2 TORONTO
ART NO. F67801	KF-23GW	5,000PCS	@USD 10.00	USD 50,000.00
ART NO. P67802	KF-24GW	5,000PCS	@USD 10.00	USD 50,000.00
		10,000PCS		USD 100,000.00

数量及总值均得有　　% 的增减，由卖方决定。

With _5_ % more or less both in amount an quantity allowed at the seller's option.

总值

Total Value: USD 100,000.00(U.S. Dollars ONE HUNDRED THOUSAND ONLY)

包装

Packing: 100 PC PER CARTON

装运期

Time of Shipment: JUN. 30, 2023

装运口岸和目的地

Loading port & Destination: FROM TORONTO TO NINGBO

保险由卖方按发票全部金额 110% 投保至　　为止的　　险。

Insurance: To be effected by sellers for 110% of full invoice value covering　　up to　　only.

付款条件：买方须于 2023 年 6 月 10 日前将不可撤销的，即期信用证开到卖方，议付有效期延至上列装运期后 15 天在中国到期，该信用证中必须注明允许分运及装运。

Terms of payment:

By Irrevocable, and Divisible Letter of Credit to be available by sight draft to reach the sellers before JUN. 10, 2023 and to remain valid for negotiation in China until the 15th day after the foresaid Time of Shipment. The L/C must specify that transshipment and partial shipments are allowed.

装船标记

Shipment Mark: A.B.C./NINGBO/NOSI-100/MADE IN CANADA

开立信用证时请注明我成交确认书号码。

When opening L/C, please mention our contract number.

备注

Remarks: THE CREDIT IS SUBJECT TO UCP600 (2007 REVISION)

THE SELLER:　　　　THE BUYER:

步骤二：填制入境货物报检单。

王平依据上述信息缮制入境货物报检单（见表3-77）。其中，根据合同可知货物数量为10,000PCS，即10,000件；包装方式为“100PC PER CARTON”，即100件每箱，结合数量10,000件，计算可知包装种类及数量栏应填“100箱”。

表3-77 入境货物报检单缮制

中华人民共和国出入境检验检疫

入境货物报检单

（1）报检单位（加盖公章）：浙江顺达货运代理公司　　（6）*编　号：

（2）报检单位登记号：5124785379　　（3）联系人：王平

（4）电话：137****3889　　（5）报检日期：2023年6月20日

（7）收货人	（中文）	宁波国际进出口贸易公司		企业性质（画“√”）	□合资□合作□外资
	（外文）	NINGBO FOREIGN TRADE IMP.AND EXP. GRANDTON			
（8）发货人	（中文）				
	（外文）	A.B.C. TRADING CO. LTD.			
（9）货物名称（中/外文）	（10）H.S. 编码	（11）原产国（地区）	（12）数/重量	（13）货物总值	（14）包装种类及数量
长毛绒玩具/PLUSHTOY	9503002100	加拿大	10,000件	USD100,000.00	100箱
（15）运输工具名称号码	EAST DRAGON V.256			（16）合同号	AB44001
（17）贸易方式	一般贸易	（18）贸易国别（地区）	加拿大	（19）提单/运单号	MU689789235
（20）到货日期	2023-06-18	（21）启运国家（地区）	加拿大	（22）许可证/审批号	
（23）卸毕日期	2023-06-18	（24）启运口岸	多伦多	（25）入境口岸	宁波
（26）索赔有效期至	两年	（27）经停口岸		（28）目的地	宁波
（29）集装箱规格、数量及号码		2×20’GP			
（30）合同订立的特殊条款以及其他要求				（31）货物存放地点	宁波市第一码头
				（32）用途	其他
（33）随附单据（画“√”或补填）		（34）标记及号码		*外商投资财产（画“√”）	□是□否
☑合同	□到货通知	A.B.C./NINGBO/NOSI-100/ MADE IN CANADA		（35）*检验检疫费	
☑发票	☑装箱单			总金额（人民币元）	
☑提/运单	□质保书				
□兽医卫生证书	□理货清单			计费人	
□植物检疫证书	□磅码单				
□动物检疫证书	□验收报告			收费人	
□卫生证书	□				
□原产地证	□				
□许可/审批文件	□				
（37）报检人郑重声明： 1. 本人被授权报检。 2. 上列填写内容正确属实。 签名：王平				（36）领取证单	
				日期	
				签名	

注：有“*”号栏由出入境检验检疫机构填写

根据2018年关检融合整合申报要求，口岸执法一个主体，职能管理一体统筹，报关报检一份单证，最新报检信息无须填纸质版，只需在“中国国际贸易单一窗口”平台上根据报检内容填制即可，如图3-19所示。

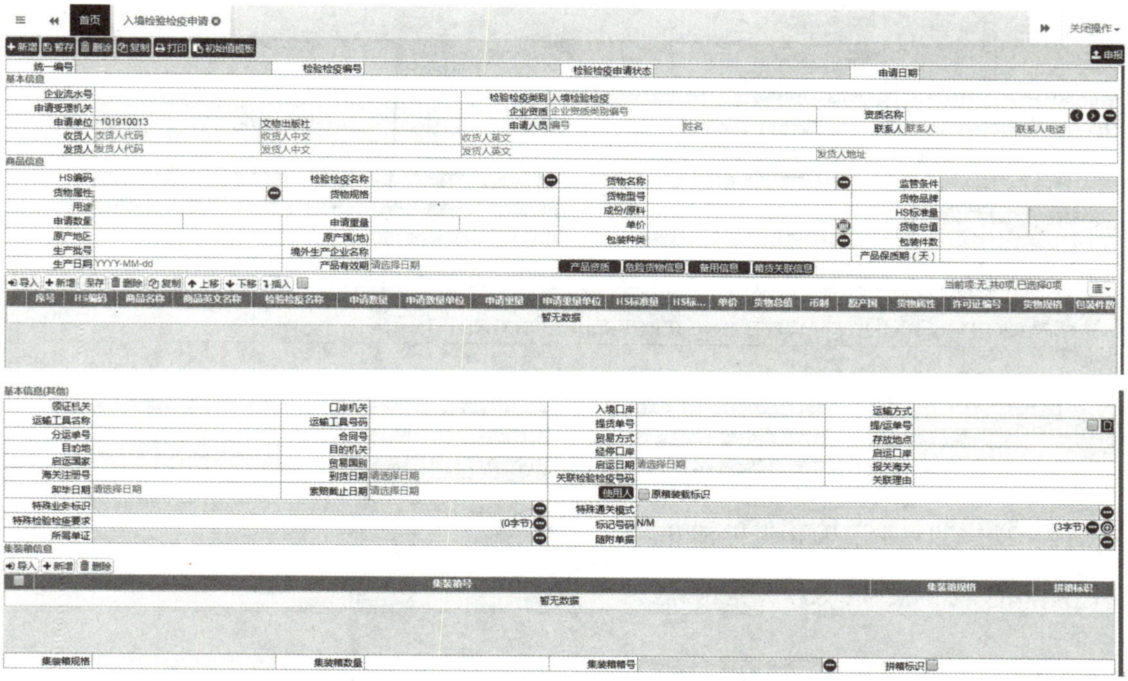

图3-19 入境检验检疫申请界面

巩固训练

2023年3月15日，宁波小星星贸易有限公司收到提单号为SOCO92588的进口货物到货通知，计划3月20日卸货。公司于3月19日委托宁波现代货运代理公司填制入境货物报检单，随附合同、发票箱单及提单向检验机关申请检验。进口商品为婴儿车，海关编码H.S.编码8715000000，用于外贸自营内销。本次运输的船名航次为VICTORY V.330，B/L No. COSCOV4252，用一个20ft集装箱（Container No. MTU7045319）装运，存放于宁波北仑第二仓库。该笔贸易合同信息见表3-78。

表3-78 外贸合同

<table>
<tr><td colspan="3">CONTRACT</td></tr>
<tr><td>卖方（Sellers）：</td><td>Contract No.:</td><td>PTJ315</td></tr>
<tr><td>SMITH & STRONG TRADING CORP.
68 N.BUFFALO AVENUE CHICAGO，U.S.A.
TEL:33（0）3 80 70 83 44</td><td>Date：</td><td>FEB.12,2023</td></tr>
<tr><td>买方（Buyers）：</td><td colspan="2" rowspan="2"></td></tr>
<tr><td>NINGBO LITTLE STAR TRADING CO, LTD.
NO.88 DAHE ROAD, NINGBO, CHINA
TEL: 86-574-52700999</td></tr>
<tr><td colspan="3">兹经买卖双方同意按下列条款成交：
The undersigned sellers and buyers have agreed to close the following transactions according to the terms and conditions stipulated below:</td></tr>
</table>

（续）

货号 Art. No.	品名及规格 Description	数量 Quantity	单价 Unit Price	金额 Amount
RWL	BABY STROLLERS	10,000PCS	USD36.00	FOB CHICAGO USD 360,000.00
		10,000PCS		USD 360,000.00
毛重 / 净重 G.W./ N.W.: 51,000KGS/ 50,000KGS				
包装 Packing: PACKED IN CARTONS WITH ONE PIECE IN EACH CARTON				
装运期 Time of Shipment: APR. 30, 2023				
装运口岸和目的地 Loading port & Destination: FROM CHICAGO, U.S.A. TO NINGBO CHINA				
保险 Insurance: TO BE EFFECTED BY THE BUYER				
装船标记 Shipment Mark: JIMA /NOI-10000/MADE IN U.S.A.				
支付方式 Payment: Sight L/C				
The Seller: SMITH & STRONG TRADING CORP.		The Buyer: NINGBO LITTLE STAR TRADING CO, LTD.		

请根据上述资料，缮制入境货物报检单（见物流单证活页附表3-12）。

任务评价

序号	评价任务	要素说明	分值	扣分小计	得分小计
1	准确表述入境货物报检的步骤（20分）	介绍入境货物报检的步骤	20		
2	正确识记入境货物报检单的格式、主要内容及缮制要求（20分）	介绍入境货物报检单相关栏目的中英文含义、缮制要求（按空格计数）	20		
3	根据所给任务情境正确完成入境货物报检单的缮制（40分）	按课堂任务缮制入境货物报检单（按空格计数，每空1分）	20		
		按课后任务缮制入境货物报检单（按空格计分，每空2分）	20		
4	素养（20分）	具有适应产业数字化发展需求的基本数字技能	10		
		养成真诚服务客户的岗位责任意识、认真严谨的制单态度	10		
自我评价			总得分		

任务二 进口货物报关单的缮制

任务描述

天津联想有限公司（1201240221）委托天津奇亚贸易发展公司（1201213070），于

2023年11月1日进口设备一批。次日，天津联想委托浙江顺达货运代理公司凭入境货物通关单（编号340300201016448）、自动进口许可证（新旧机电产品）（编号D1014540）等有关单证，向天津新港海关（0203）报关。商品编码为84411000，法定计量单位为台，保险费率0.3%，用途企业自用。天津奇亚贸易发展公司的社会信用代码为911200001546484161，天津联想有限公司的社会信用代码为911200001546853476。

任务要求

请根据所给资料，结合其他补充资料缮制进口货物报关单。

任务目标

1. 知识目标：

（1）了解进口货物报关含义、核心及单证；

（2）准确表述进口货物报关的步骤；

（3）根据国家标准《国际货运单证缮制规范》（GB/T 28831—2012）中的相关规定，正确识记进口货物报关单的格式、主要内容及缮制要求。

2. 能力目标：

能够根据所给任务情境正确完成进口货物报关单的缮制。

3. 素养目标：

（1）具有适应产业数字化发展需求的基本数字技能，了解报关行业发展的新技术、新工艺、新规范，满足企业对于职业教育人才培养提出的新要求；

（2）体验进口货物报关单缮制的职业角色，培养认真严谨的制单素养。

知识准备

一、进口货物报关

1. 进口货物报关的含义

根据《中华人民共和国海关法》的规定，进口商在进口货物到达目的地后，必须向海关如实申报，交验有关单据和证件，请求海关办理查验放行手续，这种行为即称为进口报关。在海关审核单据、查验货物后，进口商还需缴清税款或提供担保，经海关签印放行后，方可办理提货手续。

2. 进口货物报关的核心

报关工作的核心应是按照海关的相关规定完成申报、配合查验、缴纳税费及提取或装运货物等必要的通关程序，其中，申报无疑是此项工作能否顺利开展的前提，而申报过程中报关单证的质量更加成为能否顺利完成此项工作的关键。

3. 进口货物报关常用的报关单证（见表3-79）

表3-79 随附单证

报关单	随附单证			
	基本单证	运输单证	官方单证	备用单证
进口货物报关单	商业发票	进口提货单	进口许可证	贸易合同
	装箱单	航空运单	入境货物通关单	货物保险单
	代理报关委托书	邮件清单	原产地证书	入境货物调离通知单
	进口付汇核销单	提单	特定减免税证明	退运协议
	加工贸易登记手册	海运单	自动进口许可证	

二、进口货物报关单的主要内容及缮制要求

进口货物报关单（旧版）样表见表3-80。

表3-80 进口货物报关单（旧版）样表

中华人民共和国海关进口货物报关单

（1）预录入编号： （2）海关编号：

（3）进口口岸		（4）备案号	（5）进口日期	（6）申报日期
（7）经营单位		（8）运输方式	（9）运输工具名称	（10）提运单号
（11）收货单位		（12）贸易方式	（13）征免性质	（14）征税比例
（15）许可证号		（16）起运国（地区）	（17）装货港	（18）境内目的地
（19）批准文号	（20）成交方式	（21）运费	（22）保费	（23）杂费
（24）合同协议号	（25）件数	（26）包装种类	（27）毛重（千克）	（28）净重（千克）
（29）集装箱号		（30）随附单据		（31）用途
（32）标记唛头及备注				

（33）项号	（34）商品编号	（35）商品名称、规格型号	（36）数量及单位	（37）原产国（地区）	（38）单价	（39）总价	（40）币制	（41）征免

（42）税费征收情况		
录入员 录入单位	兹声明以上申报无讹并承担法律责任	（45）海关审单批注及放行日期（签章） 审单 审价 征税 统计
单位地址 邮编 电话	（43）申报单位（签章） （44）填制日期	查验 放行

进口货物报关单的主要内容及缮制要求如下：

（1）预录入编号：申报单位或预录入单位对该单位填制录入的报关单的编号。

（2）海关编号：海关接受申报时给予报关单的编号，一般为9位编码。此栏由海关填写。

（3）进口口岸：货物实际进入我国关境口岸海关的名称。本栏目应根据货物实际进口的口岸海关选择填报关区代码表中相应的口岸海关名称及代码。

（4）备案号：指进口企业在海关办理加工贸易合同备案或征、减、免税审批备案等手续时，海关所发的登记手册等有关备案审批文件的编号。

（5）进口日期：运载所申报货物的运输工具办理申报进境的日期。

（6）申报日期：海关接受进口货物的收货人或受其委托的报关企业申请办理货物进口手续的日期。申报日期是指申报数据“被海关接受”的日期。

（7）经营单位：对外签订并执行进口贸易合同（协定）的中国境内企业、单位或个体工商户。本栏目应填报经营单位名称及经营单位编码，即经营单位在海关办理注册登记手续时，海关给予的注册登记10位编码。

（8）运输方式：载运货物进关境时所使用的运输工具的分类。本栏目应根据实际运输方式按海关规定的运输方式代码表选择填报相应的运输方式。

（9）运输工具名称：载运货物进境的运输工具的名称或运输工具编号。

（10）提运单号：进口货物提单或运单的编号。

（11）收货单位：自行从境外进口货物的单位和委托有外贸进出口经营权的企业进口货物的单位。

（12）贸易方式：根据实际情况，并按海关规定的贸易方式代码表选择填报相应的贸易方式简称或代码。

（13）征免性质：海关对进口货物实施征、减、免税管理的性质类别。本栏目应填报征免性质简称或代码。

（14）征税比例：用于原“进口非对口（0715）”贸易方式下进口料件的进口报关单。现此栏不再填报。

（15）许可证号：应申领进口许可证的货物，必须在此栏填报商务部及其授权发证机关签发的进口货物许可证的编号；非许可证管理商品本栏留空。

（16）起运国（地区）：进口货物起始发出的国家（地区）。本栏目应按海关规定的国别（地区）代码表选择填报相应的起运国（地区）中文名称或代码。

（17）装运港：进口货物在运抵我国关境前的最后一个境外装运港。本栏目应根据实际情况按海关规定的港口航线代码表选择填报相应的港口中文名称或代码。

（18）境内目的地：进口货物在我国关境内消费、使用地或最终运抵地，即进口货物的最终使用单位所在的地区。本栏目应根据进口货物收货单位所属国内地区，并按海关规定的国内地区代码表选择填报相应的国内地区名称或代码。

（19）批准文号：本栏目填报进口付汇核销单编号。

（20）成交方式：根据实际成交价格按海关规定的成交方式代码表选择填报相应的成交方式代码。无实际进境的，填报CIF价。

（21）运费：本栏目用于成交价格中不包含运费的进口货物，应填报该份报关单所含全部货物的国际运输费用。如进口货物成交价格为CIF或CFR，则本栏不需填报。

（22）保费：本栏目用于成交价格中不包含保险费的进口货物，应填报该份报关单所含全部货物国际运输的保险费用。填制方式同运费栏。

（23）杂费：成交价格以外的、应计入完税价格或应从完税价格中扣除的费用，如手续费、佣金、回扣等。填制方式同运费栏。

（24）合同协议号：本栏目应填报进口货物合同（协议）的全部字头和号码。

（25）件数：本栏目应填报有外包装的进口货物的实际件数，不得填报为0。裸装和散装货物的件数填报“1”。

（26）包装种类：根据进口货物的实际外包装种类填报。

（27）毛重：货物及其包装材料的重量之和。

（28）净重：货物的毛重减去外包装材料后的重量，即商品本身的实际重量。

（29）集装箱号：见“出口货物报关单”同一栏目。

（30）随附单据：随进口货物报关单一并向海关递交的单证或文件。

（31）用途：填报进口货物的实际用途，按海关规定的用途代码表（见表3-81）选择填报相应的用途代码。

表3-81 用途代码表

用途代码	用途	用途代码	用途
01	外贸自营内销	07	收保证金
02	特区内销	08	免费提供
03	其他内销	09	作价提供
04	企业自用	10	货样广告品
05	加工返销	11	其他
06	借用	13	以产顶进

（32）标记唛头及备注：填制装船唛头等。

（33）项号：加工合同项下进口货物应填制与登记手册一致的商品编号。

（34）商品编号：填制按海关规定的商品分类编码规则确定的进口货物的商品标号。

（35）商品名称、规格型号：按信用证和合同填制进口货物规范的中文商品名称。

（36）数量及单位：填报进口商品的实际总数量及计量单位。

（37）原产国（地区）：按海关规定的国别（地区）代码表选择填报进口货物的生产、开采或加工制造的国家（地区）的中文名称或代码。

（38）单价：填报同一项号下进口货物实际成交的商品单位价格。

（39）总价：填报同一项号下进口货物实际成交的商品总价。

（40）币制：指进口货物实际成交价格的币种。

（41）征免：海关依照《海关法》《关税条例》及其他法律、法规，对进口货物进行征税、减税、免税或特案处理的实际操作方法。

（42）税费征收情况：本栏目供海关批注进口货物税费征收及减免情况。

（43）申报单位：对申报内容的真实性直接向海关负责的企业或单位。

（44）填制日期：报关单的填制日期，预录入和EDI报关单位由计算机自动打印。

（45）海关审批注栏：本栏目是供海关内部作业时签注的总栏目。

任务实施

进口货物报关单的缮制

步骤一：货代公司或报关行接受报关委托，收齐报关资料。

浙江顺达货运代理公司接受天津联想有限公司的委托，代理其进口报关事宜。

王平根据企业相关要求，及时浏览本票业务的相关报关资料（见表3-82发票和表3-83装箱单）。

表3-82　发票

HAIDA HEALTH MANAGEMENT LTD.
TONG SHING BUILDING A, 80SHEUNGSHA WAN ROAD
KOWLOON, U.S.A

INVIOCE

No.: SH04-10-001　　　　Date: October 28. 2023

INVOICE of

For account and risk Messrs. TIANJIN QIYA TRADE DEVELOPMENT CORP.

9/F No.266 BEICHEN RD,TIANJIN P.R. CHINA 天津奇亚贸易发展公司 1201213070（天津开发区）

Shipped by HAIDA HEALTH MANAGEMENT LTD. per QIAN JIN 308

Sailing on or about Oct.31,2023 from BOSTON U.S.A to XINGANG PORT, TIANJIN CHINA

L/C No. 360LC010050115

Marks & Nos.	Description of Goods	Quantity	Unit Price	Amount
VADI BOSTON U.S.A C/NO. 1-100	VIDD CUTTING MACHINES（VI-400） （VIDD 牌 切纸机 VI-400）	800PCS	CFR TIANJIN USD 6,500.00	USD 5,200,000.00
	COUNTRY OF ORIGIN: The Kingdom of Norway	800PCS		USD 5,200,000.00
	SAY TOTAL U.S DOLLARS FIVE MILLION AND TWO HUNDRED THOUSAND ONLY.			

HAIDA HEALTH MANAGEMENT LTD. CANADA

表3-83　装箱单

HAIDA HEALTH MANAGEMENT LTD.
TONG SHING BUILDING A, 80SHEUNGSHA WAN ROAD
KOWLOON, U.S.A

PACKING LIST

S/C No.: SH04-10-001　　　　Date: October 28. 2023

B/L No.: SH0103580

PACKING LIST of

For account and risk Messrs. TIANJIN QIYA TRADE

DEVELOPMENT CORP 9/F No.266 BEICHEN RD, TIANJIN P.R. CHINA

Shipped by HAIDA HEALTH MANAGEMENT LTD. per QIAN JIN 308

Sailing on or about Oct.31 2023 from BOSTON U.S.A to XINGANG PORT TIANJIN CHINA

Packing no	Description	Quantity	N/W	G/W	MEASUREMENT
VADI BOSTON U.S.A C/NO. 1-100	VIDD CUTTING MACHINES(VI-400) （VIDD 牌 切纸机 VI-400）	@800PCS	@144KGS	@156KGS	
	TOTAL: 100CASES	800PCS	14,400 KGS	15,600 KGS	
	SAY TOTAL 100 CASES ONLY. 2*40' CONTAINER CONTAINER NO.: ABTU1368989-9　TARE:3360KGS ABTU136899-10　TARE:3,360KGS				

HAIDA HEALTH MANAGEMENT LTD. CANADA

步骤二：填制进口货物报关单。

王平依据上述信息缮制进口货物报关单（见表3-84）。

表3-84 进口货物报关单（旧版）缮制

中华人民共和国海关进口货物报关单

（1）预录入编号　　（2）海关编号

（3）进口口岸 新港海关（0203）		（4）备案号	（5）进口日期 20231101	（6）申报日期 20231102
（7）经营单位 天津奇亚贸易发展公司（1201213070）		（8）运输方式 水路运输	（9）运输工具名称 QIAN JIN 308	（10）提运单号 SH0103580
（11）收货单位 天津联想有限公司（1201240221）		（12）贸易方式 一般贸易（0110）	（13）征免性质 一般征税（101）	（14）征税比例
（15）许可证号		（16）起运国（地区） 美国（502）	（17）装货港 波士顿（3104）	（18）境内目的地 天津（12074）
（19）批准文号	（20）成交方式 CFR	（21）运费	（22）保费 0.3/1	（23）杂费
（24）合同协议号 SH04-10-001	（25）件数 100	（26）包装种类 木箱	（27）毛重（千克） 15,600	（28）净重（千克） 14,400
（29）集装箱号 ABTU1368989/40/3360		（30）随附单据 A：340300201016448		（31）用途 企业自用
（32）标记唛码及备注 VADI BOSTON U.S.A C/NO.1-100				

（33） 项号	（34） 商品编号	（35） 商品名称、规格型号	（36） 数量及单位	（37） 原产国（地区）	（38） 单价	（39） 总价	（40） 币值	（41） 征免
01	8441100000	VIDD 牌 切纸机 VI-400	800 台	挪威 （336）	6,500.00	5,200,000.00	美元	照章征税

（42）税费征收情况

录入员　录入单位	兹声明以上申报无讹并承当法律责任	（45）海关审单批注及放行日期（签章）	
单位地址	（43）申报单位（签章） 浙江顺达货运代理公司	审单	审价
		征税	统计
邮编　　电话	（44）填制日期 20231102	查验	放行

根据海关总署统一部署，海关进出口货物整合申报自2018年8月1日起实施，原报关报检申报系统整合为一个申报系统，通过录入一张报关单、上传一套随附单证、采用一组参数代码，实现一次申报、一单通关。

新版报关报检信息单统一录入"单一窗口"，在左侧菜单中单击"进口整合申报—进口报关单整合申报"，右侧显示录入界面，包括基本信息、商品信息、集装箱、随附单证、涉检商品信息等部分，如图3-20所示。

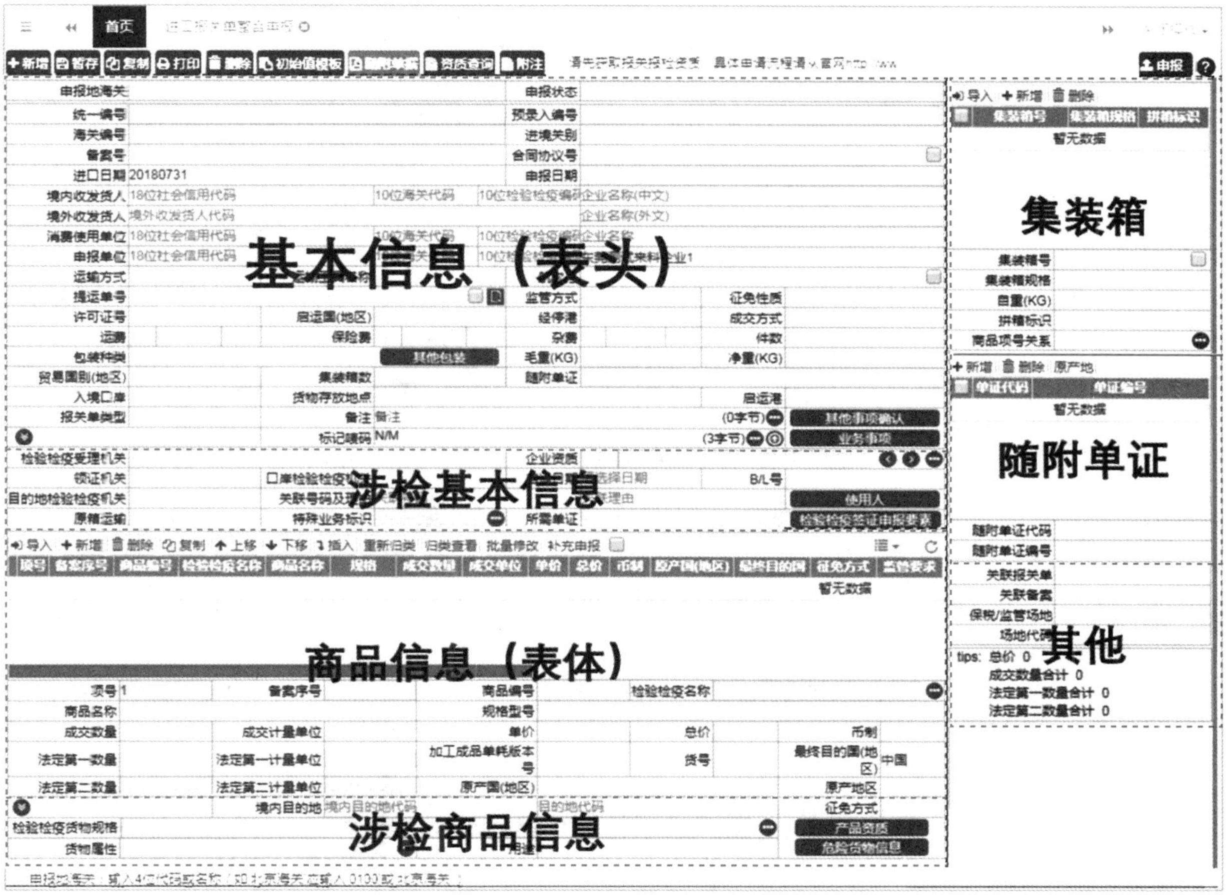

图3-20　进口报关单整合申报界面

涉检信息部分填制参考本项目任务一"入境货物报检单的缮制"。原涉及通关单的海关监管条件是A（进口）或B（出口）的货物，在报关的时候涉及通关的情况在单一窗口中如下录入：

进口使用A：检验检疫

。

出口使用B：电子底账

。

根据海关2018年提供的新版进口货物报关单格式，本票进口报关单填制见表3-85。

表3-85 进口货物报关单（2018新版）缮制

中华人民共和国海关进口货物报关单

（1）预录入编号： （2）海关编号： 页码 / 页数：

<table>
<tr><td colspan="2">（3）境内收货人（911200001546484161）
天津奇亚贸易发展公司</td><td colspan="2">（4）进境关别（0203）
新港海关</td><td colspan="2">（5）进口日期
20231101</td><td>（6）申报日期
20231102</td><td colspan="2">（7）备案号</td></tr>
<tr><td colspan="2">（8）境外发货人
HAIDA HEALTH MANAGEMENT LTD.</td><td colspan="2">（9）运输方式（2）
水路运输</td><td colspan="2">（10）运输工具名称及航次号
QIAN JIN/308</td><td>（11）提运单号
SH0103580</td><td colspan="2">货物存放地点</td></tr>
<tr><td colspan="2">（12）消费使用单位（911200001546853476）
天津联想有限公司</td><td colspan="2">（13）监管方式（0110）
一般贸易</td><td colspan="2">（14）征免性质（101）
一般征税</td><td>（15）许可证号</td><td colspan="2">（16）启运港
波士顿（USA066）</td></tr>
<tr><td colspan="2">（17）合同协议号
SH04-10-001</td><td colspan="2">（18）贸易国(地区)
美国（USA）</td><td colspan="2">（19）启运国（地区）
美国（USA）</td><td>（20）经停港</td><td colspan="2">（21）入境口岸（12074）
天津</td></tr>
<tr><td>（22）包装种类（23）
木箱</td><td>（23）件数
100</td><td colspan="2">（24）毛重（千克）
15,600</td><td>（25）净重（千克）
14,400</td><td>（26）成交方式（2）
CFR</td><td>（27）运费</td><td>（28）保费
0.3/1</td><td>（29）杂费</td></tr>
<tr><td colspan="9">（30）随附单证及编号
随附单证 1：检验检疫 A：340300201016448 随附单证 2：合同；发票；装箱单；代理报关委托协议（纸质）</td></tr>
<tr><td colspan="9">（31）标记唛码及备注
备注： VADI 集装箱标箱数及号码：1；ABTU1368989；
BOSTON
U.S.A
C/NO. 1-100</td></tr>
<tr><td colspan="9">（32）项号 （33）商品编号 （34）商品名称及规格型号 （35）数量及单位 （36）单价 / （37）总价 /
（38）币制 （39）原产国（地区）（40）最终目的国（地区） （41）境内目的地 （42）征免</td></tr>
<tr><td colspan="9">1 8441100000 VIDD 牌 切纸机 800 台 6,500.0000 挪威 中国 （12012）天津 照章征税
999 VI-400 5,200,000.00 （NOR） （CHN） （1）
800 台 美元</td></tr>
<tr><td colspan="9"></td></tr>
<tr><td colspan="9"></td></tr>
<tr><td colspan="9"></td></tr>
<tr><td colspan="2">（43）特殊关系确认：否</td><td colspan="2">（44）价格影响确认：否</td><td colspan="3">（45）支付特许权使用费确认：否</td><td colspan="2">（46）自报自缴：否</td></tr>
<tr><td colspan="9">报关人员 报关人员证号 电话 兹声明对以上内容承担如实申报、依法纳税之法律责任 （48）海关批注及签章
（47）申报单位（91330206632408819T）浙江顺达货运代理公司 申报单位（签章）</td></tr>
</table>

王平从报关资料中提取缮制进口货物报关单（2018新版）的相关信息。具体如下：

（1）预录入编号：此栏报关员不填。

（2）海关编号：此栏报关员不填，由海关系统自动生成。

（3）境内收货人：填报在海关备案的对外签订并执行进出口贸易合同的中国境内法人、其他组织名称及编码。编码填报18位法人和其他组织统一社会信用代码，没有统一社会信用代码的，填报其在海关的备案编码。本票业务填“天津奇亚贸易发展公司（911200001546484161）”。

（4）进境关别：根据货物实际进出境的口岸海关，填报海关规定的关区代码表中相应口岸海关的名称及代码。此处填“新港海关（0203）”。

（5）进口日期：同旧版进口报关单。本票业务填“20231101”。

（6）申报日期：同旧版进口报关单。本票业务填“20231102”。

（7）备案号：同旧版进口报关单。此栏制单人不填。

（8）境外发货人：境外发货人通常指签订并执行进口贸易合同中的卖方。此栏填报境外收发货人的名称及编码。名称一般填报英文名称，检验检疫要求填报其他外文名称的，在英文名称后填报，以半角括号分隔；对于AEO互认国家（地区）企业的，编码填报AEO编码，填报样式为“国别（地区）代码+海关企业编码”。本票业务填“HAIDA HEALTH MANAGEMENT LTD”。

（9）运输方式：同旧版进口报关单。本票业务填“水路运输（2）”。

（10）运输工具名称及航次号：填报载运货物进出境的运输工具名称或编号及航次号。填报内容应与运输部门向海关申报的舱单（载货清单）所列相应内容一致。本票业务填“QIAN JIN 308”。

（11）提运单号：同旧版进口报关单。本票业务填SH0103580。

（12）消费使用单位：填报已知的进口货物在境内的最终消费、使用单位的名称，包括：①自行进口货物的单位；②委托进出口企业进口货物的单位。本票业务填“天津联想有限公司（911200001546853476）”。

（13）监管方式：监管方式是以国际贸易中进出口货物的交易方式为基础，结合海关对进出口货物的征税、统计及监管条件综合设定的海关对进出口货物的管理方式。其代码由4位数字构成，前两位是按照海关监管要求和计算机管理需要划分的分类代码，后两位是参照国际标准编制的贸易方式代码。根据实际对外贸易情况按海关规定的监管方式代码表选择填报相应的监管方式简称及代码。一份报关单只允许填报一种监管方式。本票业务填“一般贸易（0110）”。

（14）征免性质：同旧版进口报关单。本票业务填“一般征税（101）”。

（15）许可证号：同旧版进口报关单。此栏制单人不填。

（16）启运港：进口货物在运抵我国关境前的第一个境外装运港。本票业务填“波士顿（USA066）”。

（17）合同协议号：同旧版进口报关单。本票业务填“SH04-10-001”。

（18）贸易国（地区）：发生商业性交易的进口填报购自国（地区），出口填报售予国（地区）。未发生商业性交易的填报货物所有权拥有者所属的国家（地区）。按海关规定的国别（地区）代码表选择填报相应的贸易国（地区）中文名称及代码。本票业务涉及进口业务，此处填“美国（USA）”。

（19）启运国（地区）：填报进口货物启始发出直接运抵我国或者在运输中转国（地）未发生任何商业性交易的情况下运抵我国的国家（地区）。按海关规定的国别（地区）代码表选择填报相应的启运国（地区）中文名称及代码。本票业务填“美国（USA）”。

（20）经停港：进口货物在运抵我国关境前的最后一个境外装运港。此栏制单人不填。

（21）入境口岸：填报进境货物从跨境运输工具卸离的第一个境内口岸的中文名称及代码。采取多式联运跨境运输的，填报多式联运货物最终卸离的境内口岸中文名称及代码；过境货物填报货物进入境内的第一个口岸的中文名称及代码；从海关特殊监管区域或保税监管场所进境的，填报海关特殊监管区域或保税监管场所的中文名称及代码。其他无实际进境的货物，填报货物所在地的城市名称及代码。本票业务中提到向天津新港海关报关，此处填“天津（12074）”。

（22）包装种类：同旧版进口报关单。本票业务填“木箱（23）”。

（23）件数：同旧版进口报关单。本票业务填“100”。

（24）毛重：同旧版进口报关单。本票业务填“15600”。

（25）净重：同旧版进口报关单。本票业务填“14400”。

（26）成交方式：同旧版进口报关单。本票业务填“CFR（2）”。

（27）运费：同旧版进口报关单。此栏制单人不填。

（28）保费：同旧版进口报关单。本票业务填“0.3/1”。

（29）杂费：同旧版进口报关单。此栏制单人不填。

（30）随附单证：根据海关规定的监管证件代码表和随附单据代码表选择填报除规定填报在许可证号栏以外的其他进出口许可证件或监管证件、随附单据代码及编号。此栏制单人不填。

（31）标记唛码及备注：同旧版进口报关单。本票业务填“VADI BOSTON U.S.A C/NO. 1-100”。

（32）项号：同旧版进口报关单。本票业务填“01”。

（33）商品编号：填报由13位数字组成的商品编码。前8位为《中华人民共和国进出口税则》和《中华人民共和国海关统计商品目录》确定的编码；9、10位为监管附加编码，11～13位为检验检疫附加编码，界面显示附加码对应名称。本票业务填申报进口商品“切纸机”，需先在“商品编号”栏录入“8441100000” 10位数编号，再在“检验检疫编码”栏下拉菜单的选项中选择“999切纸机”，界面显示检验检疫项目名称，系统保存检验检疫附加编码。因此此栏填“8441100000999”。

（34）商品名称及规格型号：同旧版进口报关单。本票业务填“VIDD牌 切纸机 VI-400”。

（35）数量及单位：同旧版进口报关单。本票业务填“800台”。

（36）单价：同旧版进口报关单。本票业务填“6,500.00”。

（37）总价：同旧版进口报关单。本票业务填“5,200,000.00”。

（38）币制：同旧版进口报关单。本票业务填“美元”。

（39）原产国（地区）：依据《中华人民共和国进出口货物原产地条例》《中华人民共和国海关关于执行〈非优惠原产地规则中实质性改变标准〉的规定》以及海关总署关于各项优惠贸易协定原产地管理规章规定的原产地确定标准填报。同一批进出口货物的原产地不同的，分别填报原产国（地区）。进出口货物原产国（地区）无法确定的，填报“国别不详”。按海关规定的国别（地区）代码表选择填报相应的国家（地区）名称及代码。本票业务填“挪威（NOR）”。

（40）最终目的国（地区）：填报已知的进出口货物的最终实际消费、使用或进一步加工制造国家（地区）。不经过第三国（地区）转运的直接运输货物，以运抵国（地区）为最终目的国（地区）；经过第三国（地区）转运的货物，以最后运往国（地区）为最终目的国（地区）。同一批进出口货物的最终目的国（地区）不同的，分别填报最终目的国（地区）。进出口货物不能确定最终目的国（地区）时，以尽可能预知的最后运往国（地区）为最终目的国（地区）。本票业务填“中国（CHN）”。

（41）境内目的地：填报已知的进口货物在国内的消费、使用地或最终运抵地，其中最终运抵地为最终使用单位所在的地区。最终使用单位难以确定的，填报货物进口时预知的最终收货单位所在地。本票业务填“天津（12012）”。

（42）征免：同旧版进口报关单。本票业务填“照章征税（1）”。

（43）特殊关系确认：根据《中华人民共和国海关审定进出口货物完税价格办法》（以下简称《审价办法》）第十六条，填报确认进出口行为中买卖双方是否存在特殊关系，认为买卖双方存在特殊关系的应填报“是”，反之则填报“否”。本票业务填“否”。

（44）价格影响确认：根据《审价办法》第十七条，填报确认纳税义务人是否可以证明特殊关系未对进口货物的成交价格产生影响，特殊关系未对成交价格产生影响的填报“否”，反之则填报“是”。本票业务填“否”。

（45）支付特许权使用费确认：根据《审价办法》第十一条和第十三条，填报确认买方是否存在向卖方或者有关方直接或者间接支付与进口货物有关的特许权使用费，且未包括在进口货物的实付、应付价格中。本票业务填“否”。

（46）自报自缴：进出口企业、单位采用“自主申报、自行缴税”（自报自缴）模式向海关申报时，填报“是”，反之则填报“否”。本票业务填“否”。

（47）申报单位：同旧版进口报关单。本票业务填“浙江顺达货运代理公司”。

（48）海关批注及签章：供海关作业时签注。此栏制单人不填。

巩固训练

宁波小星星贸易有限公司（3304256754）一般贸易合同项下（手册号：8716000000）进口婴儿车一批。该货物于2023年2月20日进境，3月4日由宁波北仑货运代理公司向宁波海关（关区代码3101）申报。收货单位同经营单位。入境货物适用通关单A。法定计量单位为千克（KGS），保险费率0.25%，运费为每公吨25美元，集装箱2X20’GP，编号GSTU31567131，自重2,275KGS。发票信息见表3-86，装箱单见表3-87。

表3-86 发票

宁波小星星贸易有限公司

INVOICE

SELLER: SMITH & STRONG TRADING CORP. NO.: 008892

CONSIGNEE: NINGBO LITTLE STAR TRADING CO,LTD.

Shipped per BY SEA “SATIAKO/036” Contract No.: SYC213

From CHICAGO to NINGBO Date: FEB.10,2023

L/C NO. SHL132 B/L NO. HACB8122136

Description of Goods	Unit Price	Amount
BABY STROLLERS	FOB CHICAGO USD36.00	USD360,000.00

表3-87 装箱单

PACKING LIST				
MARKS	Number and Kind of Package Description of Goods	G.W.	N.W	MEAS.
JIMA /NO.1-10000/ MADE IN U.S.A.	HS CODE：8716000000 TOTAL:10,000 CARTONS ONLY	51,000 KGS	50,000KGS	7,500CBM

请根据上述资料，缮制进口货物报关单（旧版见物流单证活页附表3-13，新版见物流单证活页附表3-14）。

任务评价

序号	评价任务	要素说明	分值	扣分小计	得分小计
1	准确表述进口货物报关的步骤（20分）	介绍进口货物报关的步骤	20		
2	正确识记进口货物报关单的格式、主要内容及缮制要求（20分）	介绍进口货物报关单相关栏目的中英文含义、缮制要求（按空格计数）	20		
3	根据所给任务情境正确完成进口货物报关单的缮制（40分）	按课堂任务缮制进口货物报关单（按空格计数，每空1分）	20		
		按课后任务缮制进口货物报关单（按空格计数，每空2分）	20		
4	素养（20分）	具有适应产业数字化发展需求的基本数字技能	10		
		养成真诚服务客户的岗位责任意识、认真严谨的制单态度	10		
自我评价			总得分		

项目三 航空货运单证

项目概述

航空货运代理一般是指接受货主或航空公司的委托，在约定的授权范围内，代表货主或航空公司办理有关货物的报关、交接、仓储、调拨、检验、包装、转运、订舱等业务，其与货主的关系是委托和被委托关系，即在代理业务中，其是以货主的代理人身份对货物负责并按代理业务项目和提供的劳务向货主收取代理费。航空货运代理除了受理订舱、租机、制单、代理包装、代刷标记、报关报验、业务咨询等传统代理业务之外，还可提供集中托运、地面运输、多式联运等服务。

本项目梳理了航空货运代理业务涉及的主要物流单证，内容包括单证应用的业务背景、缮制的参照标准、制单的规范要求等。项目包括两个教学任务：航空货运代码的认识、航空运单的缮制。

为了全面贯彻党的教育方针，落实立德树人根本任务，本项目在任务实施及评价过程中，坚持面向市场、服务发展、促进就业的方向，以职业教育国家教学标准为基本遵循，实现理实一体化，培养学生的专业实操能力，提升学生的职业素养水平。

项目目标

- 准确描述航空出口货运代理、航空进口货运代理的基本流程。
- 准确查找和使用航空货运代码。
- 根据任务情境正确完成航空货运单证的缮制。
- 了解国际货运代理航空业务文化，养成规范细致的岗位责任意识、认真严谨的制单态度。

会飞的货物——空运出口货运代理流程

知识储备

一、航空出口货运代理基本流程

航空出口货运代理的基本流程如图3-21所示。

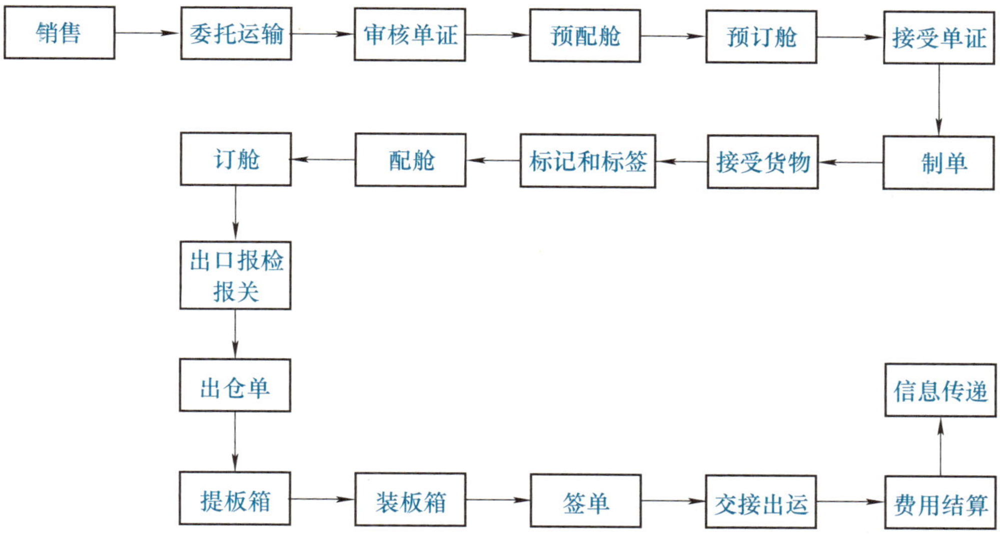

图 3-21 航空出口货运代理流程

1. 销售

航空货运代理公司为争取更多的出口货源，常常主动与各进出口公司、企业联系，主动承揽业务。对于长期出口或出口货量大的单位，航空货运代理公司一般都争取能与之签订长期的代理协议。

从营销战略角度来说，代理公司要对整个区域经济的发展有充分的了解，了解哪些行业的产品适于空运。根据发展趋势进行潜在市场分析，了解城市经济的未来发展规划，该区域会增加哪些高科技企业，这些企业适合于航空运输的产品将在本公司货运量中占有多少份额；了解本公司目前货运量在该区域占有的百分比，充分分析市场的情况。

在具体操作时，需及时向出口单位介绍本公司的业务范围、服务项目、各项收费标准，特别是向出口单位介绍优惠运价以及本公司的服务优势等。

2. 委托运输

航空货运代理公司与出口货物发货人双方就航空货运代理事宜达成意向（确定运输价格以及服务条件）后，航空货运代理公司即可向发货人提供一份自己所代理的航空公司的空白“国际货物托运书”，让发货人填写。

“国际货物托运书”是份重要的法律文件。根据《华沙公约》的相关规定，托运书必须由托运人自己填写，并在上面签字或盖章，作为货主委托航空货运代理公司承办航空货运出口货物的依据。航空货运代理公司（代理人）将根据托运书的要求办理出口货运手续，并据以结算费用。

某些特种货物，如活动物、危险品，由航空公司直接收运。

航空货运代理公司在接受托运人委托后，在单证操作前，通常会指定专人对托运书进行审核。审核重点应看价格和航班日期。审核后，审核人员必须在托运书上签名并注明日期以示确认。

委托时，发货人除应填制国际货物托运书，还应提供贸易合同副本、出口货物明细发票、装箱单以及检验检疫和通关所需要的单证等资料给航空货运代理，以便代理人办理订舱、提货、报关、制单等手续。

3. 审核单证

代理人从发货人处取得单据后，应指定专人对单证进行认真核对，看看单证是否齐全，内容填写是否完整规范。

单证应包括：

（1）托运书。

（2）发票、装箱单：发票上一定要加盖公司公章（业务科室、部门章无效），标明价格术语和货价（包括无价样品的发票）。

（3）报关单：注明经营单位注册号、贸易性质、收汇方式，并要求在申报单位处加盖公章。

（4）外汇核销单：在出口单位备注栏内，一定要加盖公司章。

（5）许可证：合同号、出口口岸、贸易国别、有效期一定要符合要求，与其他单据相符。

（6）商检证：商检证、商检放行单、盖有商检放行章的报关单均可，商检证上应有海关放行联字样。

（7）进料／来料加工核销本：核销本上的合同号应与发票相符。

（8）索赔／返修协议：要求提供正本，合同双方盖章，对方没章时可以签字代替。

（9）到付保函：凡到付运费的货物，发货人都应提供到付保函。

4. 预配舱

代理人汇总所接受的委托和客户的预报并输入计算机，计算出各航线的件数、重量、体积，按照客户的要求和货物重、高情况，根据各航空公司不同机型对不同板箱的重量和高度要求，制订预配舱方案，并为每票货配上运单号。

5. 预订舱

代理人根据所制订的预配舱方案，按航班、日期打印出总运单号、件数、重量、体积，向航空公司预订舱。这一环节称为预订舱，因为此时货物可能还没有入库，预报和实际的件数、重量、体积等都会有差别，这些留待配舱时再做调整。

6. 接受单证

接受托运人或其代理人送交的已经审核确认的托运书及报关单证和收货凭证；将计算机中的收货记录与收货凭证核对；制作操作交接单，填上所收到的各种报关单证份数，给每份交接单配一份总运单或分运单；将制作好的交接单、配好的总运单或分运单、报关单证移交制单。如此时货未到或未全到，可以按照托运书上的数据填入交接单并注明，货物到齐后再进行修改。

随堂记

7. 制单

制单即填制航空货运单，包括总运单和分运单。填制航空货运单是空运出口业务中最重要的环节，货运单填写得准确与否直接关系到货物能否及时、准确地运达目的地。航空货运单是发货人收结汇的主要有效凭证。因此，运单的填写必须详细、准确，严格符合单货一致、单单一致的要求。

如果所托运货物是直接发给国外收货人的单票托运货物，填开航空公司运单即可，将收货人提供的货物随机单据订在运单后面。

如果集中托运货物，则必须先为每票货物填开航空货运代理公司的分运单，然后再填开航空公司的总运单，以便国外代理人对总运单下的各票货物进行分拨。集中托运的货物还需要制作集中托运清单，并将清单、所有分运单及随行单据装入一个信袋，订在运单后面。

最后制作空运出口业务日报表，供制作标签用。

8. 接受货物

接货时，双方应办理货物的交接、验收，进行过磅称重和丈量，根据发票、装箱单或送货单清点货物，并核对货物的数量、品名、合同号或唛头等是否与货运单上所列一致；检查货物的外包装是否符合运输的要求。

9. 标记和标签

当货物入库后，代理人会根据航空公司的运单号码制作标签，然后将制作好的运单标签贴在每一件货物上，以便于起运港及目的港的货主、货代、货站、海关、航空公司、商检及收货人识别。

在货物外包装上我们经常会看到各种标记和标签。

（1）标记。在货物外包装上由托运人书写的有关事项和记号，其内容主要是托运人、收货人的姓名、地址、联系电话、传真；合同号等；操作（运输）注意事项（例如，不要暴晒Don't Expose to Excessive Sunlight，防潮Keep Dry，小心轻放Handle With Care等）；单件超过150kg的货物。

（2）标签。

1）按标签的作用来划分：①识别标签，用以说明货物的货运单号码、件数、重量、始发站、目的站、中转站的一种运输标志，又分为挂签、贴签两种。②特种货物标签，用以说明特种货物性质的各类识别标志，又分

随堂记

为活动物标签、危险品标签和鲜货易腐物品标签三种。③操作标签，用以说明货物储运注意事项的各类标志。

2）按标签的类别来划分：①航空公司标签，是航空公司对其所承运的货物做出的标识，各航空公司的标签虽然在格式、颜色上有所不同，但内容基本相同。标签上三位阿拉伯数字代表所承运航空公司的代号，后八位数字是总运单号码。②分标签，是航空货运代理公司对货物出具的标识。凡出具分运单的货物都要制作分标签，填制分运单号码和货物到达城市或机场的三字代码。

通常一件货物贴一张航空公司标签，有分运单的货物（如集中托运的货物），每件再贴一张分标签。

10. 配舱

配舱时，需运出的货物都已入库。这时需要核对货物的实际件数、重量、体积与托运书上预报数量的差别；应注意对预订舱位和板箱的有效领用、合理搭配，按照各航班机型以及板箱型号、高度、数量进行配载。同时，对于货物晚到、未到情况及未能顺利通关放行的货物进行调整，为制作配舱单做准备。实际上，这一过程一直延续到单、货交接给航空公司后才完毕。

11. 订舱

订舱即将所接收空运货物向航空公司正式提出运输申请并订妥舱位。代理人接到发货人的发货预报后，向航空公司吨控部门领取并填写订舱单（Cargo Booking Advance, CBA），同时提供货物的名称、体积（必要时提供单件尺寸）、重量、件数、目的地、要求出运的时间、其他运输要求（如温度、装卸要求、货物到达目的地时限）等相应的信息。

代理人申请订舱后，航空公司签发舱位确认书，同时给予装货集装器领取凭证，以表示舱位订妥。航空公司将根据实际情况安排航班和舱位。

代理人订舱时，可依照发货人的要求选择最佳的航线和最佳的承运人，同时为发货人争取最低、最合理的运价，为此，就要求代理人必须掌握每家航空公司、每条航线、每个航班甚至每个目的港的运价和航班日期等信息。

12. 出口报检报关

（1）出口报检。代理人在接单时需向客户了解货物是否要做商检，是否需要代办报检，如果需要，则需向客户索取报检委托书，并检查委托书内容是否齐全（不全或不规范的要补充），而后填写出境报检信息，向有关检验检疫机构报检。

不同的出口货物在商检方面有不同的规定和限制，应根据各类货物的“商品编码”监管条件进行相应的操作。其中，非动植物及其制品类，要求填制卫检申报单，加盖卫检放行章；动植物类货物除卫检申报单外，还需填制动植检报验单并加盖放行章；化工类产品须到指定地点检验证明是否适合空运。

（2）出口报关。客户可自行选择报关行报关，也可委托航空货运代理公司代为报关，但不论如何，都需要将发货人所准备好的所有报关资料，连同航空公司的正本运单及时交给代理报关单位，以便及时报关，方便货物及早通关以及运输。

海关审核无误后，才能结关放行。

13. 出仓单

配舱方案制订后就可着手编制出仓单。

出仓单的主要内容有出仓日期、承运航班的日期、装载板箱形式及数量、货物进仓顺序编号、总运单号、件数、重量、体积、目的地三字代码和备注。

出仓单交给出口仓库，用作制订出库计划、出库时点数以及向装板箱环节交接的凭证；是装板箱环节向出口仓库提货的依据；出仓单交给货物的交接环节，用作从装板箱环节收货的凭证和制作国际货物交接清单的依据（该清单用于向航空公司交接货物）。出仓单交给报关环节，当报关有问题时，可有针对性地反馈，以采取相应措施。

14. 提板箱

除特殊情况外，航空货运均是以集装箱、集装板的形式装运。因而，代理人需根据订舱计划向航空公司办理申领板、箱的相应手续，以便装货。

订妥舱位后，航空公司吨控部门将根据货量出具发放“航空集装箱、板”凭证，货运代理公司凭此向航空公司箱板管理部门领取与订舱货量相应的集装板、集装箱。提取板、箱时，应领取相应的塑料薄膜和网。

对所使用的板、箱要进行登记和销号。

15. 装板箱

航空货运代理公司将体积为2m^{3}以下货物作为小货交与航空公司拼装，大于2m^{3}的大宗货或集中托运拼装货，一般均由代理人自己装板装箱。

大宗货物、集中托运货物可以在货运代理公司自己的仓库、场地、货棚装板、装箱，亦可在航空公司指定的场地装板、装箱。

16. 签单

货运单在盖好海关放行章后还需到航空公司签单。主要是审核运价使用是否正确，以及货物的性质是否适合空运，如危险品等是否已办理了相应的证明和手续。航空公司的地面代理规定，只有签单确认后才允许将单、货交给航空公司。

17. 交接出运

交接是指向航空公司交单、交货，由航空公司安排航空运输。交单即将随机单据和应由承运人留存的单据交给航空公司，随机单据包括第二联航空运单正本、发票、装箱单、产地证明、品质鉴定书等；交货即将与单据相符的货物交给航空公司，交货之前必须粘贴或拴挂货物标签，交货时根据标签清点和核对货物，填制国际货物交接清单（即国际货物代理交接单）。

大宗货、集中托运货，以整板、整箱称重交接；零散小货按票称重，计件交接。航空公司审单验货后，在交接签单上验收，将货物存入出口仓库，单据交吨控部门，以备配舱。

18. 费用结算

费用结算主要涉及与发货人、承运人和国外代理公司三方面的结算。

（1）与航空公司结算费用。向航空公司支付航空运费及代理费，同时收取代理佣金。

（2）机场地面代理结算费用。向机场地面代理支付各种地面杂费。

（3）与发货人结算费用。向发货人收取以下费用：①航空运费（在运费预付的情况下）；②地面杂费；③各种服务费和手续费。

（4）与国外代理公司结算。与国外代理公司结算到付运费和利润分成。

到付运费实际上是发货方的航空货运代理公司为收货人垫付的，因此收货方的航空货运代理公司在将货物移交收货人时，应收回到付运费并将有关款项退还发货方的货运代理公司。同时发货方的货运代理公司应将代理佣金的一部分分给其收货地的货运代理公司。

由于航空货运代理公司之间存在长期的互为代理协议，因此与国外代理公司结算时一般不采取一票一结的办法，而是采取应收应付相互抵销，在一定期限内以清单冲账的办法。

19. 信息传递

航空货运代理公司须在多个方面为客户做好信息传递服务：

（1）订舱信息。应将是否订妥舱位及时告诉货主或委托人，以便其及时备单、备货。

（2）审单及报关信息。应在审阅货主或委托人送来各项单证后，及时向发货人通告。如有遗漏、失误需及时补充或修正。在报关过程中，遇有任何报关、清关的问题，亦应及时通知货主，共商解决。

（3）仓库收货信息。应将仓库所记录的货主将出口货物送达航空货运代理公司（代理人）时间、货量、体积、缺件、货损情况及时通告货主，以免事后纠纷。

（4）交运称重信息。运费计算标准以航空公司称重、所量体积为准，如在交运航空公司称重过磅过程中，发现称重、体积与货主声明的重量、体积有误，且超过一定比例时，必须通告货主，求得确认。

（5）一程及二程航班信息。应及时将航班号、日期及以后跟踪了解到的二程航班信息及时通告货主。

（6）集中托运信息。对于集中托运货物，还应将发运信息预报给收货人所在地的国外代理人，以便对方及时接货、查询并进行分拨处理。

（7）单证信息。代理人在发运出口货物后，应将发货人留存的单据，包括出口货物报关单、出口收汇核销单、第三联航空运单正本，以及用于出口产品退税的单据，交付或寄送发货人。

二、航空进口货运代理基本流程

航空进口货运代理的基本流程如图3-22所示。

国外飞货——空运进口货运代理流程

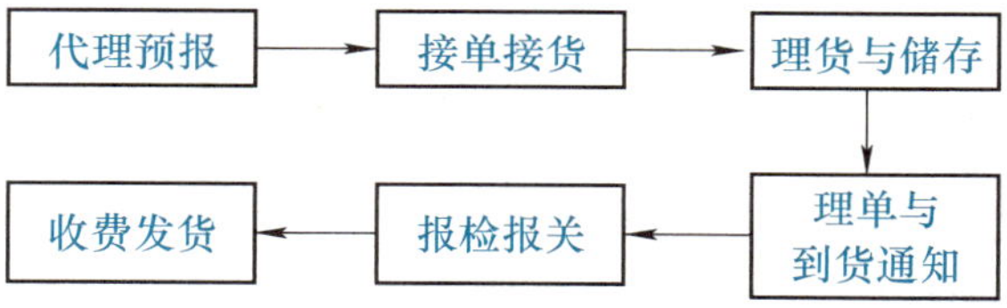

图 3-22　航空进口货运代理流程

1. 代理预报

代理预报指在国外发货前，由国外代理公司将航空运单、航班、件数、重量、品名、实际收货人和其地址和电话等内容发给目的地代理公司的过程。

到货预报是为了让目的地代理公司做好接单接货前的所有准备工作。因此，国内代理人应与国外代理公司保持及时、良好的沟通；同时具备收集信息的能力；熟练使用线上通信工具；能看懂运单信息，如Nature and Quantity of Goods表示货物品名和数量，No.of Pieces Rcp表示件数，Gross Weight表示毛重等；同时应掌握航空货运代码，了解航班信息，如OZ360/Apr 10表示4月10日的韩亚航空公司的班机，起降机场为萧山机场—仁川机场，计划时间为15:00—17:15。

假设接到的预报信息涉及中转航班或分批运输，其注意事项有：

（1）注意中转航班。中转点航班的延误会使到达时间和预报时间出现差异。由航空公司之间或独自的航班通过中转的方式到达目的地的旅行方式称为“中转联程”，也叫“无缝转接”。中转时航班衔接时间为45min～72h。

（2）注意分批运输。从国外一次性运来的货物在国内中转时，由于国内载量的限制，往往采用分批的方式运输。

2. 接单接货

（1）抽单。代理人在收到取单通知后，向航空公司设在机场的进口柜台（或航空公司地面代理的海关监管仓库）抽单，取回随机单证，供报关用，主要有总运单、随机文件及国际货物交接清单。而后便可交货代操作员进行理单、拆单工作了。

（2）总运单。总运单是指集中托运人（航空货运代理公司）将若干批单独发运的货物组成一整批，向航空公司办理托运，采用一份航空运单集中发往同一目的地。一份主运单项下可以有多份分运单，分运单上的收货人就是实际的货主。主运单（MAWB）和分运单（HAWB）都是需要随机发送的。

1）直接运输的货物：填开航空公司运单，并将随机单据订在运单后面。

2）集中托运的货物：①国外代理公司为收货人时，须先为每票货物填开航空货运代理公司的分运单，再填开航空公司的总运单（便于国外代理公司对总运单下各票货物分拨）；②每票货物分运单的份数=总运单件数。

3）虽然航空运单并不像海运提单一样是一种物权凭证，但货主或代理可以拿着主运单去海关监管库提货。

（3）随机文件。每票空运货物都有一个空运随机文件，航空公司将航空运单其中一联正本装入航空公司文件袋，随机与货物一起发送。但是重要的文件（如配额证等），不宜用随机文件方式一起储运，因为航空公司将不负遗失赔偿责任。所有随机文件需发货人提供。空运随机文件主要是商业发票、装箱清单等，用于客户在目的地的清关，也可随附如原产地证、熏蒸证明、CRI文件等其他文件。随机文件的主要用途是方便客户清关。

（4）提货交接手续。办理交接手续时进行单单、单货核对很重要，以便出现单单、单货不一时，航空公司组织查询并通知入境地海关或向民航索要商务事故记录，作为实际收货人交涉索赔事宜的依据。

1）交接时要做到：单单核对，即交接清单与总运单核对；单货核对，即交接清单与货物核对。

核对货物时应注意：①货物实际件数与清单所列件数是否一致；②货物运单号是否正确；③货物是否有破损（破损必须当场与航空公司确认，并开具破损事故记录单）；④冷冻品和贵重品应与航空公司确认货物是否在冷库或贵重品仓库。

2）货物异常时应对措施：有单无货或部分到货——形成分批货，需要每天至航空公司跟踪剩余未到达货物情况；有货无单——很有可能为总运单遗失，需要自行制作一份运单，并至航空公司进行补运单操作。

货运代理人在与航空公司地面服务代理人办理交接手续时，应根据运单及交接清单核对实际货物，若存在有单无货或有货无单的情况，应在交接清单上注明，同时在舱单数据中做相应说明，以便航空公司组织查询并通知入境地海关。

若发现货物短缺、破损或其他异常情况，应向民航索要商务事故记录，作为实际收货人交涉索赔事宜的依据；也可以接受收货人的委托，由航空货运代理公司代表收货人向航空公司办理索赔。

3）航空货运代理公司请航空公司开具商务事故证明情况的通常有：

① 包装货物受损。纸箱开裂、破损、内中货物散落（含大包装损坏，散落为小包装，数量不详）；木箱开裂、破损，有明显受撞击迹象；纸箱或木箱未见开裂、破损，但其中液体漏出。

② 裸装货物受损。无包装货物明显受损，如金属管或塑料管压扁、断裂、折弯；机器部件失落，仪表表面破裂等。

③ 木箱或精密仪器上防振、防倒置标志泛红。

④ 货物件数短缺。

3. 理货与储存

（1）理货的主要内容：

1）逐一核对每票件数，再次检查货物破损情况，遇有异常，确属接货时未发现的问题，可向航空公司提出交涉。

2）按大货、小货，重货、轻货，单票货、混载货，危险品、贵重品，冷冻品、冷藏品，分别堆存和进仓。堆存时要注意货物箭头朝向，总运单、分运单标志朝向，注意重不压轻、大不压小（即要按货物体积大小、重量轻重、单票或混载、特殊货物分别堆存）。

3）登记每票货储存区号，并输入计算机。

（2）货物储存的注意事项：

1）防雨淋、防受潮。货物不能置于露天，不能无垫托置于地上。

2）防重压。纸箱、木箱均有叠高限制，纸箱受压变形，会危及箱中货物安全。

3）防升温变质。生物制剂、化学试剂、针剂药品等部分特殊物品，有储存温度要求，要防止阳光暴晒。一般情况下，冷藏、冷冻品要由专门的冷藏、冷冻库进行保管。冷冻品置于−20～−15℃冷冻库（俗称低温库），冷藏品置于2～8℃冷藏库。

4）防危险品危及人员及其他货品安全。空运进口仓库应设立独立的危险品库，危险品要存入专门危险品仓库。易燃品、易爆品、毒品、腐蚀品、放射品均应分库安全置放。以上货品一旦出现异常，均需及时通知消防安全部门处理。放射品出现异常时，还应请卫生检疫部门重新检测包装及放射剂量外泄情况，以便保证人员及其他物品安全。

5）为防贵重品被盗，贵重品应设专库，由双人制约保管，防止出现被盗事故。

总之，货物应根据不同货种的实际需要进行保管。

4. 理单与到货通知

（1）理单。

1）集中托运，总运单项下拆单。①将集中托运进口的每票总运单项下的分运单分理出来，审核与到货情况是否一致，并制成（交接/入仓）清单输入计算机；②将集中托运总运单项下的发运清单（舱单）传送至海关计算机系统，以便实施按分运单分别报关、报验、提货。

2）分类理单、编号。①总运单是直单、单票混载，这两种情况一般无清单；②集中托运有分运清单，分运单件数之和应等于总运单上的件数；③货物的种类有指定货物、非指定货物、单票、混载、总运单到付、分运单到付、银行货、危险品、冷冻冷藏货物等，随机文件中有分运单、发票、装箱单、危险品证明等；④按照已标有仓位号的交接清单编号并输入计算机，内容有总运单号、分运单号、发票号、合同号、航班号、日期、货名、货物分类、贸易性质、实到件数、已到件数、实到重量、计费重量、仓位号、收货单位、代理人、本地货、外地货、预付、到付、币种、运费、金额等。

分类理单的同时，需将各票总运单、分运单编上航空货运代理公司自己设定的编号，以便内部操作及客户查询。

3）编配各类单证。航空货运代理公司将总运单、分运单与随机单证、国外代理公司先期寄达的单证（发票、装箱单、合同副本、装卸及运送指示等）、国内货主或经营到货单位预先交达的各类单证等进行编配。

代理公司理单人员需将其逐单审核、编配。凡单证齐全、符合报关条件的，即转入制单、报关程序；否则，即与货主联系，催齐单证，使之符合报关条件。

4）报关单据一般包括：航空运单（主运单、分运单）、合同、发票、装箱单、报关单、报关报检委托书、提货单。另外，根据实际情况准备相应单据，如进口许可证、国家规定的其他批准文件，以及其他海关认为有必要提供的文件等。

（2）到货通知。

1）寄发到货通知的要求。货物到目的港后，货运代理人应从航空运输的时效出发，为减少货主仓储费，避免海关滞报金，尽早、尽快、尽妥地通知货主到货情况，提请货主配齐有关单证，尽快报关。

具体应做到：①早：到货后，第1个工作日内就要设法通知货主。②快：尽可能通过网络、电话预通知委托人，单证需要传递的，尽可能使用特快专递，以缩短传递时间。③妥：1个星期内须保证以电函、信函形式第三次通知货主，并应将货主尚未提货的情况告知发货人的代理人；2个月时，再以电函、信函形式第四次通知货主；3个月时，货物可能需交海关处理，此时再以信函形式第五次通知货主，告知货主货物将被处理，提醒货主采取补救办法。

2）到货通知的内容：①运单号、分运单号、货运代理公司编号；②件数、重量、体积、品名、发货公司、发货地；③运单、发票上已编注的合同号、随机已有单证数量及尚缺的报关单证；④运费到付数额，货运代理公司地面服务收费标准；⑤货运代理公司及仓库的地址（地理位置图），电话、传真、联系人；⑥提示货主，海关关于超过14天报关收取滞报金及超过3个月未报关货物上交海关处理的规定。

（3）正本运单处理。计算机打印海关监管进口货物入仓清单一式五份，提交海关，其中一份海关签字后收回存档。运单上一般需盖妥多个章，如监管章（总运单）、货运代理公司分运单确认章（分运单）等。

随堂记

5. 报检报关

（1）打单：根据运单、发票、装箱单及证明货物合法进口的有关批准文件，确定产品的申报属性、归类、价格、监管条件等。进口物品种类和进口用途必须严格按照海关的分类申报，应确认货物的商品编码，然后查阅海关税则，确认进口税率，确认货物需要的监管条件。然后将报关报检相关信息在“单一窗口”录入，确认无误后，发送给海关。

（2）审单：海关将根据报关资料审核货物以及单证。

（3）查验：如需查验，企业申报时，除了录入通用数据项，还需补充录入检务独有项。海关下属的检验检疫机构安排查验。

（4）征税：海关根据货物的类别等，按照国家法律规定收取税款。

（5）放行：结关放行的前提是系统终端上显示单证已经齐全，税款和有关费用已经结清，报关未超过报关期限，实际货物与报关单证所列完全一致。

6. 收费发货

（1）收费内容。货运代理公司仓库在发放货物前，一般先将费用收妥。收费内容有：①到付运费及垫付佣金；②单证、报关费；③仓储费（含冷藏、冷冻、危险品、贵重品特殊仓储费）；④装卸、铲车费；⑤航空公司到港仓储费；⑥海关预录入、动植检、卫检报验等代收代付费用；⑦关税及垫付佣金。

（2）货物交接注意事项。货物交接不当将会导致纠纷及索赔，应予以特别注意：①分批到达的货物，应收回原提货单，出具分批到达提货单，待后续货物到达后即通知货主再次提取；②航空公司责任的破损、短缺，应由航空公司签发商务记录；③货运代理公司责任的破损、短缺，应由代理公司签发商务记录；④遇有货运代理公司责任的破损事项，应尽可能商同货主、商检单位立即在仓库进行商品检验，确定货损程度，以避免后面运输中加剧货损的发展。

（3）退单。退单是指海关在结关后签发报关单的付汇证明联给报关单位（报关放行后约2～3个星期），付汇证明联是客户向外汇指定银行与外汇管理局办理进口付汇和核销手续的凭证。报关单位凭进口报关单、付汇核销清单等办理付汇、核销手续。

任务一 航空货运代码的认识

任务描述

2023年12月4日，浙江顺达货运代理公司业务员张勤初涉空运代理业务，经理告诉他，做业务之前首先需要了解航空货运代码。张勤查阅了各种不同的航空货运代码，为今后看懂并能缮制航空运单打好基础。

任务要求

请以顺达货代公司业务员张勤的身份了解并熟知航空货运代码。

任务目标

1. 知识目标：

查询并熟记主要的国家代码、城市代码、国内外机场代码、国内外航空公司代码、航空货运操作代码等。

2. 能力目标：

能根据所给航空运单找出航空货运代码。

3. 素养目标：

（1）通过识记航空货运代码，拓宽国际视野，提升航空货代职业认知内涵；

（2）培养巧记航空货运代码的记忆品质。

知识准备

一、航空货运代码的用途

在航空运输中，一些名词的代码往往比全称更重要。由于单证的大小受限，且为操作方便，代码在货运的整个流程中发挥着显著的作用，它具有简洁、节省空间、容易识别等优点。因此，航空货运代码及航空运输地理问题是每个初步接触货代的新人必须花时间去了解的内容，只有了解了这些知识，才能为接下来的开拓客户、揽货、订舱、合理安排运输路线、填制航空运单等环节打好基础。

二、航空货运代码的分类

航空货运中常用的各类代码见表 3-88 ～表 3-96。

表3-88　主要国家代码（节选）

英文名称	中文名称	二字代码
China	中国	CN
United States of America	美国	US
United Kingdom of Great Britain and Northern Ireland	英国	GB
Germany	德国	DE
France	法国	FR
Japan	日本	JP
Korea	韩国	KR
Singapore	新加坡	SG
Canada	加拿大	CA
Australia	澳大利亚	AU

表3-89　主要城市三字代码（节选）

英文全称		中文全称	三字代码
国内主要城市	BEIJING	北京	BJS
	GUANGZHOU	广州	CAN
	SHANGHAI	上海	SHA
	CHONGQING	重庆	CKG
	TIANJIN	天津	TSN
	SHENZHEN	深圳	SZX
	HANGZHOU	杭州	HGH
	KUNMING	昆明	KMG
	QINGDAO	青岛	TAO
	XIAMEN	厦门	XMN
	DALIAN	大连	DLC
国外主要城市	LONDON	伦敦	LON
	NAGOYA	名古屋	NGO
	SEOUL	首尔	SEL
	PARIS	巴黎	PAR
	CHICAGO	芝加哥	CHI
	NEW YORK	纽约	NYC
	TOKOYO	东京	TYO
	OSAKA	大阪	OSA

表3-90 国内部分机场三字代码（节选）

三字代码	机场名称	三字代码	机场名称	三字代码	机场名称
CAN	广州白云国际机场	CTU	成都双流国际机场	DLC	大连周水子国际机场
HGH	杭州萧山国际机场	HKG	香港赤腊角国际机场	HRB	哈尔滨太平国际机场
KWL	桂林两江国际机场	NKG	南京禄口国际机场	PEK	北京首都国际机场
PVG	上海浦东国际机场	SHA	上海虹桥国际机场	SHE	沈阳桃仙国际机场
SZX	深圳宝安国际机场	TSN	天津滨海国际机场	KMG	昆明长水国际机场
WUH	武汉天河国际机场	XIY	西安咸阳国际机场	XMN	厦门高崎国际机场

表3-91 国际部分机场三字代码（节选）

三字代码	机场名称	三字代码	机场名称	三字代码	机场名称
BKK	曼谷机场	CDG	巴黎戴高乐机场	CPH	哥本哈根机场
DFW	达拉斯机场	FCO	罗马达・芬奇机场	FRA	法兰克福梅茵机场
FUK	福冈机场	IAD	华盛顿杜勒斯机场	ICN	首尔仁川机场
JFK	纽约肯尼迪机场	JKT	雅加达机场	KHI	卡拉奇机场
KUL	吉隆坡机场	KIX	大阪关西机场	LAX	洛杉矶机场
LHR	伦敦希思罗机场	MOW	莫斯科机场	MXP	米兰机场
NGO	名古屋机场	NRT	东京成田机场	ORD	芝加哥奥黑尔机场
PDX	波特兰机场	PUS	釜山机场	SDJ	仙台机场
SFO	旧金山机场	SIN	新加坡樟宜机场	STO	斯德哥尔摩阿兰达机场
ULN	乌兰巴托机场	YYZ	多伦多机场	YVR	温哥华机场

表3-92 国内主要航空公司代码（节选）

航空公司名称	二字代码	票证代码
中国国际航空公司	CA	999
中国南方航空公司	CZ	784
中国东方航空公司	MU	781
中国海南航空公司	HU	880
中国山东航空公司	SC	324
中国深圳航空公司	ZH	479
中国四川航空公司	3U	876
中国厦门航空公司	MF	731
中国上海航空公司	FM	774
中国联合航空公司	KN	822
中国奥凯航空公司	BK	866
中国吉祥航空公司	HO	018
中国成都航空公司（由鹰联航空改名而来）	EU	811
中国春秋航空公司	9C	—
中国东方航空集团中国货运航空公司	CK	112
中国祥鹏航空公司	8L	859
中国华夏航空公司	G5	987
华信航空公司（台湾）	AE	803
香港港龙航空公司	KA	043
台湾长荣航空公司	BR	695
香港航空公司	HX	288

表3-93　国际主要航空公司代码（节选）

中文名	二字代码	票证代码
俄罗斯航空公司	SU	555
阿根廷航空公司	AR	044
加拿大航空公司	AC	014
法国航空公司	AF	057
印度航空	AI	098
马达加斯加航空	MD	258
意大利航空公司	AZ	055
全日空公司	NH	025
阿罗哈航空公司（美国）	AQ	327
美西航空	HP	401
美国航空公司	AA	001
韩亚航空公司（韩国）	OZ	988
澳洲航空公司	QF	081
曼谷航空公司	PG	829
英伦航空（联合王国）	BD	236
卢森堡国际航空公司	CV	172
国泰航空公司	CX	160
美国大陆航空（USA）	CO	005
达美航空	DL	006
埃及航空	MS	077
阿联酋航空公司	EK	176
埃拉勒-以色列航空公司	LY	114
埃塞俄比亚航空公司	ET	071
美国长青国际航空公司	EZ	494
联邦快递（快件）	FX	023
芬兰航空公司	AY	105
印度尼西亚鹰航空公司	GA	126
西班牙航空公司	JK	075
冰岛航空公司	FI	108
日本航空公司	JL	131
日本亚细亚航空	EG	688
捷达航空（印度）有限公司	9W	589
肯尼亚航空	KQ	706
荷兰皇家航空公司	KL	074
大韩航空公司	KE	180
德国汉莎航空公司	LH	020
荷兰马丁航空公司	MP	129
墨西哥航空公司	MX	132
新加坡航空公司	SQ	618
联合航空	UA	016
联合包裹运送服务公司	5X	406
全美航空	US	037
伊朗航空	W5	000
英航	BA	125

表3-94 航空运输常见名称及缩写

缩写代码	中文全称
CASS	货运账目清算系统
CC	运费到付
PP	运费预付
CCA	货物运费更改通知书
CAR	活动物运输规程
NVD	无声明价值
NCV	无商业价值
SLI	托运书
ULD	集装器
AWB	货运单
HWB	分运单
MWB	主运单

表3-95 常见的航空货运操作代码

操作代码	英文全称	中文全称
AOG	AIRCRAFT ON GROUND	航材
AVI	LIVE ANIMAL	活动物
BIG	OUTSIZED	超大货物
CAO	GARGOAIRCRAFT ONLY	仅限货机
DIP	DIPLOMATIC MAIL	外交邮袋
EAT	FOODSTUFFS	食品
FIL	UNDEVELOPED/UNEXPOSED FILM	未冲洗 / 未曝光的胶卷
FRO	FROZEN GOODS	冷冻货物
HUM	HUMAN REMAINS IN COFFINS	尸体
ICE	DRY ICE	干冰
LHO	LIVING HUMAN ORGANS/BLOOD	人体器官 / 鲜血
NWP	NEWSPAPERS, MAGAZINES	报纸、杂志
OBX	OBNOXIOUS CARGO	有强烈异味的货物
OHG	OVERHANG ITEM	拴挂货物
PEF	FLOWERS	鲜花
PEM	MEAT	肉
PER	PERISHABLE CARGO	易腐货物
PES	FISE/SEAFOOD	鱼 / 海鲜
VAL	VALUABLE CARGO	贵重物品
WET	SHIPMNTS OF WET MATERIAL NOT PACKED IN WATERTIGHT CONTAINERS	湿潮货物
HEA	HEAVY CARGO,150kg AND OVER PER PIECE	单件 150kg 以上的货物

表3-96 常见危险品代码

危险品代码	英文全称	中文全称
RCL	Cryogenic Liquids	低温液体
RCM	Corrosive	易腐蚀的货物
RCX	Explosives 1.3C	爆炸物 1.3C 类
RFL	Flammable Liquid	易燃液体
ROP	Organic Peroxide	有机过氧化物
RPG	Toxic Gas	有毒气体
RRW	Radioactive material, Category I-white	放射性包装，1 类白色包装

任务实施

航空货运代码的认识

步骤一：张勤找出公司的一份航空运单（见表 3-97），尝试找出运单中的航空货运代码。

表 3-97　航空运单示例 1

999 | PVG | 76260531　　　　999-76260531

Shipper's Name and Address	Shipper's Account Number	Not Negotiable **Air Waybill** Issued by
SKY INTERNATIONAL LOGISTICS (NINGBO) LTD. SUPERVISORY WAREHOUSE OF SINOTRANS AIRFREIGHT,AIRPORT ROAD,LISHE NINGBO CHINA 315000 USCI+91330201772308339Q TEL: 0574-28889161 FAX: 0574-27900350		AIR CHINA CARGO NO.29 TIANZHU RD.,TIANZHU AIRPORT ECONOMIC DEVELOPMENT ZONE,SHUNYI DISTR,BEIJING, PEOPLE'S REPUBLIC OF CHINA 101318 Copies 1, 2 and 3 of this Air Waybill are originals and have the same validity.
Consignee's Name and Address	Consignee's Account Number	
MJ LOGISTICS (HANOI) CO.,LTD 5F,TTC TOWER,BLOCK B1A-CAU GIAY,COTTAGE INDUSTRY AND LIGHT INDUSTRY MANUFACTURING CLUSTER, DICH VONG HAU WARD, CAU GIAY DISTRICT, HA NOI CITY, VIETNAM TEL: +84 4 7308 7311 FAX: +84 4 7308 7316		It is agreed that the goods described herein are accepted in apparent good order and conditic (except as noted) for carriage SUBJECT TO THE CONDITIONS OF CONTRACT ON THE REVERS HEREOF. ALL GOODS MAY BE CARRIED BY ANY OTHER MEANS INCLUDING ROAD OR AN OTHER CARRIER UNLESS SPECIFIC CONTRARY INSTRUCTIONS ARE GIVEN HEREON B THE SHIPPER, AND SHIPPER AGREES THAT THE SHIPMENT MAY BE CARRIED VI INTERMEDIATE STOPPING PLACES WHICH THE CARRIER DEEMS APPROPRIATE. TH SHIPPER'S ATTENTION IS DRAWN TO THE NOTICE CONCERNING CARRIER'S LIMITATION O LIABILITY. Shipper may increase such limitation of liability by declaring a higher value for carriag and paying a supplemental charge if required.
Issuing Carrier's Agent Name and City ALL/SHA		Accounting Information/Also Notify FREIGHT PREPAID ALL/SHA GEC
Agent's IATA Code 08304210213	Account No.	
Airport of Departure (Addr. of first Carrier) and requested Routing SHANGHAI		Reference Number / Optional Shipping Information

To	By First Carrier (Routing and Destination)	to	by	to	by	Currency	CHGS Code	WT/VAL PPD	COLL	Other PPD	COLL	Declared Value for Carriage	Declared Value for Customs
HAN	CA					CNY		PP		PP		N.V.D.	AS PER INV.

Airport of Destination	Requested Flight/Date		Amount of Insurance	INSURANCE – If Carrier offers insurance, and such insurance is requested in accordance with the conditions thereof, indicate amount to be insured in figures in box marked 'Amount of insurance'.	TC
HANOI	CA619	19 APR.2023	NIL		

HANDLING INFORMATION

NO SOLID WOOD PACKING MATERIAL.

SAME AS CONSIGNEE

ALSO CNEE:TAX CODE NO. : 0106733173　　SCI

(For USA only) These commodities, technology or software were exported from the United States in accordance with the Export Administration Regulations. Diversion contrary to USA law prohibited.

No. of Pieces RCP	Gross Weight	kg/lb	Rate Class	Commodity Item No.	Chargeable Weight	Rate / Charge	Total	Nature and Quantity of Goods (incl. Dimensions or Volume)
10	60.00	K	Q		100.00	21.34	2134.00 VOL:0.600CBM	CONSOLIDATION AS PER ATTACHED CARGO MANIFEST NOT RESTRICTED

Prepaid	Weight Charge	Collect	Other Charges
2134.00			AWC:50.00 MYC:125.00 SCC:120.00
	Valuation Charge		
	Tax		
	Total other Charges Due Agent		Shipper certifies that the particulars on the face hereof are correct and that INSOFAR AS ANY PART OF THE CONSIGNMENT CONTAINS DANGEROUS GOODS, SUCH PART IS PROPERLY DESCRIBED BY NAME AND IS IN PROPER CONDITION FOR CARRIAGE BY AIR ACCORDING TO THE APPLICABLE DANGEROUS GOODS REGULATIONS. ALL/SHA Signature of Shipper or his Agent
295.00	Total other Charges Due Carrier		
Total prepaid 2429.00		Total collect	2023-04-18　SHANGHAI　ELLA Executed on (Date) at (Place) Signature of Issuing Carrier or its Agent
Currency Conversion Rates		cc charges in Dest. Currency	
For Carriers Use only at Destination		Charges at Destination	Total collect Charges

步骤二：张勤将找到的航空货运代码的含义以及对应的运单项目整理在记录表中，见表 3-98。

表 3-98 记录表

航空货运代码	含义	对应的运单项目
PVG	上海浦东国际机场	货运单号码 (The Air Waybill Number)
SHA	上海	承运人的代理人栏所在机场或城市 (Issuing Carriers Agent city).
HAN	河内内拜机场	填制目的站机场或第一个转运点的 IATA 三字代号（To）
CA	中国国际航空公司	填制第一承运人的名称（By First Carrier）
PP	预付	航空运费 / 声明的价值费（WT ／ VAL）
NVD	无声明价值	供运输用声明价值 (Declared Value for carriage)

巩固训练

张勤找出公司的另一份航空运单，请根据航空运单（见表 3-99），找出航空货运代码，并说明含义。

表3-99 航空运单示例2

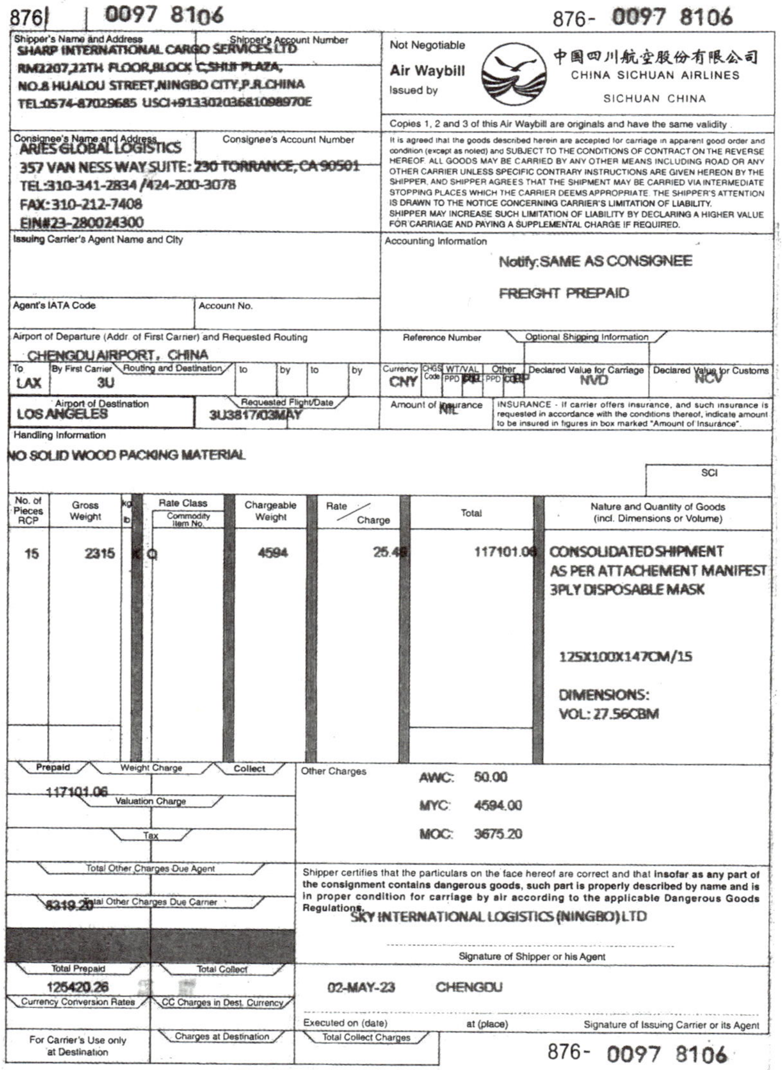

876 | 0097 8106　　876- 0097 8106

Shipper's Name and Address | Shipper's Account Number
SHARP INTERNATIONAL CARGO SERVICES LTD
RM2207,22TH FLOOR,BLOCK C,SHUI PLAZA,
NO.8 HUALOU STREET,NINGBO CITY,P.R.CHINA
TEL:0574-87029685 USCI+91330203681098970E

Not Negotiable
Air Waybill
Issued by
中国四川航空股份有限公司
CHINA SICHUAN AIRLINES
SICHUAN CHINA

Copies 1, 2 and 3 of this Air Waybill are originals and have the same validity

Consignee's Name and Address | Consignee's Account Number
ARIES GLOBAL LOGISTICS
357 VAN NESS WAY SUITE: 230 TORRANCE, CA 90501
TEL:310-341-2834 /424-200-3078
FAX:310-212-7408
EIN#23-280024300

It is agreed that the goods described herein are accepted for carriage in apparent good order and condition (except as noted) and SUBJECT TO THE CONDITIONS OF CONTRACT ON THE REVERSE HEREOF. ALL GOODS MAY BE CARRIED BY ANY OTHER MEANS INCLUDING ROAD OR ANY OTHER CARRIER UNLESS SPECIFIC CONTRARY INSTRUCTIONS ARE GIVEN HEREON BY THE SHIPPER, AND SHIPPER AGREES THAT THE SHIPMENT MAY BE CARRIED VIA INTERMEDIATE STOPPING PLACES WHICH THE CARRIER DEEMS APPROPRIATE. THE SHIPPER'S ATTENTION IS DRAWN TO THE NOTICE CONCERNING CARRIER'S LIMITATION OF LIABILITY. SHIPPER MAY INCREASE SUCH LIMITATION OF LIABILITY BY DECLARING A HIGHER VALUE FOR CARRIAGE AND PAYING A SUPPLEMENTAL CHARGE IF REQUIRED.

Issuing Carrier's Agent Name and City

Accounting Information
Notify:SAME AS CONSIGNEE
FREIGHT PREPAID

Agent's IATA Code | Account No.

Airport of Departure (Addr. of First Carrier) and Requested Routing
CHENGDU AIRPORT, CHINA

Reference Number | Optional Shipping Information

To	By First Carrier / Routing and Destination	to	by	to	by	Currency	CHGS Code	WT/VAL PPD	WT/VAL COLL	Other PPD	Other COLL	Declared Value for Carriage	Declared Value for Customs
LAX	3U					CNY			PP		PP	NVD	NCV

Airport of Destination	Requested Flight/Date	Amount of Insurance
LOS ANGELES	3U3817/03MAY	NIL

INSURANCE - If carrier offers insurance, and such insurance is requested in accordance with the conditions thereof, indicate amount to be insured in figures in box marked "Amount of Insurance".

Handling Information
NO SOLID WOOD PACKING MATERIAL
SCI

No. of Pieces RCP	Gross Weight	kg/lb	Rate Class / Commodity Item No.	Chargeable Weight	Rate / Charge	Total	Nature and Quantity of Goods (incl. Dimensions or Volume)
15	2315	K	Q	4594	25.49	117101.06	CONSOLIDATED SHIPMENT AS PER ATTACHEMENT MANIFEST 3PLY DISPOSABLE MASK 125X100X147CM/15 DIMENSIONS: VOL: 27.56CBM

Prepaid	Weight Charge	Collect
117101.06		
	Valuation Charge	
	Tax	
	Total Other Charges Due Agent	
8319.20	Total Other Charges Due Carrier	
Total Prepaid		Total Collect
125420.26		
Currency Conversion Rates		CC Charges in Dest. Currency
For Carrier's Use only at Destination	Charges at Destination	Total Collect Charges

Other Charges
AWC: 50.00
MYC: 4594.00
MOC: 3675.20

Shipper certifies that the particulars on the face hereof are correct and that insofar as any part of the consignment contains dangerous goods, such part is properly described by name and is in proper condition for carriage by air according to the applicable Dangerous Goods Regulations.
SKY INTERNATIONAL LOGISTICS (NINGBO) LTD
Signature of Shipper or his Agent

02-MAY-23　　CHENGDU
Executed on (date)　at (place)　Signature of Issuing Carrier or its Agent

876- 0097 8106

ORIGINAL 2 (FOR CONSIGNEE) D

任务评价

序号	评价任务	要素说明	分值	扣分小计	得分小计
1	了解航空货运代码的用途、分类（20分）	了解航空货运代码的用途	5		
		了解航空货运代码的分类	15		
2	掌握主要的航空货运代码（30分）	能查询并熟记主要的国家代码、城市代码、国内外机场代码、国内外航空公司代码、航空货运操作代码等	30		
3	应用航空货运代码（30分）	能根据所给航空运单找出航空货运代码	30		
4	素养（20分）	建立航空货代职业认同感	10		
		培养巧记航空货运代码的记忆品质	10		
自我评价			总得分		

任务二　航空运单的缮制

任务描述

2023年12月18日，浙江多乐服饰进出口有限公司需将8箱服饰从杭州通过航空运输运往法国巴黎SATBIR TRADING CO. L.L.C.公司。在此之前，浙江多乐服饰进出口有限公司委托浙江顺达货运代理公司代理空运出口业务。

任务要求

顺达货代公司业务员张勤根据国际货物托运书和相关资料信息，缮制航空运单。

任务目标

1. 知识目标：

（1）了解航空运单的含义、分类、构成；

（2）准确掌握航空运费的计算；

（3）根据国家标准《国际货运单证缮制规范》（GB/T 28831—2012）中的相关规定，正确识记航空运单的格式、主要内容及缮制要求。

2. 能力目标：

能够根据所给任务情境正确完成航空运单的缮制。

3. 素养目标：

（1）通过任务情境完成航空运单的缮制，建立职业自信；

（2）体验职业角色，培养规范严谨制单的职业岗位素养。

知识准备

一、航空运单的含义、分类及构成

1. 航空运单的含义

航空运单（Air Waybill）是航空运输公司及代理人签发给发货人表示已收妥货物并接受托运的货物收据。

航空运单不是物权凭证，不能通过背书转移货物所有权，不能转让，持有航空运单也并不能说明可以对货物要求所有权，因而是一种不可议付的单据。

2. 航空运单的分类

（1）航空主运单（Master Air Waybill，MAWB）：凡由航空运输公司签发的航空运单即为主运单。

（2）航空分运单（House Air Waybill，HAWB）：航空货运代理公司在办理集中托运业务时签发给各个发货人的运单即为分运单。

3. 航空运单的构成

我国国际航空运单由一式十二联组成，包括三联正本，六联副本和三联额外副本。

国际航空运单各联的分配见表3-100。

表 3-100 国际航空运单各联分配表

序号	名称及分发对象	颜色
A	Original 3（正本 3，给托运人）	浅蓝色
B	Copy 9（副本 9，给代理人）	白色
C	Original 1（正本 1，交出票航空公司）	浅绿色
D	Original 2（正本 2，给收货人）	粉红色
E	Copy 4（副本 4，提取货物收据）	浅黄色
F	Copy 5（副本 5，给目的地机场）	白色
G	Copy 6（副本 6，给第三承运人）	白色
H	Copy 7（副本 7，给第二承运人）	白色
I	Copy 8（副本 8，给第一承运人）	白色
J	Extra copy（额外副本，供承运人使用）	白色
K	Extra copy（额外副本，供承运人使用）	白色
L	Extra copy（额外副本，供承运人使用）	白色

二、航空运单的内容及缮制要求

航空运单样表见表 3-101。

表 3-101　航空运单样表

(1)	The Air Waybill No.	
(2) Shipper's Name and Address	Shipper's Account Number	
		Copies 1, 2 and 3 of this Air Waybill are originals and have the same validity.
(3) Consignee's Name and Address	Consignee's Account Number	It is agreed that the goods described herein are accepted for carriage in apparent good order and condition (except as noted) and SUBJECT TO THE CONDITIONS OF CONTRACT ON THE REVERSE HEREOF. ALL GOODS MAY BE CARRIED BY AND OTHER MEANS INCLUDING ROAD OR ANY OTHER CARRIER UNLESS SPECIFIC CONTRARY INSTRUCTIONS ARE GIVEN HEREON BY THE SHIPPER. THE SHIPPER'S ATTENTION IS DRAWN TO THE NOTICE CONCERNING CARRIER'S LIMITATION OF LIABILITY. Shipper may increase such limitation of liability by declaring a higher value for carriage and paying a supplemental charge if required.
(4) Issuing Carrier's Agent Name and City		(10) Accounting Information
(5) Agent's IATA Code	(5) Account No.	
(6) Airport of Departure (Addr. of First Carrier) and Requested Routing		

① To	② By First Carrier / (7) Routing and Destination	③ to	④ by	⑤ to	⑥ by	(11) Currency	CHGS Code	(12)WT/VAL PPD	(12)WT/VAL COLL	Other PPD	Other COLL	(13)Declared Value for Carriage	(14)Declared Value for Customs

(8) Airport of Destination	(9) Flight/Date For carrier Use Only Flight/Date	(15) Amount of Insurance	INSURANCE - If Carrier offers insurance, and such insurance is requested in accordance with the conditions thereof, indicate amount to be insured in figures in box marked "Amount of Insurance."
(16) Handing Information			
(For USA only) These commodities licensed by U.S. for ultimate destination ········ ················Diversion contrary to U.S. law is prohibited			

(17) No. of Pieces RCP	(18) Gross Weight	(19) kg lb	(20) Rate Class	Commodity Item No.	(21) Chargeable Weight	(22) Rate Charge	(23) Total	(24) Nature and Quantity of Goods (incl. Dimensions or Volume)

(25) Prepaid	(26) Collect	(27)Other Charges
① Weight Charge		
② Valuation Charge		
③ Tax		
④ Total other Charges Due Agent		Shipper certifies that the particulars on the face hereof are correct and that insofar as any part of the consignment contains dangerous goods, such part is properly described by name and is in proper condition for carriage by air according to the applicable Dangerous Goods Regulations.
⑤ Total other Charges Due Carrier		
		(28) Signature of Shipper or his Agent
⑥ Total Prepaid	⑥ Total Collect	
Currency Conversion Rates	CC Charges in Dest. Currency	(29) Executed on (date)　(29) at (place)　(30) Signature of Issuing Carrier or its Agent
For Carrier's Use only at Destination	Charges at Destination	Total Collect Charges

航空运单的主要内容及缮制要求：

（1）货运单号码（The Air Waybill No.）：货运单号码应清晰地印在货运单的左上角、右上角及右下角（中性货运单需自行填制）；包括航空公司的数字代号（Airline Code No.）和货运单序号及检验号（Serial No.）。

提示：

（a）第8位数字是检验号，是前七数字对7取模的结果。

（b）第4位数字与第5位数字之间应留有比其他数字之间较大的空间。

（2）托运人栏（Shipper）：Shippers Name and Address即托运人姓名和地址，填制托运人姓名（名称）、地址、国家（或国家两字代号）以及托运人的电话、传真、电传号码；Shippers Account Number即托运人账号，此栏不需填写，除非承运人需要。

（3）收货人栏（Consignee）：Consignees Name and Address即收货人姓名和地址，填制收货人姓名（名称）、地址、国家（或国家两字代号）及收货人的电话、传真、电话号码；Consignees Account Number即收货人账号，此栏仅供承运人使用，一般不需填写，除非最后的承运人需要。

（4）填开货运单的承运人的代理人栏（Issuing Carriers Agent Name and City）：填制向承运人收取佣金的国际航协代理人的名称和所在机场或城市。

（5）国际航协代号（Agent's IATA Code）。代理人在非货账结算区(Non-CASS Areas），填制国际航协7位数字代号，如14-30288；代理人在货账结算区（CASS Areas），填制国际航协7位数字代号，后面是三位CASS地址代号，和一个冠以10位的7位数字代号检验位，如34-41234/5671。

提示：

（a）CASS-Cargo Accounts Settlement System：货物财务结算系统。

（b）一些航空公司为便于内部系统管理，要求其代理人在此处填制相应的代码。

账号(Account No）：本栏一般不需填写，除非承运人需要。

（6）始发站机场（Airport of Departure）：填制始发站机场的IATA三字代号（如果始发地机场名称不明确，可填制机场所在城市的IATA三字代号）。

（7）运输路线和目的站（Routing and Destination）：

① 至（第一承运人），to（by First Carrier）：填制目的站机场或第一个转运点的IATA三字代号（当该城市有多个机场，不知道机场名称时，可用城市代号）。

② 由第一承运人，by First Carrier：填制第一承运人的名称（全称与IATA两字代号皆可）。

③ 至（第二承运人），to（by Second Carrier）：填制目的站机场或第二个转运点的IATA三字代号（当该城市有多个机场，不知道机场名称时，可用城市代号）。

④由（第二承运人），by（Second Carrier）：填制第二承运人的IATA两字代号。

⑤至（第三承运人），to（by Third Carrier）：填制目的站机场或第三转运点的IATA三字代号（当该城市有多个机场，不知道机场名称时，可用城市代号）。

⑥由（第三承运人），by（Third Carrier）：填制第三承运人的IATA两字代号。

（8）目的站机场（Airport of Destination）：填制最后承运人的目的地机场全称（当该城市有多个机场，不知道机场名称时，可用城市全称）。

（9）航班/日期（Flight / Date）：填入发运人已经定妥的航班/日期。

（10）财务说明（Accounting Information）：有关财务说明事项。一般填写内容：

1）付款方式，包括现金、支票、旅费证。

2）货物到目的地无法交付而被退运时，将原运单号填在新运单的本栏中。

3）货物飞离后运费更改，将更改通知单单号填在本栏中。

4）运费支付方式，分为预付（FREIGHT PREPAID）和到付（FREIGHT COLLECT）。

（11）货币（Currency）：填制始发国的ISO（国际标准组织）货币代号。

除目的站“国家收费栏”内的款项外货运单上所列明的金额均按上述货币支付。

（12）航空运费/声明的价值费（WT / VAL）：WT（WEIGHT CHARGE）表示航空运费，VAL（VALUATION CHARGE）表示声明的价值费。此栏表明所收取的运费和声明的价值附加费的预付和到付，在PPD下方打（×）表示预付，COLL下方打（×）表示到付。

（13）供运输用声明价值（Declared Value for Carriage）：填制托运人向货物运输声明的价值金额；如果托运人没有声明价值，此栏必须填制“NVD”字样。

提示：

NVD（No Value Declared），表示没有申明价值。

（14）供海关用声明价值（Declared Value for Customs)：填制货物及通关时所需的商业价值金额；如果货物没有商业价值，此栏必须填制“NCV”字样。

提示：

NCV（No Commercial Value），表示没有商业价值。

（15）保险的金额（Amount of Insurance）。

此栏打上货物的投保金额。

提示：

托运人不代办保险，此栏显示“NIL”字样。中国民航不代办国际货物运输保险。

（16）储运注意事项（Handling Information）：一般填入货物在仓储和运输过程中所

需要注意的事项。

（17）件数和包装方式（No. of Pieces RCP）：填写货物的件数及包装种类。

提示：

当货物运价种类不同时，应分别填写，并将总件数相加，包装种类用PACKAGES。

（18）毛重（Gross Weight）：填写货物实际毛重，用代码K表示千克，或L表示磅。

提示：

（a）以千克为单位时，保留小数后一位，并按0.5进位。

（b）多项货物时，在画线下方对应栏内打上毛重之和。

（19）重量单位（kg/lb）：以千克（kg）为单位用代号“K”；以磅（lb）为单位用代号“L”。

（20）运价种类（Rate Class）：填写所采用的货物运价种类的代号。

M——最低运价。

N——45kg 以下普通货物运价。

Q——45kg 以上普通货物运价。

C——指定商品运价。

（21）计费重量（Chargeable Weight）：填写据以计收航空运费的货物重量。

提示：

（a）当货物是重货时，计费重量可以是货物的实际毛重。

（b）当货物是轻泡货时，计费重量可以是货物的体积重量。

（c）当货物临近重量分界点时，可以是较高重量、较低运价的分界点重量。

（22）费率（Rate/Charge）：填写所适用的货物运价。

提示：

（a）使用最低运费时，填写与运价代号M相对应的最低运费。

（b）使用代号N、Q、C、S、R运价时，填写相对应的运价。

（23）总计（Total）：填制计费重量与适用运价相乘后的运费金额。

（24）货物品名和数量（Nature and Quantity of Goods）：货物的具体名称和数量。

提示：

（a）不得填写表示货物类别的名称，应填货物品名、数量、体积、产地等细节。

（b）危险品、鲜活易腐货，应分别填写其标准的学术名称。

（c）按货物外包装“最长×最宽×最高×件数”顺序或总计体积填写。

（25）预付（Prepaid）：

随堂记

①预付运费，（Prepaid）Weight Charge：填制货物计费重量计得的货物运费。

②预付声明价值附加费，Valuation Charge（Prepaid）：如果托运人向货物运输声明价值，则此栏填制根据如下公式计算的声明价值附加费金额：

声明价值=（实际毛重×最高赔偿额）×0.5%

③预付税款，（Prepaid）Tax：填制适用的税款。

④预付由代理人收取的其他费用总额，Total（Prepaid）other Charges Due Agent：填制由代理人收取的其他费用总额。

⑤预付由承运人收取的其他费用，Total（Prepaid）other Charges Due Carrier：填制由承运人收取的其他费用总额。

⑥预付总计，Total Prepaid：填制有关预付款项之和。

（26）到付（Collect）：

①到付运费，（Collect）Weight Charge：填制按货物计费重量计得的货物航空运费。

②到付声明价值附加费，（Collect）Valuation Charge：如果托运人向货物运输声明价值，则此栏填制根据如下公式计算的声明价值附加费金额：

声明价值=（实际毛重×最高赔偿额）×0.5%

③到付税款，（Collect）Tax：打印适用的税款。

④到付由代理人收取和其他费用总额，Total（Collect）other Charges Due Agent：填制由代理人收取的其他费用总额。

⑤到付由承运人收取的其他费用，Total（Collect）other Charges Due Carrier：填制由承运人收取的其他费用总额。

⑥到付总计，Total Collect：填制有关到付款项之和。

（27）其他费用（Other Charges)：

1）填制始发站运输中发生的其他费用，按全部预付或全部到付。

2）作为到付的其他费用，应视为“代垫付款”托运人应按代垫付款规定支付手续费，否则，对其他运费应办理到付业务。

3）填制“其他费用”金额时，应冠以下列代号：

AC（Animal Container），表示动物容器租费。

AS（Assembly Service Fee），表示集中货物服务费。

AT（Attendant），表示押运员服务费。

随堂记

AW（Air Waybill），表示货运单费。

BR（Bank Release），表示银行放行。

DF（Disbursement Fee），表示代垫付款手续费。

DS（Distribution Service），表示分发服务费。

FC（Charges Collect Fee），表示运费到付手续费。

GT（Government Tax），表示政府捐税。

HR（Human Remains），表示尸体、骨灰附加费。

IN（Insurance Premium），表示代办保险服务费。

LA（Live Animals），表示动物处理费。

MA（Miscellaneous Due Agent），表示代理人收取的杂项费用。

MZ（Miscellaneous Due Carrier），表示填开货运单的承运人收取的杂项费用。

PK（Packaging），表示包装服务费。

RA（Dangerous Goods Surcharge），表示危险品处理费。

SD（Surface Charge Destination），表示目的站地面运输费。

SI（Stop in Transit），表示中途停运费。

SO（Storage Origin），表示始发站保管费。

SR（Storage Destination），表示目的站保管费。

SU（Surface Charge），表示地面运输费。

TR（Transit），表示过境费。

TX（Taxes），表示捐税。

UH（ULD Handling），表示集装设备操作费。

4）承运人收取的其他费用“C”表示；代理人收取的其他费用“A”表示。

例如：AWC为承运人收取的货运单费；AWA为代理人收取的货运单费。

（28）托运人或其代理签名（Signature of Shipper or his Agent）：由托运人或其代理签名。

（29）签单日期和地点（Executed on ___at ___）：由托运人填写开货运单的时间和地点。

（30）船公司或其代理签名（Signature of Issuing Carrier or its Agent）：由船公司或其代理签名。

三、航空运费的计算

例1　一般运费计算。

Routing：HGH-PAR

Commodity：Parts

PC/WT:2/25.5kg

DIMS：40.3cm × 45.7cm × 49.6cm

运价见表3-102。

表 3-102　运价表

HANGZHOU Y.RENMINBI	CN CNY			HGH KGS
PARIS	FR	M	（起码运费）	320.00
		N	（45kg 以下）	50.22
		45	（45kg 以上）	42.50

答案：

体积（Volume）：40cm × 46cm × 50cm × 2=184,000cm^3

体积重量（Volume Weight）：184,000cm^3/6,000=30.66kg≈31.0kg

毛重（Gross Weight）：25.5kg

应计费重量（Chargeable Weight）：31.0kg

适用费率（Applicable Rate）：GCR N CNY50.22/kg

运费（Weight Charge）：31.0kg × CNY50.22/kg=CNY1,556.82

此票货物航空运费应为人民币1,556.82元。

例2　重量分界点计算。

Routing：HGH-PAR

Commodity：Parts

PC/WT：2/39.0kg

DIMS：40.3cm × 45.7cm × 49.6cm

运价见表3-103。

表3-103　运价表

HANGZHOU Y.RENMINBI	CN CNY			HGH KGS
PARIS	FR	M	（起码运费）	320.00
		N	（45kg 以下）	50.22
		45	（45kg 以上）	42.50

答案：

体积（Volume）：40cm × 46cm × 50cm × 2=184,000cm^3

体积重量（Volume Weight）：184,000cm^3/6,000=30.66kg≈31.0kg

毛重（Gross Weight）：39.0kg

（1）按实际重量计算：

应计费重量（Chargeable Weight）：39.0kg

适用费率（Applicable Rate）：GCR N CNY50.22/kg

运费（Weight Charge）：39.0kg × CNY50.22/kg=CNY1,958.58

（2）按较高重量分界点运费计算：

应计费重量（Chargeable Rate）：45.0kg

适用费率（Applicable Rate）：GCR Q CNY42.50/kg

运费（Weight Charge）：45.0kg × CNY42.50/kg=CNY1,912.5

两种计费方法比较，取运费较低者。即此票货物航空运费应为人民币 1,912.5 元。

例 3　最低运费计算。

Routing：HGH-PAR

Commodity：Parts

Gross Weight: 2.0kg

DIMS：20.3cm × 39.7cm × 20.6cm

运价见表 3-104。

表 3-104　运价表

HANGZHOU Y.RENMINBI	CN CNY		HGH KGS
PARIS	FR	M （起码运费） N （45kg 以下） 45 （45kg 以上）	320.00 50.22 42.50

答案：

体积（Volume）：20cm × 40cm × 21cm=16,800cm^3

体积重量（Volume Weight）：16,800cm^3/6,000=2.8kg≈3.0kg

毛重（Gross Weight）：2.0kg

应计费重量（Chargeable Weight）：3.0kg

适用费率（Applicable Rate）：GCR N CNY50.22/kg

运费（Weight Charge）：3.0kg × CNY50.22/kg=CNY150.66

最低运费（Minimum Charge）：CNY320.00

此票货物航空运费应为人民币 320.00 元。

航空运单的缮制

任务实施

步骤一：填制国际货物托运书。

双方就航空货运代理事宜达成意向（即确定运输价格以及服务条件）后，张勤向发货人提供一份自己所代理的航空公司的空白“国际货物托运书”，让发货人填写（见表3-105）。

表 3-105　国际货物托运书

国 际 货 物 托 运 书
SHIPPER’S LETTER OF INSTRUCTION

货运单号码：
No.of Air Waybill：

<table>
<tr><td colspan="2">托运人姓名及地址
Shipper’s Name and Address</td><td colspan="2">托运人账号
Shipper’s Account Number</td><td colspan="2">供承运人用
For Carrier Use Only</td></tr>
<tr><td colspan="4" rowspan="3">ZHEJIANG DUOLE CLOTHING IMPORT & EXPORT CO., LTD.
NO.108FUCHUN ROAD, HANGZHOU, ZHEJIANG, CHINA</td><td>航班 / 日期
Flight/Day</td><td>航班 / 日期
Flight/Day</td></tr>
<tr><td></td><td></td></tr>
<tr><td></td><td></td></tr>
<tr><td colspan="2">收货人姓名及地址
Consignee’s Name and Address</td><td colspan="2">收货人账号
Consignee’s Account Number</td><td colspan="2">已预留吨位
Booked</td></tr>
<tr><td colspan="4">SATBIR TRADING CO.L.L.C.
23 AVENUE DE l’OPERA PARIS, FRANCE</td><td colspan="2">运费
PPD</td></tr>
<tr><td colspan="4">代理人的名称和城市
Issuing Carrier’s Agent Name and City
ZHEJIANG SHUNDA FREIGHT FORWARDING COMPANY</td><td colspan="2" rowspan="3"></td></tr>
<tr><td colspan="4">始发站
Airport of Departure　　HANGZHOU</td></tr>
<tr><td colspan="4">到达站
Airport of Destination　　PARIS</td></tr>
<tr><td colspan="2">托运人声明的价值
Shipper’s Declared Value</td><td colspan="2" rowspan="2">保险金额
Amount of Insurance</td><td colspan="2" rowspan="2">所附文件
Documents to Accompany Air Waybill</td></tr>
<tr><td>供运输用
For Carriage</td><td>供海关用
For Customs</td></tr>
<tr><td colspan="6">处理情况（包括包装方式货物标志及号码等）
MARKS: SATBIR / NO.1-8</td></tr>
<tr><td>件数
No.of Packages</td><td>实际毛重
Actual Gross Weight</td><td>运价类别
Rate Class</td><td>收费重量
Chargeable Weight</td><td>费率
Rate/Charge</td><td>货物品名及数量
（包括体积或尺寸）
Nature and Quantity or Goods
（incl.dimensions of volume）</td></tr>
<tr><td>8CTNS</td><td>80KGS</td><td></td><td></td><td></td><td>100% COTTON SKIRTS</td></tr>
</table>

随堂记

步骤二：审核单证、预配舱、预订舱、接受单证。

张勤从发货人处取得单据后，应对单证进行认真核对，看看单证是否齐全，内容填写是否完整规范。审核无误后，张勤根据所汇总信息完成预配舱、预订舱等工作，接受托运人或其代理人送交的报关单证。

步骤三：填制航空货运单。

张勤根据整套单据以及预配舱、预订舱、运价表情况，提取信息如下：

ROUTING: HGH-PAR

一程：杭州—香港（HKG）MU595

二程：香港—巴黎 CA952

DIMS：60cm × 50cm × 40cm

Freight Forwarder：ZHEJIANG SHUNDA FREIGHT FORWARDING COMPANY

IATA Code：08-30230

AWC：50.00 元。

唛头：SATBIR /NO.1-8

签单：2023-12-17 杭州

航班日期：2023-12-18

运单编号：781-20491870

空运单注明没有声明价值和没有商业价值，托运人不代办保险。运价见表 3-106。

表 3-106 运价表

HANGZHOU Y.RENMINBI	CN CNY		HGH KGS
PARIS	FR	M （起码运费）	320.00
		N （45kg 以下）	50.22
		45 （45kg 以上）	42.50

张勤据此缮制航空运单，见表 3-107。

表 3-107　缮制航空运单

（1）781	HGH	20491870

（2）Shipper's Name and Address ZHEJIANG DUOLE CLOTHING IMPORT & EXPORT CO., LTD. NO.108FUCHUN ROAD, HANGZHOU, ZHEJIANG, CHINA	Shipper's Account Number	Copies 1, 2 and 3 of this Air Waybill are originals and have the same validity.
（3）Consignee's Name and Address SATBIR TRADING CO.L.L.C. 23 AVENUE DE l'OPERA PARIS, FRANCE	Consignee's Account Number	It is agreed that the goods described herein are accepted for carriage in apparent good order and condition (except as noted) and SUBJECT TO THE CONDITIONS OF CONTRACT ON THE REVERSE HEREOF. ALL GOODS MAY BE CARRIED BY AND OTHER MEANS INCLUDING ROAD OR ANY OTHER CARRIER UNLESS SPECIFIC CONTRARY INSTRUCTIONS ARE GIVEN HEREON BY THE SHIPPER. THE SHIPPER'S ATTENTION IS DRAWN TO THE NOTICE CONCERNING CARRIER'S LIMITATION OF LIABILITY. Shipper may increase such limitation of liability by declaring a higher value for carriage and paying a supplemental charge if required.
（4）Issuing Carrier's Agent Name and City ZHEJIANG SHUNDA FREIGHT FORWARDING COMPANY		（10）Accounting Information FREIGHT PREPAID
（5）Agent's IATA Code 08-30230	（5）Account No.	
（6）Airport of Departure (Addr. of First Carrier) and Requested Routing HANGZHOU		

① To	② By First Carrier	③ to	④ by	⑤ to	⑥ by	(11) Currency	CHGS Code	(12) WT/VAL PPD	(12) WT/VAL COLL	Other PPD	Other COLL	(13) Declared Value for Carriage	(14) Declared Value for Customs
HKG	MU595 (7) Routing and Destination	PAR	CA952			CNY		×				NVD	NCV

（8）Airport of Destination	（9）Flight/Date For carrier Use Only Flight/Date	（15）Amount of Insurance	INSURANCE - If Carrier offers insurance, and such insurance is requested in accordance with the conditions thereof, indicate amount to be insured in figures in box marked "Amount of Insurance."
PARIS	MU595/DEC.18,2023	NIL	

（16）Handing Information
MARKS: SATBIR /NO.1-8

（For USA only）These commodities licensed by U.S. for ultimate destination ……………………Diversion contrary to U.S. law is prohibited

（17）No of Pieces RCP	（18）Gross Weight	（19）kg lb	（20）Rate Class	Commodity Item No.	（21）Chargeable Weight	（22）Rate Charge	（23）Total	（24）Nature and Quantity of Goods (incl. Dimensions or Volume)
8	80	K	Q		160	42.50	6,800.00	100% COTTON SKIRTS DIMS：(60 × 50 × 40)CM × 8

（续）

（25）Prepaid	（26）Collect	（27）Other Charges	
① Weight Charge			
6,800.00			
② Valuation Charge		AWC：50.00	
③ Tax			
④ Total other Charges Due Agent		Shipper certifies that the particulars on the face hereof are correct and that insofar as any part of the consignment contains dangerous goods, such part is properly described by name and is in proper condition for carriage by air according to the applicable Dangerous Goods Regulations.	
⑤ Total other Charges Due Carrier		ZHEJIANG DUOLE CLOTHING IMPORT & EXPORT CO., LTD.	
50.00			
		（28）Signature of Shipper or his Agent	
⑥ Total Prepaid 6,850.00	⑥ Total Collect	DEC. 17, 2023 HANGZHOU ZHEJIANG SHUNDA FREIGHT FORWARDING COMPANY	
Currency Conversion Rates	CC Charges in Dest. Currency	（29）Executed on (date) （29）at (place) （30）Signature of Issuing Carrier or its Agent	
For Carrier's Use only at Destination	Charges at Destination	Total Collect Charges	781-20491870

在缮制航空运单时，应注意：

（16）储运注意事项（Handling Information）栏一般填入货物在仓储和运输过程中所需要注意的事项。本票业务无特殊注意事项，可参照国际货物托运书，填写货物标志、码数、包装方式等，因此填“MARKS: SATBIR /NO.1-8”。

（20）至（23）需要通过计算航空运费获得：

体积（Volume）：60cm × 50cm × 40cm × 8=960,000cm^3

体积重量（Volume Weight）：960,000cm^3/6,000=160kg

毛重（Gross Weight）：80kg

应计费重量（Chargeable Weight）：160kg

适用费率（Applicable Rate）：GCR Q CNY42.50/kg

运费（Weight Charge）：160kg × CNY42.50/kg=CNY6,800.00

（20）运价种类（Rate Class）：通过计算运费得知，应计费重量（Chargeable Weight）160kg>45kg，因此运价种类填“Q”。

（21）计费重量（Chargeable Weight）：通过计算运费得知,计费重量（Chargeable Weight）为160kg，因此填“160”。

（22）费率（Rate/Charge）：通过计算运费得知，适用费率（Applicable Rate）为GCR Q CNY42.50/kg，因此填“42.50”。

（23）总计（Total）：通过计算运费得知，运费（Weight Charge）为CNY6,800.00，因此填“6,800.00”。

由国际货物托运书得知，运费 PPD 即表示运费预付，因此需填写（25）预付（Prepaid）栏，（26）到付（Collect）栏各项均不填。

（25）预付（Prepaid）栏各项具体填写如下：

① Weight Charge：160kg × CNY42.50/kg=CNY6,800.00，因此填“6,800.00”。

② Valuation Charge：此处不填。

③ Tax：此处不填。

④ Total other Charges Due Agent：此处不填。

⑤ Total other Charges Due Carrier：由本票业务信息得知，AWC：50.00 元，因此填“50.00”。

⑥ Total Prepaid：预付运费 + 预付由承运人收取的其他费用 =6,800.00+50.00=6,850.00，因此填“6,850.00”。

巩固训练

张勤接到客户的请求，就航空货运代理事宜达成协议，张勤从发货人处接过出口所需的单证、货物后向航空公司订舱，由航空公司直接运输。公司要求其代为填写航空运单。张勤根据国际货物托运书（见表3–108）等整套单据以及预配舱、预订舱、运价表（见表3–109）情况，缮制航空运单（见物流单证活页附表3–15）。

航空运单的缮制
（请扫码下载使用）

补充资料：

ROUTING：BJS-TYO

航程：北京—东京 CA183

DIMS：40cm×40cm×40cm EACH

Freight Forwarder：ZHEJIANG SHUNDA FREIGHT FORWARDING COMPANY

IATA Code：08-30230

AWC：50.00 元。

签单与航班定妥日期：2023-1-12 北京

运单编号：999-36615110

运价表见表 3-109。

表 3-108 国际货物托运书

国 际 货 物 托 运 书

SHIPPER'S LETTER OF INSTRUCTION

货运单号码：
No.of Air Waybill：

托运人姓名及地址 Shipper's Name and Address	托运人账号 Shipper's Account Number	供承运人用 For Carrier Use Only	
BEIJING OKLEAD AUTO PARTS CO., LTD. 319 JINGMI ROAD, BEIJING, CHINA		航班 / 日期 Flight/Day	航班 / 日期 Flight/Day
收货人姓名及地址 Consignee's Name and Address	收货人账号 Consignee's Account Number	已预留吨位 Booked	
SUNNY TRADE ENTERPRISE UNIT A8/F., CHINA TRADE CTR 123 WAI YIP ST KWUN TONG KOWLOON, JAPAN		运费 PPD	
代理人的名称和城市 Issuing Carrier's Agent Name and City ZHEJIANG SHUNDA FREIGHT FORWARDING COMPANY			
始发站 Airport of Departure BEIJING			
到达站 Airport of Destination TOKYO			

托运人声明的价值 Shipper's Declared Value		保险金额 Amount of Insurance	所附文件 Documents to Accompany Air Waybill
供运输用 For Carriage	供海关用 For Customs		

处理情况（包括包装方式货物标志及号码等）
KEEP UPSIDE

件数 No. of Packages	实际毛重 Actual Gross Weight	运价类别 Rate Class	收费重量 Chargeable Weight	费率 Rate/ Charge	货物品名及数量（包括体积或尺寸） Nature and Quantity or Goods （incl.dimensions of volume）
10BOXES	280KGS				TOOLS SAMPLE

表3-109 运价表

BEIJING Y.RENMINBI	CN CNY		BJS KGS
TOKYO	JP	M （起码运费） N （45kg 以下） 45 （45kg 以上）	230.00 37.51 28.13

任务评价

序号	评价任务	要素说明	分值	扣分小计	得分小计
1	了解航空运单的含义、分类、构成（20 分）	了解航空运单的含义	10		
		了解航空运单的分类、构成	10		
2	准确掌握航空运费的计算（15 分）	掌握航空运费的三种不同计算方法	15		
3	正确识记航空运单的格式、主要内容及缮制要求（15 分）	介绍航空运单相关栏目的中英文含义、缮制要求（按空格计数）	15		
4	根据所给任务情境正确完成航空运单的缮制（30 分）	按课堂任务缮制航空运单（按空格计数，每空 1 分）	15		
		按课后任务缮制航空运单（按空格计数，每空 1 分）	15		
5	素养（20 分）	通过不同航空运费计算方法的把握，建立职业自信	10		
		养成规范严谨制单的职业岗位素养	10		
自我评价			总得分		

参 考 文 献

[1] 闵亨锋．国际货代实务 [M]．2 版．北京：高等教育出版社，2015.

[2] 李贺，李纲．外贸单证实务：应用 • 技能 • 案例 • 实训 [M]．3 版．上海：上海财经大学出版社，2019.

[3] 中国国际贸易学会商务专业培训考试办公室．全国外贸单证员考试模拟试题及解析 [M]．北京：中国商务出版社，2018.

[4] 谢丽芳．物流单证制作实务 [M]．上海：华东师范大学出版社，2014.

[5] 郑彬，程明．仓储与配送实务 [M]．2 版．北京：高等教育出版社，2015.

[6] 刘国成，王彩娥．物流单证实务 [M]．北京：中国人民大学出版社，2018.

附表 1-1　入库单

入库日期：　　　　入库部门：　　　　入库单号：

配送中心：　　　　供应商编号：　　　　入库订单号：

库存地点：　　　　供应商名称：

商品编码	商品名称	采购订单数	实收数量	单位	含税单价	含税金额
合　计						

采购员：　　　　仓管员：　　　　交货人：

打印人：　　　　打印时间：

此单一式三联　　白色联（供应商联）　　红色联（仓库联）　　黄色联（记账联）

附表 1-2　储位分配单

作业单号：

入库单号						仓库编号			
仓管员						日期			
序号	库区	储位	商品名称	商品编码	规格型号	单位	应收数量	实收数量	备注
制单人：					作业人：				

附表 1-3　退货单

受理 DC:		订单号：	
受理仓库：		渠道：	
取派单号：	订单类型：	取货事项：	送货事项：
客户名称：		姓名：	电话：
客户地址：		提货日期：	
销售门店：		网点名称：	
备注：			
商品编号：	商品名称：		商品数量：
承运商：	车牌号：	派车人：	打印人：
司机：	司机签字：	客户意见和签字：	

附表 1-4 移库单

移库原因				移库日期				
序号	商品编码	商品名称	规格型号	单位	数量	原储位	目标储位	备注
1								
2								
3								
4								
5								
6								
制单员：			仓库主管：			操作员：		

附表 1-5 盘点单

盘点仓库：							盘点时间：									
序号	储位编号	商品编码	商品名称	规格型号	单位	单价	账面数		盘点数		盘盈		盘亏		差异原因	
							数量	金额	数量	金额	数量	金额	数量	金额	说明	对策
1																
2																
3																
4																
5																
6																
盘点人签字：							复盘人签字：									
制单人签字：							仓库主管签字：									

附表 1-6 库存报表

编报仓库：						统计期间：						金额单位：元		
序号	商品编码	商品名称	规格型号	单位	单价	期初结余		期间入库		期间出库		期末结余		备注
						数量	金额	数量	金额	数量	金额	数量	金额	
编报人：					编报时间：									

附表 1-7　出库单

<table>
<tr><td>单　　号</td><td colspan="2"></td><td>日　　期</td><td colspan="3"></td></tr>
<tr><td>客　　户</td><td colspan="2"></td><td>联系人</td><td colspan="3"></td></tr>
<tr><td>收货地址</td><td colspan="2"></td><td>电　　话</td><td colspan="3"></td></tr>
<tr><td>商品编码</td><td>商品条码</td><td>商品名称</td><td>规格型号</td><td>单位</td><td>实发数量</td><td>备注</td></tr>
<tr><td></td><td></td><td></td><td></td><td></td><td></td><td></td></tr>
<tr><td></td><td></td><td></td><td></td><td></td><td></td><td></td></tr>
<tr><td></td><td></td><td></td><td></td><td></td><td></td><td></td></tr>
<tr><td colspan="5">合　　计</td><td></td><td></td></tr>
<tr><td colspan="2">收货单位及验收人（签章）</td><td></td><td>提货</td><td>发货</td><td>制单</td><td></td></tr>
</table>

附表 1-8　拣货单

<table>
<tr><td>日　　期</td><td colspan="3"></td><td colspan="4"></td></tr>
<tr><td>客　　户</td><td colspan="3"></td><td>出库单号</td><td colspan="3"></td></tr>
<tr><td>仓位号</td><td>商品编码</td><td>商品条码</td><td>商品名称</td><td>规格型号</td><td>单位</td><td>拣货数量</td><td>备注</td></tr>
<tr><td></td><td></td><td></td><td></td><td></td><td></td><td></td><td></td></tr>
<tr><td></td><td></td><td></td><td></td><td></td><td></td><td></td><td></td></tr>
<tr><td></td><td></td><td></td><td></td><td></td><td></td><td></td><td></td></tr>
<tr><td>制单员</td><td colspan="2"></td><td colspan="3">小计：</td><td></td><td></td></tr>
<tr><td>仓管员</td><td colspan="2"></td><td>分拣员</td><td colspan="2"></td><td>复核人</td><td></td></tr>
</table>

附表 2-1　公路货物运单

<table>
<tr><td colspan="5">××公司</td><td>运单号</td><td colspan="4"></td></tr>
<tr><td>始发城市</td><td colspan="2"></td><td>邮编</td><td></td><td>目的地城市</td><td></td><td>邮编</td><td></td><td rowspan="5">结算方式
□到付
□月结
□现金
□第三方支付</td></tr>
<tr><td>发件人</td><td colspan="4"></td><td>收件人</td><td colspan="3"></td></tr>
<tr><td>发件单位</td><td colspan="4"></td><td>收件单位</td><td colspan="3"></td></tr>
<tr><td>发件人地址</td><td colspan="4"></td><td>收件人地址</td><td colspan="3"></td></tr>
<tr><td>电话 / 手机</td><td colspan="4"></td><td>电话 / 手机</td><td colspan="3"></td></tr>
<tr><td rowspan="4">派送方式
□门对门
□自提
□等通知送货</td><td>货物名称</td><td></td><td colspan="2">包装类型</td><td>运费（元）</td><td></td><td>保价</td><td>□是　□否</td><td>货物类型</td></tr>
<tr><td>件数 (件)</td><td></td><td colspan="2" rowspan="2">□纸箱　□木箱
□托盘　□桶装
□编织袋　□其他</td><td>声明价值(元)</td><td></td><td>保价费（元）</td><td></td><td rowspan="3">□贵重物品
□文件
□普通货物</td></tr>
<tr><td>重量(kg)</td><td></td><td>其他费用(元)</td><td></td><td>总计费用(元)</td><td></td></tr>
<tr><td>体积(m^3)</td><td></td><td>长</td><td></td><td>宽</td><td></td><td>高</td><td></td></tr>
<tr><td colspan="5" rowspan="3">备注：</td><td>发件人签名</td><td></td><td>送件人</td><td>收件人签名</td><td></td></tr>
<tr><td rowspan="2">日期</td><td rowspan="2"></td><td rowspan="2"></td><td>身份证号码</td><td></td></tr>
<tr><td>日期</td><td></td></tr>
</table>

附表 2-2　国内公路运输计划表

需求办事处						申请人									
合同号（发货指令号）	始发地	详细提货地点	目的地	详细到货地点	要求运输方式	预计发货时间	可接受运输周期上限（h）	最晚到货时间	是否加急	货物信息					其他要求
										货物名称	件数	体积	重量	有无重货	
备注：① 运输周期：以某某处下达发货指令 4h 后起算，以货物抵达指定最终目的地时间为止。 ② 运输方式：全程包车、包车中转等。															

附表 2-3　取货通知单

单号						
货运员			出发时间			
车牌号			返回时间			
客户信息						
顺序	托运单号	托运人	地址	电话	姓名	邮编
货物信息						
托运单号		货物名称	件数（件）	重量（kg）	体积（m^3）	包装方式
总数量（件）		总重量（kg）		总体积（m^3）		
填表人			填表时间			

附表 2-4　收货确认书

项目名称		编号	
收货单位地址		发货时间	
送货地址		联系人	
联系电话		甲方合同号码	
甲方计划单号		乙方合同号码	
产品号	描述	数量（件）	备注
兹证明收到 ×× 公司运输之货物，以上货物之品名及数量无误。			
签收单位（盖章）			
签收人签字			
日期			

附表 2-5　货物交接单

制单人		录单日期		单据编号	
客户		部门		发货仓库	
摘要					
收货人		收货地址			
存货编号	存货名称			单位	数量
合计					

附表 2-6　普通货物铁路运单

铁路货运　　　　　　　　　　　　××铁路局　货物运单　　　　　　　　　　　　铁路货运单号：

需求号：　　　　　　　　　　　　　　　　　　　　　　　　　　　　　　　　（整车、集装箱、批量、零散）

托运人	发站（局）		专用线					货区			
	名称					经办人		货号			
						手机号码		车种车号			
	□上门取货	取货地址				联系电话		取货里程（km）			
收货人	到站（局）		专用线					运到期限		标重	
	名称					经办人		施封号			
						手机号码		篷布号			
	□上门送货	送货地址				联系电话		送货里程（km）			
付款方式	□现金、□支票、□银行卡、□预付款、□汇总支付				领货方式	□电子领货、□纸质领货		装车方		施封方	
货物名称	件数	包装	货物价格（元）	重量（kg）	箱型箱类	箱号	集装箱施封号	承运人确定重量（kg）	体积（m^3）	运价号	计费重量（kg）
合计											
选择服务	□上门装车				费目	金额（元）	税额（元）	费目	金额（元）	税额（元）	
	□上门卸车										
	□保价运输　□装载加固材料　□仓储　□冷藏（保温）										
	其他服务										
增值税发票类型 □普通票 □专用票	受票人名称： 纳税人识别号： 地址、电话： 开户行及账户：				费用合计	大写					
托运人记事： 签章					承运人记事： 卸货时间　月　日　时　到站收费票据号码 通知时间　月　日　时　领货人身份证号码 货运人　　　　车站日期戳						

收货人签章　　　　车站接（交）货人盖章　　　　制单人　　　　制单日期

附表 2-7　小件货物铁路运单

运单号：

发送地：	承运时间：　年　月　日	到达地：	发站：	到站：

托运人	单位（姓名）：		收货人	单位（姓名）：	
	地址：			地址：	
	电话：	传真：		邮政编码：	电话：

品名	包装种类	件数	重量（kg）	体积（m^3）	声明价格	快运运费：　元	运价里程：　km
						超重附加费：　元	运到期限：　天
						保价费：　元	计费重量：　kg
合计						费用合计： ￥　元	

托运人签章	交付时间　月　日　时　分	领货人 签　章
收货人有效证件号码（或单位公章）	领货人有效证件号码：	

记事		承运人签章		到达通知记录		到达记录	

附表 3-1　海运报价单

日期：

TO:	FROM:
TEL： FAX：	TEL：　　　　分机： FAX：　　　　手机：

装货港	卸货港	截关 / 开船日	航程	箱型

价格明细			
美金（USD）		人民币（RMB）	
海运费		THC	
船公司退佣			
BAF		托卡费	
CAF		进港附加费	
PSS		报关	
AMS		文件费	
WAR		改单费	
JSPS		电放费	
中转费		箱单费	
港口拥挤费		商检费	
海外代理费		操作费	
超期用箱费		仓库装箱费	
查验费		安保费	
优惠		舱单发送费	
海运总价		铅封费	
合计		合计	
经理审核		操作经理 签　　字	

备注：

1. 以上报价仅限　　年　　月有效。
2. 结款方式：票结 / 月结。

附表 3-2　海运出口托运单

<table>
<tr><td colspan="2">Shipper</td><td rowspan="2">Booking Note</td></tr>
<tr><td colspan="2"></td></tr>
<tr><td colspan="2">Consignee</td><td>托运编号：</td></tr>
<tr><td colspan="2"></td><td>TO：</td></tr>
<tr><td colspan="2" rowspan="2">Notify Party(Carrier not to be responsible for failure to notify)</td><td>FROM：</td></tr>
<tr><td>TEL：</td></tr>
<tr><td colspan="2"></td><td>FAX：</td></tr>
<tr><td>Pre-carriage by</td><td>Place of receipt</td><td>预配船期：</td></tr>
<tr><td></td><td></td><td>备注：</td></tr>
<tr><td>Ocean Vessel</td><td>Voy.No.</td><td rowspan="6"></td></tr>
<tr><td></td><td></td></tr>
<tr><td>Port of Loading</td><td>Port of Discharge</td></tr>
<tr><td></td><td></td></tr>
<tr><td>Place of Delivery</td><td>Final Destination</td></tr>
<tr><td></td><td></td></tr>
</table>

<table>
<tr><td>Marks & Nos. Container No. Seal No.</td><td>No.of containers or Pkgs.</td><td colspan="2">Kind of Packages:Description of Goods</td><td colspan="2">Gross Weight (KGS)</td><td colspan="2">Measurement (CBM)</td></tr>
<tr><td></td><td></td><td colspan="2"></td><td colspan="2"></td><td colspan="2"></td></tr>
<tr><td>Total Number of Containers or Packages (in words)</td><td colspan="7"></td></tr>
<tr><td>FREIGHT & CHARGE</td><td>Revenue Tons</td><td>Rate</td><td colspan="2">pre</td><td colspan="2">Prepaid</td><td>Collect</td></tr>
<tr><td rowspan="2">Ex. Rate</td><td>Prepaid at</td><td colspan="2">Payable at</td><td colspan="4">Place and Date of Issue</td></tr>
<tr><td>Total Prepaid in</td><td colspan="2">No.of Original B(s) /L</td><td colspan="4">Signed for the Carrier</td></tr>
<tr><td>Date</td><td></td><td colspan="2">By</td><td colspan="4"></td></tr>
</table>

附表 3-3　集装箱设备交接单

EQUIPMENT INTERCHANGE RECEIPT　　　　OUT 出场

用箱人 / 运箱人（CONTAINER USER/HAULIER）		提箱地点（PLACE OF DELIVERY）	
发往地点（DELIVERED TO）		返回 / 收箱地点（PLACE OF RETURN）	
船名 / 航次（VESSEL/VOYAGE No.）	集装箱号（CONTAINER No.）	尺寸 / 类型（SIZE/TYPE）	营运人（CNTR. OPTR.）
提单号（B/L No.）	铅封号（SEAL No.）	免费期限（FREE TIME PERIOD）	运载工具牌号（TRUCK WAGON. BARG NO.）
出场目的 / 状态（PPS OF GATE-OUT/STAUS）		进场目的 / 状态（PPS OF GATE-IN /STATUS）	出场日期（TIME-OUT）
出场检查记录（INSPECTION AT THE TIME OF INTERCHANGE）			
普通集装箱（GP CONTAINER）	冷藏集装箱（RF CONTAINER）	特种集装箱（SPECIAL CONTAINER）	发电机（GEN SET）
□正常 □异常	□正常 □异常	□正常 □异常	□正常 □异常

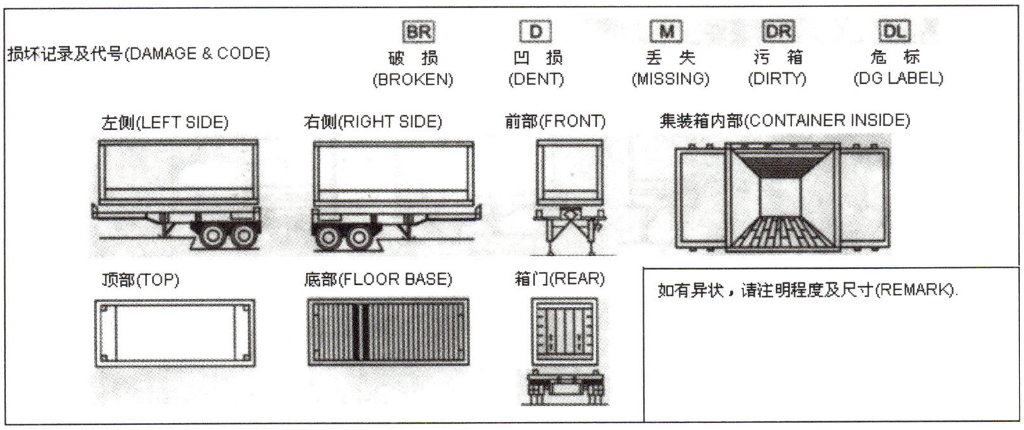

除列明者外，集装箱及设备交接是完好无损，铅封完好无损。

THE CONTAINER/ASSOCIATED EQUIPMENT INTERCHANGED IN SOUND CONDITION AND SEAL INTACT UNLESS OTHERWISE STATED.

用箱人 / 运箱人签署（CONTAINER USER/HAULIER'S SIGNATURE）　　　　码头 / 场站值班员签署（TERMINAL/DEPOT CLERK'S SIGNATURE）

附表 3-4　装箱单

<table>
<tr><td colspan="5" rowspan="2">装箱单
CONTAINER LOAD PLAN</td><td colspan="2">集装箱号
Container No.</td><td colspan="2">集装箱规格
Type of Container：</td></tr>
<tr><td colspan="2">铅封号
Seal No.</td><td colspan="2">冷藏温度
Reefer Temp Required</td></tr>
<tr><td colspan="3">船名　航次
Ocean Vessel　Voy. No.</td><td>收货地点
Place of Receipt</td><td>装货港
Port of Loading</td><td colspan="2">卸货港
Port of Discharge</td><td colspan="2">交货地点
Place of Delivery</td></tr>
<tr><td>提单号码
B/L No.</td><td colspan="2">标志和号码
Marks & Numbers</td><td>货名
Description of Goods</td><td>件数及包装种类
No. & Kind of Pkgs.</td><td>重量（千克）
Weight kg.</td><td colspan="2">尺码（立方米）
Measurement
Cu. M</td><td>备注
Remarks</td></tr>
<tr><td rowspan="2"></td><td colspan="2" rowspan="2"></td><td rowspan="2"></td><td></td><td></td><td colspan="2"></td><td></td></tr>
<tr><td colspan="2">总件数
Total Number of Packages
重量及尺码总计
Total Weight & Measurement</td><td colspan="2"></td><td></td></tr>
<tr><td colspan="2">重新铅封号
New Seal No.</td><td colspan="2">开封原因
Reason for
Breaking seat</td><td colspan="2">装箱日期 Date of Vanning：
装箱地点 at：
（地点及国名 Place & Country）</td><td colspan="2">皮重
Tare weight</td><td rowspan="3">危险品要注明危险品标志分类及闪点
In case of dangerous goods, please enter the label classification and flash point of the goods</td></tr>
<tr><td>出口
Export</td><td colspan="2">驾驶员签收及车号
Received by Drayman</td><td>堆场签收
Received by CY</td><td colspan="2" rowspan="2">装箱人
Packed by：
发货人　货运站
（Shipper/CFS）

（签署）Signed</td><td colspan="2">总毛重
Gross Weight</td></tr>
<tr><td>进口
Import</td><td colspan="2">驾驶员签收及车号
Received by Drayman</td><td>货运站签收
Received by CFS</td><td colspan="2"></td></tr>
</table>

附表 3-5　代理报检委托书

编号：

本委托人（企业备案号 / 统一社会信用代码 / 组织机构代码________）保证遵守国家有关检验检疫法律、法规的规定，保证所提供的委托报检事项真实、单货相符。否则，愿承担相关法律责任。具体委托情况如下：

本委托人将于______年______月间进口 / 出口如下货物：

品名		HS 编码	
数（重）量		包装情况	
信用证 / 合同号		许可文件号	
出口货物 收货单位及地址		出口货物提 / 运单号	
其他特殊要求			

特委托__________________（企业备案号____________），代表本委托人办理上述货物的下列出入境检验检疫事宜：

☐ 1. 办理报检手续；

☐ 2. 代缴纳检验检疫费；

☐ 3. 联系和配合检验检疫机构实施检验检疫；

☐ 4. 领取检验检疫证单。

☐ 5. 其他与报检有关的相关事宜：____

联 系 人：__________________

联系电话：__________________

本委托书有效期至_________年_____月_____日　　委托人（加盖公章）

年　　月　　日

受托人确认声明

本企业完全接受本委托书。保证履行以下职责：

1. 对委托人提供的货物情况和单证的真实性、完整性进行核实；
2. 根据检验检疫有关法律法规规定办理上述货物的检验检疫事宜；
3. 及时将办结检验检疫手续的有关委托内容的单证、文件移交委托人或其指定的人员；
4. 如实告知委托人检验检疫部门对货物的后续检验检疫及监管要求。

如在委托事项中发生违法或违规行为，愿承担相关法律和行政责任。

联 系 人：__________________

联系电话：__________________　　受托人（加盖公章）

年　　月　　日

附表 3-6　中华人民共和国出入境检验检疫

出境货物报检单

报检单位（加盖公章）：　　　　　　　　　　　　　　　　　　　　* 编　　号

报检单位登记号：　　　　　联系人　　　　电话：　　　　　　报检日期：　　年　　月　　日

<table>
<tr><td rowspan="2">发货人</td><td>（中文）</td><td colspan="6"></td></tr>
<tr><td>（外文）</td><td colspan="6"></td></tr>
<tr><td rowspan="2">收货人</td><td>（中文）</td><td colspan="6"></td></tr>
<tr><td>（外文）</td><td colspan="6"></td></tr>
<tr><td colspan="2">货物名称（中 / 外文）</td><td>H.S. 编码</td><td>产地</td><td>数 / 重量</td><td colspan="2">货物总值</td><td>包装种类及数量</td></tr>
<tr><td colspan="2"></td><td></td><td></td><td></td><td colspan="2"></td><td></td></tr>
<tr><td colspan="2">运输工具名称号码</td><td></td><td>贸易方式</td><td></td><td colspan="2">货物存放地点</td><td></td></tr>
<tr><td>合同号</td><td></td><td></td><td>信用证号</td><td colspan="2"></td><td>用途</td><td></td></tr>
<tr><td>发货日期</td><td></td><td>输往国家（地区）</td><td></td><td colspan="2">许可证 / 审批号</td><td colspan="2"></td></tr>
<tr><td>启运地</td><td></td><td>到达口岸</td><td></td><td colspan="2">生产单位注册号</td><td colspan="2"></td></tr>
<tr><td colspan="2">集装箱规格、数量及号码</td><td colspan="6"></td></tr>
<tr><td colspan="3">合同、信用证订立的检验检疫条款或特殊要求</td><td colspan="2">标记及号码</td><td colspan="3">随附单据（画“✓”或补填）</td></tr>
<tr><td colspan="3"></td><td colspan="2"></td><td colspan="2">□合同
□信用证
□发票
□换证凭单
□装箱单
□厂检单</td><td>□包装性能结果单
□许可 / 审批文件
□
□
□
□</td></tr>
<tr><td colspan="5">需要证单名称（画“✓”或补填）</td><td colspan="3">* 检验检疫费</td></tr>
<tr><td rowspan="3">□品质证书
□重量证书
□数量证书
□兽医卫生证书
□健康证书
□卫生证书
□动物卫生证书</td><td rowspan="3">__ 正 __ 副
__ 正 __ 副
__ 正 __ 副
__ 正 __ 副
__ 正 __ 副
__ 正 __ 副
__ 正 __ 副</td><td colspan="2" rowspan="3">□植物检疫证书
□熏蒸 / 消毒证书
□出境货物换证凭单
□
□
□
□</td><td rowspan="3">__ 正 __ 副
__ 正 __ 副
__ 正 __ 副</td><td colspan="2">总金额
（人民币元）</td><td></td></tr>
<tr><td colspan="2">计费人</td><td></td></tr>
<tr><td colspan="2">收费人</td><td></td></tr>
<tr><td colspan="4" rowspan="3">报检人郑重声明：
1. 本人被授权报检。
2. 上列填写内容正确属实，货物无伪造或冒用他人的厂名、标志、认证标志，并承担货物质量责任。
签名：__________</td><td colspan="4">领取证单</td></tr>
<tr><td>日期</td><td colspan="3"></td></tr>
<tr><td>签名</td><td colspan="3"></td></tr>
<tr><td></td><td></td><td></td><td></td><td></td><td colspan="2"></td><td></td></tr>
<tr><td></td><td></td><td></td><td></td><td></td><td colspan="2"></td><td></td></tr>
</table>

注：有“*”号栏由出入境检验检疫机构填写。

附表 3-7　代理报关委托书

编号：

____________：

我单位现_______（A 逐票、B 长期）委托贵公司代理_______等通关事宜（A、填单申报 B 申请、联系和配合实施检验检疫 C、辅助查验 D、垫缴税款 E、设立手册（账册）F、核销手册（账册）G、领取海关相关单证 H、其他）。详见《委托报关协议》。

我单位保证遵守《海关法》和国家有关法规，保证所提供的情况真实、完整、单货相符。否则，愿承担相关法律责任。

本委托书有效期自签字之日起至_____年____月____日止。

委托方（盖章）：

法定代表人或其授权签署《代理报关委托书》的人（签字）×××

____年__月__日

委托报关协议

为明确委托报关具体事项和各自责任，双方经平等协商签订协议如下：

委托方	
主要货物名称	
H.S. 编码	
进出口日期	
提运单号	年　月　日
贸易方式	
数（重）量	
包装情况	
原产地 / 货源地	
其他要求：	
背面所列通用条款是本协议不可分割的一部分，对本协议的签署构成了对背面通用条款的同意。	
委托方业务签章： 经办人签章： 联系电话：　年　月　日	

被委托方		
* 报关单编码	No.	
收到单证日期	年　月　日	
收到单证情况	合同□	发票□
	装箱清单□	提（运）单□
	加工贸易手册□	许可证件□
	其他	
报关收费	人民币：　元	
承诺说明：		
背面所列通用条款是本协议不可分割的一部分，对本协议的签署构成了对背面通用条款的同意。		
被委托方业务签章： 经办报关员签章： 联系电话：　年　月　日		

（白联：海关留存　黄联：被委托方留存　红联：委托方留存）　　中国报关协会监制

附表 3-8　中华人民共和国海关出口货物报关单

预录入编号：　　　　　　　　　　　　　　　　　　　　海关编号：

<table>
<tr><td colspan="2">出口口岸</td><td>备案号</td><td>出口日期</td><td>申报日期</td></tr>
<tr><td colspan="2">经营单位</td><td>运输方式</td><td>运输工具名称</td><td>提运单号</td></tr>
<tr><td colspan="2">发货单位</td><td>贸易方式</td><td>征免性质</td><td>结汇方式</td></tr>
<tr><td>许可证号</td><td colspan="2">运抵国（地区）</td><td>指运港</td><td>境内货源地</td></tr>
<tr><td>批准文号</td><td>成交方式</td><td>运费</td><td>保费</td><td>杂费</td></tr>
<tr><td>合同协议号</td><td>件数</td><td>包装种类</td><td>毛重（千克）</td><td>净重（千克）</td></tr>
<tr><td>集装箱号</td><td colspan="3">随附单据</td><td>生产厂家</td></tr>
<tr><td colspan="5">标记唛码及备注</td></tr>
<tr><td colspan="5">项号　商品编号　商品名称、规格型号　数量及单位　最终目的国（地区）　单价　总价　币制　征免</td></tr>
<tr><td colspan="5">税费征收情况</td></tr>
<tr><td colspan="3">录入员　录入单位　兹声明以上申报无讹并承担法律责任
报关员
申报单位（签章）
单位地址　×××
邮编　×××　电话　×××　填制日期</td><td colspan="2">海关审单批注及放行日期（签章）
审单　审价
征税　统计
查验　放行</td></tr>
</table>

附表 3-9　中华人民共和国海关出口货物报关单

预录入编号：　　　　　　　　　　　海关编号：　　　　　　　　　　　页码 / 页数：

境内发货人	出境关别		出口日期		申报日期		备案号
境外收货人	运输方式		运输工具名称及航次号		提运单号		
生产销售单位	监管方式		征免性质		许可证号		
合同协议号	贸易国（地区）		运抵国（地区）		指运港		离境口岸
包装种类	件数	毛重（千克）	净重(千克）	成交方式	运费	保费	杂费
随附单证 随附单证 1：	随附单证 2：						
标记唛码及备注							

项号	商品编号	商品名称及规格型号	数量及单位	单价 / 总价 / 币制	原产国（地区）	最终目的国（地区）	境内货源地	征免
1								
2								
3								
4								
5								
6								
7								

特殊关系确认：	价格影响确认：	支付特许权使用费确认：	自报自缴：
报关人员　　报关人员证号　　电话 申报单位		兹申明以上内容承担如实申报、依法纳税之法律责任 申报单位（签章）	海关批注及签章

附表 3-10 货物运输投保单

APPLICATION FORM FOR CARGO TRANSPORTATION INSURANCE

被保险人 Insured					
发票号 Invoice No.		合同号 Contract No.		信用证号 L/C No.	
发票金额 Invoice Amount			投保加成 Plus		
兹有下列物品向 ×× 保险公司投保（Insurance is required on the following commodities）:					
标　记 Marks & Nos.		包装及数量 Quantity	保险货物项目 Description of Goods	保险金额 Amount Insured	
启运日期 Date of Commencement			装载运输工具 Per Conveyance		
起运港 From		中转港 Via		目的港 To	
提单号 B/L No.			赔款偿付地点 Claim Payable at		
投保险别 Please Indicate the Conditions &/or Special Coverages					
投保日期 Date			投保人（签名盖章） Applicant's Signature		
费率 Rate			保费 Premium		
备注 Remarks					

附表 3-11 海运提单

<table>
<tr><td colspan="4">Shipper</td><td colspan="4" rowspan="6">B/L No.

BILL OF LADING</td></tr>
<tr><td colspan="4">Consignee</td></tr>
<tr><td colspan="4">Notify Party</td></tr>
<tr><td colspan="2">Pre-carriage by</td><td colspan="2">Place of Receipt</td></tr>
<tr><td colspan="2">Ocean Vessel Voy.No.</td><td colspan="2">Port of Loading</td></tr>
<tr><td colspan="2">Port of Discharge</td><td colspan="2">Place of Delivery</td></tr>
<tr><td>Container No.</td><td>Seal No.
Marks & Nos.</td><td>No. of Contai-
ners or Packages</td><td colspan="3">Kind of Packages; Description of Goods
'Final Destination(of the goods, not the ship)</td><td>Gross Weight</td><td>Measurement</td></tr>
<tr><td colspan="8">Total Number of Containers or Packages(in words)</td></tr>
<tr><td colspan="2">Freight & Charges</td><td>Revenue Tons</td><td>Rate</td><td>Per.</td><td>Prepaid</td><td colspan="2">Collect</td></tr>
<tr><td rowspan="2">Ex.Rate</td><td colspan="2">Prepaid at</td><td colspan="2">Payable at</td><td colspan="3">Place and Date of Issue</td></tr>
<tr><td colspan="2">Total Prepaid</td><td colspan="2">No. of Original B(s)/L</td><td colspan="3" rowspan="2">Signed for the Carrier</td></tr>
<tr><td colspan="5">LADEN ON BOARD THE VESSEL
Date
By</td></tr>
</table>

附表 3-12　中华人民共和国出入境检验检疫入境货物报检单

报检单位（加盖公章）：　　　　　　　　　　　　　　　　　　　　　　　　*编　号

报检单位登记号：　　　　　　联系人：　　　　　　电话：　　　　　　报检日期

收货人	（中文）				企业性质（画“✓”）	□合资□合作□外资
	（外文）					
发货人	（中文）					
	（外文）					
货物名称（中/外文）		H.S. 编码	原产国（地区）	数/重量	货物总值	包装种类及数量
运输工具名称号码					合同号	
贸易方式		贸易国别（地区）			提单/运单号	
到货日期		启运国家（地区）			许可证/审批号	
卸毕日期		启运口岸			入境口岸	
索赔有效期至		经停口岸			目的地	
集装箱规格、数量及号码						
合同订立的特殊条款以及其他要求					货物存放地点	
					用　　途	
随附单据（画“✓”或补填）		标记及号码			*外商投资财产（画“✓”）	□是　□否
□合同 □发票 □提/运单 □兽医卫生证书 □植物检疫证书 □动物检疫证书 □卫生证书 □原产地证 □许可/审批文件	□到货通知 □装箱单 □质保书 □理货清单 □磅码单 □验收报告				*检验检疫费	
					总金额（人民币元）	
					计费人	
					收费人	
报检人郑重声明： 1. 本人被授权报检。 2. 上列填写内容正确属实。 签名：__________					领取证单	
					日期	
					签名	

注：有“*”号栏由出入境检验检疫机构填写。

附表 3-13　中华人民共和国海关进口货物报关单

预录入编号：　　　　　　　　　　　　　　海关编号：

<table>
<tr><td colspan="2">进口口岸</td><td>备案号</td><td>进口日期</td><td>申报日期</td></tr>
<tr><td colspan="2">经营单位</td><td>运输方式</td><td>运输工具名称</td><td>提运单号</td></tr>
<tr><td colspan="2">收货单位</td><td>贸易方式</td><td>征免性质</td><td>征税比例</td></tr>
<tr><td colspan="2">许可证号</td><td>起运国（地区）</td><td>装货港</td><td>境内目的地</td></tr>
<tr><td>批准文号</td><td>成交方式</td><td>运费</td><td>保费</td><td>杂费</td></tr>
<tr><td>合同协议号</td><td>件数</td><td>包装种类</td><td>毛重（千克）</td><td>净重（千克）</td></tr>
<tr><td colspan="2">集装箱号</td><td colspan="2">随附单据</td><td>用途</td></tr>
<tr><td colspan="5">标记唛码及备注</td></tr>
<tr><td colspan="5">项号　商品编号　商品名称、规格型号　数量及单位　原产国（地区）　单价　总价　币值　征免</td></tr>
<tr><td colspan="5"></td></tr>
<tr><td colspan="5">税费征收情况</td></tr>
<tr><td colspan="2">录入员　　录入单位</td><td colspan="2">兹声明以上申报无讹并承当法律责任</td><td rowspan="2">海关审单批注及放行日期（签章）
审单　　申价
征税　　统计
查验　　放行</td></tr>
<tr><td colspan="4">单位地址　　申报单位（签章）
邮编　　电话　　填制日期</td></tr>
</table>

附表 3-14　中华人民共和国海关进口货物报关单

预录入编号：　　　　海关编号：　　　　页码 / 页数：

境内收货人	进境关别	进口日期	申报日期	备案号
境外发货人	运输方式	运输工具名称及航次号	提运单号	货物存放地点
消费使用单位	监管方式	征免性质	许可证号	启运港
合同协议号	贸易国（地区）	启运国（地区）	经停港	入境口岸

包装种类	件数	毛重（千克）	净重（千克）	成交方式	运费	保费	杂费

随附单证 随附单证 1：　　　　随附单证 2：
标记唛码及备注

项号	商品编号	商品名称及规格型号	数量及单位	单价 / 总价 / 币制	原产国（地区）	最终目的国（地区）	境内目的地	征免
1								
2								
3								
4								
5								
6								
7								

特殊关系确认：　　价格影响确认：　　支付特许权使用费确认：　　自报自缴：	
报关人员　　报关人员证号　　电话　　兹申明以上内容承担如实申报、依法纳税之法律责任 申报单位　　申报单位（签章）	海关批注及签章